A CRIANÇA INSUBMISSA

Blucher

A CRIANÇA INSUBMISSA

A potência subversiva do gesto criativo

Rafaela Paixão

A criança insubmissa: a potência subversiva do gesto criativo

Editora Edgard Blücher Ltda.

Publisher Edgard Blücher
Editor Eduardo Blücher
Coordenação editorial Jonatas Eliakim
Produção editorial Luana Negraes
Preparação de texto Maurício Katayama
Diagramação Negrito Produção Editorial
Revisão de texto Bárbara Waida
Capa Leandro Cunha
Imagem da capa iStockphoto

Blucher

Rua Pedroso Alvarenga, 1245, 4º andar
04531-934 – São Paulo – SP – Brasil
Tel.: 55 11 3078-5366
contato@blucher.com.br
www.blucher.com.br

Segundo o Novo Acordo Ortográfico, conforme 6. ed. do *Vocabulário Ortográfico da Língua Portuguesa*, Academia Brasileira de Letras, julho de 2021.

Dados Internacionais de Catalogação na Publicação (CIP)
Angélica Ilacqua CRB-8/7057

Paixão, Rafaela

A criança insubmissa : a potência subversiva do gesto criativo / Rafaela Paixão. – São Paulo : Blucher, 2023.

300 p.

Bibliografia

ISBN 978-65-5506-366-0

1. Psicanálise infantil. I. Título. II. Série.

22-6070 CDD 155.4

Índice para catálogo sistemático:
1. Psicanálise infantil

Para meu pequeno paciente F. S.,
que partiu durante a escrita deste livro,
me ensinando que a morte, mais que um descanso,
algumas vezes é a única saída possível
diante da dor extrema.
A você, que foi insubmisso ao sofrimento
e resistiu com bravura às catástrofes.

As palavras ordenadas de maneira diferente fazem um sentido diferente, e os sentidos diversamente ordenados produzem efeitos diferentes.

Pascal

Amar nossos próprios filhos é um exercício para a imaginação.

Andrew Solomon

Conteúdo

Agradecimentos

Os longos anos dedicados a este trabalho só foram possíveis porque tive pessoas especiais ao meu lado, que me ajudaram a manter viva a coragem para seguir.

Começo agradecendo a Eduardo França e Brás, por suportarem as minhas ausências e angústias durante essa travessia. A Dudu, parceiro da vida, pelo amor e paciência, por ser lar e poesia, café e descanso, humor e cuidado, sempre. Obrigada por tanto! A Brás, meu filho, por transformar meus desassossegos em esperança; você é a minha maior resistência.

Aos meus pais, Edilca e Ricardo Paixão, pela presença, amor e certeza. Minha alegria e minha confiança na vida se devem aos olhos, ouvidos e gestos cuidadosos de vocês. A família Mota Paixão, obrigada pelas tradições e heranças. Em especial, agradeço aos meus irmãos, Renata e Ricardinho, por aceitarem minhas provocações e me fazerem rir das minhas próprias teorias, desde criança.

À família França, que, além de me acolher, me enche de carinho. Sou grata por toda a aposta que recebi de Ângela França, a primeira a me apresentar Freud e ceder seu consultório para o início da minha clínica.

Aos amigos e amigas da vida: Renata França, Priscilla Queiroz Irey, Cintia Cunha, Simone Vasconcelos, Stéphanie Filgueira, Rafa Duque, Janaína Martins, Raquel Queiroz, Mara Alves, Eduardo Maia e tantos outros que estiveram comigo. Obrigada pela amizade sincera, pelos carnavais animados, pela solidão acompanhada e pelas palavras que acalmaram minhas loucuras materna e de pós-graduanda.

À minha orientadora, profa. dra. Maria Consuelo Passos, pelos anos de aposta, amizade, incentivo e, sobretudo, aprendizagem. É muito bom me surpreender a cada encontro com mais uma preciosa sugestão de leitura sua.

Aos colegas e professores da pós-graduação em Psicologia Clínica da Universidade Católica de Pernambuco (Unicap), pelo compromisso com a pesquisa acadêmica responsável, pelas trocas e pelos ensinamentos. Um agradecimento póstumo ao prof. dr. Zeferino Rocha, meu orientador de mestrado, pela humildade intelectual e pelo seu afeto na transmissão.

Aos amigos e sócios do CPPL, minha morada de trabalho, pela marca profundamente importante que imprimiram em minha trajetória profissional. Minha clínica e meus estudos navegam por mares psicanalíticos eticamente comprometidos por tudo que aprendi e aprendo em nossa casa (agora metáfora).

Aos colegas do Círculo Psicanalítico de Pernambuco (CPP), por reconhecerem a minha formação psicanalítica continuada, me permitindo pertencer à pluralidade institucional que nos forma enquanto grupo. Agradeço, em especial, a um dos seus membros, Bernardo Trespalácios, que, com implicação e reserva, é presença sensível em minha vida há quase quinze anos.

Aos amigos do Grupo "Técnica Psicanalítica" do CPP, que, sob a coordenação zelosa e consistente de Marcelo Bouwman, me fez (e faz) caminhar por uma tradição psicanalítica que versa sobre empatia, ética e estética, obrigada pelas trocas clínicas e ricas discussões.

A Gilda Kelner, agradeço por aceitar me orientar no início da minha formação no CPP. Sua escuta sensível e seu acolhimento na transmissão foram colo para as inseguranças que envolvem a escrita psicanalítica.

A Sandra Walter, minha supervisora, pelos empréstimos e pelas construções teórico-clínicas conjuntas. Obrigada pela interlocução e amparo, mesmo diante do meu cansaço extremo.

Aos meus pacientes, que, mesmo sem saber, atravessavam comigo esse longo e árduo percurso de escrita. Com vocês aprendi que psicanalisar exige dedicação, confiança, estudo e muito empréstimo.

Aos professores que estiveram presentes em minha banca de doutorado, pelas ricas discussões e, sobretudo, pelo incentivo para transformar a minha tese em livro. Obrigada profa. dra. Paula Barros, profa. dra. Edilene Queiroz e dra. Isabel Kahn pelas sugestões e questionamentos. Agradeço, ainda, ao prof. dr. Daniel Kupermann, que desde o meu mestrado contribui de modo generoso com as linhas de argumentação dos meus estudos, a partir dos seus livros e de suas observações nas qualificações e bancas examinadoras.

À Coordenação de Aperfeiçoamento de Pessoal de Nível Superior e ao Programa de Suporte à Pós-Graduação de Instituições de Ensino Particulares (Capes/Prosup), pelo estímulo financeiro a esta pesquisa.

E, finalmente, agradeço à editora Blucher por aprovar a proposta deste livro de modo tão rápido e acolhedor.

Prefácio
O infantil e o *infans* nos analisandos

Daniel Kupermann[1]

O infantil na origem da psicanálise

O método clínico freudiano tem um princípio norteador facilmente reconhecível: acessar o infantil que sobrevive – mais ou menos oculto – em cada analisando, seja ele adulto ou criança. A obra de Freud, construída a partir da escuta de pacientes neuróticos, nos indica que o infantil oferece a matéria da qual é tecido o inconsciente recalcado, que teimosamente insiste em se fazer presente e atuante em nossas vidas, ainda que nós pouco queiramos saber dele. É ele, porém, que revela o saber mais consistente sobre o funcionamento da nossa vida anímica. A máxima "raspem o adulto e encontrarão a criança", relembrada pelo psicanalista húngaro Sándor Ferenczi, é suficientemente eloquente e ilustra bem essa evidência.

No ensaio "História de uma neurose infantil", no qual se dedica ao célebre paciente apelidado de Homem dos Lobos, Freud

---

1 Daniel Kupermann é psicanalista, professor livre-docente do Instituto de Psicologia da Universidade de São Paulo (IPUSP) e presidente do Grupo Brasileiro de Pesquisas Sándor Ferenczi (GBPSF).

(1918[1914]/1980) faz uma surpreendente confissão: "minhas próprias observações demonstram que temos subestimado os *poderes* das crianças e que não existe *conhecimento* que não se lhes possa creditar". Como sabemos que Freud não se dedicava à clínica com crianças, sua constatação só pode ter como referente a escuta do infantil em seus pacientes adultos[2] – o pequeno Hans ("Joãozinho", diríamos no Brasil) foi a exceção atípica, já que analisado pelo próprio pai supervisionado, por sua vez, por Freud.

A figura da "criança" é, assim, portadora de invejáveis "poderes" e do "conhecimento" acerca dos aspectos mais decisivos do funcionamento psíquico: as fantasias edipianas, as teorias sexuais infantis, as angústias referentes à cena primária, à sedução e à castração, os devaneios onipotentes, a imaginação lúdica, a transformação da passividade traumática em atividade criadora. A criança teorizada por Freud é sábia, e sua sabedoria vem perturbar a conformidade da ordem civilizatória, revelando que somos todos constituídos à moda dos sonhos, ou seja, de "vastas emoções" associadas a "pensamentos imperfeitos", porque forjados por nossas paixões infantis.

Em *A criança insubmissa: a potência subversiva do gesto criativo*, Rafaela Paixão parte justamente dessa inspiração freudiana, aprofundando-a por meio de uma consistente pesquisa teórica aliada à extensa experiência com a clínica psicanalítica com crianças. Derivado de sua tese de doutorado realizada junto ao Programa de Pós-Graduação em Psicologia Clínica da Universidade Católica de Pernambuco, seu livro tem justamente esta singular virtude: nele, a clínica é a grande motivadora das reflexões teóricas, o que

2 Convém observar que, apesar de não atender psicanaliticamente crianças, Freud teve, durante sua carreira médica, uma importante atuação em hospital pediátrico (cf. Bonomi, 2021).

contribui para a apresentação de um pensamento psicanalítico vigoroso e atual.

O bebê sábio

A atualidade do argumento desenvolvido por Rafaela Paixão reside no fato de que, ao longo da história da psicanálise, o infantil imaginado por Freud foi cedendo lugar para uma outra figura. Trata-se do "bebê sábio", presente nos sonhos de muitos pacientes incapazes de brincar e fantasiar, como indica Ferenczi, referindo-se aos quadros clínicos nos quais o sujeito se encontra bastante vulnerável diante das angústias de morte suscitadas por eventos disruptivos e traumáticos.

No sonho do bebê sábio, pacientes relatam ter sonhado com bebês que nascem falando, ou com crianças muito pequenas que enunciam palavras de sensatez e conforto; palavras referentes ao universo adulto, portanto.

A primeira leitura tecida por Ferenczi buscou entender o sonho do bebê sábio segundo o modelo da brincadeira de ser adulto. Ou seja, se trataria da expressão do desejo infantil de ser como os pais admirados. No entanto, rapidamente Ferenczi percebeu que, efetivamente, o sonho revelava a inversão trágica por meio da qual seus pacientes – outrora crianças traumatizadas – precisaram se ocupar do sofrimento dos próprios pais, no lugar de ser por eles acolhidos, protegidos, cuidados. O bebê sábio seria, assim, a criança demasiado exigida, obrigada a desempenhar competências bem acima das suas reais possibilidades.

"As crianças que muito sofreram, moral e fisicamente, adquirem os traços fisionômicos da idade e da sabedoria", escreve Ferenczi, complementando: "também tendem a cercar maternalmente os outros; estendem assim a outros os conhecimentos adquiridos a duras penas sobre o seu próprio sofrimento. Tornam-se indivíduos bons e prestimosos".

Em vez da criança travessa e irresponsável descrita por Freud na aurora do século XX, o bebê sábio seria, assim, a representação da criança submissa, apassivada e compelida a amadurecer rápido demais. Ao custo, no entanto, da sua capacidade lúdica e da sua criatividade.

A criança insubmissa, enfim

Com efeito, nas últimas décadas, o princípio de desempenho que vicejou nas sociedades modernas atingiu também o universo infantil. As crianças têm cada vez menos a possibilidade de brincar e de contemplar, tendo seu tempo e seu espaço sido colonizados para aquisição de competências "úteis" à sociedade de consumo. Nesse contexto, a singularidade é patologizada e interpretada como sintoma a ser curado. Recorrendo ao cômico para ilustrar o que é, efetivamente, trágico, pode-se imaginar que até mesmo o célebre Joãozinho, personagem da nossa cultura popular que nas piadas surpreende e constrange a professora com enunciados obscenos, seria diagnosticado com TDAH e medicado com Ritalina.

Inspirada na obra do pediatra e psicanalista britânico Donald Woods Winnicott, que se dedicou a pensar as fontes do viver criativo e a importância do brincar no *setting*, Rafaela Paixão redescreve os impasses da clínica psicanalítica contemporânea recorrendo à eloquente figura da criança insubmissa, para a qual a paixão destruidora está na base de todo movimento criador.

Na esteira das formulações ferenczianas sobre a traumatogênese, Winnicott apreende que a adaptação imposta ao sujeito em estado de vulnerabilidade promove uma resposta identificatória defensiva responsável pela constituição do falso *self* baseado na submissão, incapacitando o analisando de brincar.[3] A submissão adaptativa pode ser reconhecida nos pacientes portadores dos sintomas que comprometem a fruição, o prazer e a alegria, nomeados por Winnicott de sentimento de inutilidade ou irrealidade, sintomas que se encontram na base de manifestações psicossomáticas, automutilações, adições e depressões funcionais. Nessas situações, é preciso que o psicanalista favoreça a destruição do objeto incorporado, de modo que o analisando resgate seu núcleo sensível, recuperando também a capacidade de produzir sentido para o existir. Assim, os gestos destrutivos endereçados ao analista indicam a esperança da criança insubmissa que habita todo analisando de encontrar reconhecimento para a dor indizível e inaudita em qualquer outro espaço da vida social.

O horizonte do argumento de Rafaela Paixão se aproxima, portanto, da concepção ferencziana da importância do estágio da ternura para que o *infans* – aquele que não fala – possa enunciar uma palavra capaz de expressar a *potência subversiva do gesto criador de si*. Efetivamente, se a clínica freudiana evidenciou que em todo analisando há uma criança que anseia por ser escutada, a clínica com subjetividades traumatizadas revela que portamos, também, um *infans* à espera da oportunidade de proferir uma palavra capaz de afirmar sua existência.

Saudemos a criança insubmissa que Rafaela Paixão trouxe à luz. Que seus enunciados possam ser suficientemente bem escutados pela comunidade psicanalítica.

3 Ferenczi nomeia essa modalidade defensiva de "identificação com o agressor".

Referências

Bonomi, C. (2021). *Por que ignoramos Freud o "pediatra"?* São Paulo: Zagodoni.

Chiantaretto, J.-F. (2020). *La perte de soi.* Paris: Campagne Première.

Ferenczi, S. (1991). Transferência e introjeção. In S. Ferenczi, *Psicanálise.* São Paulo: Martins Fontes. (Trabalho original publicado em 1909.)

Ferenczi, S. (1992a). Análise de crianças com adultos. In S. Ferenczi, *Psicanálise IV.* São Paulo: Martins Fontes. (Trabalho original publicado em 1931.)

Ferenczi, S. (1992b). Confusão de língua entre os adultos e a criança. In S. Ferenczi, *Psicanálise IV.* São Paulo: Martins Fontes. (Trabalho original publicado em 1933.)

Ferenczi, S. (1993). O sonho do bebê sábio. In S. Ferenczi, *Psicanálise III.* São Paulo: Martins Fontes. (Trabalho original publicado em 1923.)

Freud, S. (1980). História de uma neurose infantil. In *Edição standard brasileira das obras psicológicas completas de Sigmund Freud* (Vol. 17). Rio de Janeiro: Imago. (Trabalho original publicado em 1918[1914].)

Kupermann, D. (2019). *Por que Ferenczi?* São Paulo: Zagodoni.

Winnicott, D. W. (1983). Distorção do ego em termos de verdadeiro e falso *self.* In D. W. Winnicott, *O ambiente e os processos de maturação: estudos sobre a teoria do desenvolvimento emocional.* Porto Alegre: Artes Médicas. (Trabalho original publicado em 1960.)

Winnicott, D. W. (2000). *O brincar e a realidade.* Rio de Janeiro: Imago. (Trabalho original publicado em 1975.)

Apresentação

Maria Consuêlo Passos[1]

As reflexões que compõem esta obra são indispensáveis e urgentes. Embora mais diretamente voltada para psicólogos e psicanalistas, ela traz contribuições para qualquer profissional ou para todas as pessoas atentas à importância da educação infantil. Rafaela, desde o título do trabalho, manda um recado: sugere que é preciso muito cuidado com uma certa visão de infância (preponderante na sociedade) de que a criança insubmissa precisa ser controlada sob pena de tornar-se um "adulto sem limites" e, portanto, de difícil convivência social. Nos primeiros "acordes", ela já deixa claros os tons de sua obra, nos mostrando que é preciso tensionar não só o senso comum, mas também alguns preceitos teóricos, para que haja um avanço no conhecimento das manifestações insubmissas das crianças.

1 Maria Consuêlo Passos é doutora em Psicologia Social pela Pontifícia Universidade Católica de São Paulo (PUC-SP). Pesquisadora de amadurecimento humano: infância e adolescência; psicanálise de família; psicanálise e política. Professora do Programa de Pós-Graduação em Psicologia Clínica da Universidade Católica de Pernambuco (Unicap).

As premissas que atravessam todo o debate teórico aqui apresentado são baseadas em reflexões pessoais, fruto de uma longa e amadurecida experiência clínica com crianças. Essa experiência, por muito tempo elaborada e debatida em diferentes fóruns, principalmente aqueles voltados para a clínica psicanalítica, ganha agora outra dimensão. Torna-se pública e parece avançar quando evidencia que a insubmissão da criança – tão perturbadora para mães, pais e educadores – traz em si uma "potência subversiva do gesto criativo" da criança. Nesse sentido, controlar ou querer impedir esse gesto – como tentam pais e educadores, porque se sentem desafiados ou porque não conseguem lidar com ele – não parece uma boa saída.

Essa noção de potência criativa está baseada não só na experiência clínica da autora, mas também em asserções teóricas de Winnicott, autor cuja obra é sua referência fundamental. Para ele, todo ser humano se constitui psiquicamente com base em um potencial para amadurecer, criando a si mesmo desde o contexto das relações primárias, quando é recebido, acolhido e reconhecido como bebê. Essas relações, portanto, desde os primórdios são alavancas para a emergência dessa potência, que, seguindo seu fluxo sem muitos impedimentos, possibilitará à criança um movimento espontâneo de criação e expressão de si, cuja potência prosseguirá ao longo de sua vida.

É importante ressaltar que a visão trazida aqui não é simplesmente uma posição que favorece certa compreensão da criança a partir do reconhecimento dos seus primeiros passos na constituição de suas relações familiares e sociais. Trata-se de uma verdadeira torção ética e política que põe em questão a noção de "criança desobediente" e "malcriada", que "não tem limites", para mostrar que, no avesso dessa perspectiva, é possível encontrarmos uma dinâmica por meio da qual a criança evidencia que, embora seja dependente de alguém para prosseguir em seu processo de amadurecimento, desde muito cedo ela tem potencial para criar a si mesma, podendo buscar sua autonomia – que nunca será absoluta – desde o início da vida. Isso muda tudo.

Essa forma de conceber a infância repercute, de forma significativa, na produção de diagnósticos baseados quase sempre na visão da criança como incapaz de assimilar as regras da "boa educação". Além disso, contradiz certa visão médica, muito comum entre nós, de que as crianças inquietas e por vezes agitadas precisam ser medicadas, sem que necessariamente sejam observados os estímulos aos quais responde, tampouco quais as contingências que envolvem suas expressões de "desobediência".

Tudo isso tem gerado uma corrida aos medicamentos, que em certas circunstâncias podem ter uma ação temporariamente benéfica, mas, tomados sem os devidos critérios e conhecimento de sua movimentação criativa, sua ação no "ambiente", podem blindar o potencial de vida inerente aos gestos espontâneos da criança.

Indo um pouco mais longe, penso que Rafaela, sempre atenta à busca de sua autonomia como pensadora da psicanálise e da clínica, produz no seu trabalho uma bem-sucedida "desobediência epistêmica" (aqui uma inspiração em Quijano, que trata tão bem desse tipo de desobediência), no sentido de uma não adesão imediata às premissas teóricas datadas, que se revelam dissonantes com a escuta e as observações de crianças e de seus cuidadores. Dessa forma, vemos em suas reflexões uma disposição para ir além, ou mesmo para olhar o avesso de certas perspectivas teóricas e metodológicas da clínica infantil que concebem a vitalidade implícita à potência criativa da criança sem a complexidade que lhe é própria. Tudo isso revestido por uma posição política absolutamente consonante com uma psicanalista que olha as sombras buscando as luzes, procurando o farol com o qual possa sintonizar sua escuta e seu olhar sobre a criança.

Nesse sentido, podemos dizer que há, nas análises trazidas neste livro, uma perspectiva política contundente, da qual muitos/as analistas passam ao largo. Algumas vezes se mostram arredios/as, outras se mantêm fiéis às referências teóricas conservadoras que não concebem a clínica como irremediavelmente política. Ao esmiuçar a insubmissão como expressão "natural" da criança, Rafaela tensiona a clínica e evidencia princípios de indeterminação que precisam fazer frente às singularidades de cada paciente. Foge aos princípios teóricos e metodológicos fixos, muitos ditos "universais", para fazê-los transitar pondo em questão suas pautas normativas.

Essa postura, me parece, explicita as boas práticas psicanalíticas. Aquelas que precisam ser recriadas em cada contexto, sem perder de vista a lógica que atravessa suas proposições. Penso que, para tais práticas, é preciso disposição para uma abertura ao desconhecido, ao enigmático da psicanálise. É preciso coragem e, sobretudo, espírito livre para suportar as subversões da criança, produtos de seus gestos criativos. Tudo isso Rafaela tem de sobra.

Introdução

> *A voz do meu avô arfa. Estava com um livro debaixo dos olhos. Vô! o livro está de cabeça pra baixo.*
>
> *Estou deslendo.*
>
> Manoel de Barros

Este livro resulta da minha tese de doutorado defendida na Universidade Católica de Pernambuco (Unicap), sob a orientação da professora Maria Consuelo Passos. Corresponde a uma tentativa de *desler* o mundo das crianças e pretende oferecer um caminho para novas leituras sobre a infância, reafirmando as contribuições da psicanálise ao campo, repensando as proposições conceituais difundidas na área e questionando as certezas absolutas que embaçam o olhar sobre o comportamento infantil.

O excesso de investimento nas crianças, marcado pela ênfase no princípio de desempenho, pelas imposições socioculturais e mercadológicas, vem transformando as interpretações sobre a infância e, por conseguinte, produzindo novas formas de ser e estar no mundo. Ao sobrevoar o campo da infância, sem dificuldades, podemos reconhecer a presença de uma nova moral social resultado do que Sennett (1977/2014) definiu como "o declínio do homem público". Devemos lembrar ainda do culto da performance (Ehrenberg, 2010), da crise da liberdade (Han, 2018), das interferências tecnológicas e, sobretudo, das transformações hierárquicas que vêm modificando o poder nas novas famílias (Neder, 2012).

Os impactos dessas mudanças têm sido largamente discutidos por meio do conceito de patologização do sofrimento psíquico (Ceccarelli, 2010; Okamoto, 2013; França, 2014), da noção de medicalização da vida (Aguiar, 2004; Esperanza, 2011) e da referência à noção de bioidentidades (Ortega, 2003; Lima, 2005), tendo se transformado em proposição para importantes discussões sobre as dimensões reducionistas e biologizantes da existência humana. É chegada a hora, portanto, de considerarmos como a criança, alvo de tantos discursos normatizadores, tem respondido às investidas destes movimentos atuais.

Mais que a constatação dos efeitos nefastos dessas mudanças, foi preciso ultrapassar as conclusões consensuais, sem, contudo, negar a sua importância, com o intuito de promover outras formas de observação sobre a vida das crianças. O objetivo principal deste trabalho é investigar a hipótese de uma "potência subversiva" presente no gesto criativo que, enquanto elemento contínuo, contribuiria para uma posição afirmativa das crianças em relação à vida. Discutimos as formas de insubmissão na infância contemporânea enquanto "potência de ação", que traz a marca da "subversão" e da "criatividade" na vida subjetiva das crianças, além de acenar para um horizonte ético de pluralidade.

A infância foi tema da nossa dissertação de mestrado, intitulada *A nau das crianças-problema: entre a patologização do sofrimento psíquico na infância e a ética do cuidado na psicanálise*, defendida em 2014. Nela, problematizamos a patologização do sofrimento psíquico das crianças a partir da análise dos conceitos psicanalíticos de sofrimento psíquico e doença, com vistas à construção de um exercício clínico marcado pela ética psicanalítica. Propusemos que a construção de narrativas de si e a conquista de novos horizontes por parte das ditas crianças-problema precisam encontrar um porto suficientemente seguro que funcione como ponto de ancoragem às subjetividades na infância. Para algumas crianças, ilhas de descanso, como a proteção da vida privada ou a riqueza de trocas; para outras, ilhas de cuidado, como a escuta psicanalítica.

A trajetória percorrida na dissertação favoreceu a reflexão sobre o mal-estar das crianças e me permitiu destacar que a pesquisa realizada podia contribuir para um exercício responsável daqueles que delas se ocupam. Enquanto psicanalista, o contato com as crianças, seus sofrimentos e as possíveis saídas criadas por elas nos levou à ideia de estudar um pouco mais o papel das crianças, suas respostas, diante desse cenário. A hipótese do livro começou a se delinear: o que as crianças têm a dizer sobre as normatividades a que são submetidas?

Se, por um lado, preocupa-nos que determinadas posturas, vistas por alguns como sintomas, passassem a ser entendidas como comportamentos a serem legislados e tratados sob o véu das melhores intenções sociais, culturais e até mesmo técnicas, por outro, a clínica psicanalítica com crianças nos mostra que há uma dimensão ativa e criativa das crianças que acena para modos de resistência que precisam ser valorizados. Trabalhamos a pergunta inicial e a questão reapareceu assim: quem é a criança submissa? As perguntas iam e vinham sem que eu encontrasse uma moldura para elas.

Decidimos, por fim, *desler* a dissertação e inverter a questão formulada. Pensando ter construído um caminho interessante nos mares da infância ao propor ilhas de vitalidade, restava-nos ainda a tarefa de desenvolver tal afirmação. Noutras palavras, não se tratava mais de pensar sobre a ótica das incidências culturais na vida das crianças, mas de pensar o que elas podem e têm feito com isso a que são submetidas. Passamos a nos perguntar sobre as suas potencialidades; queríamos entender como as crianças expressam suas forças e quais os efeitos de suas recusas.

Finalmente chegamos ao pensamento que originou o livro: como a criança expressa oposição? Seria possível pensar num personagem da infância para representar o contraponto às imposições performáticas que a nossa cultura tenta imprimir às crianças?

A imagem da criança opositiva, que se nega às normas e às exigências externas, uma versão da criança rebelde, se colocou em cena então. A *criança insubmissa* nos parecia a personagem ideal para pensar essa oposição. Reúne as características necessárias de insubordinação, recusa e enfrentamento do mundo externo e materializa o ponto de partida para a proposição da hipótese que eu pretendia formular. Porque para pensar a "potencialidade subversiva da criança" era preciso primeiro encontrar expressões de sua evidência e desenvolver o argumento de sua pertinência ou constituição.

Ainda que timidamente, observações da cultura, somadas às nossas experiências na clínica psicanalítica, nos permitem afirmar que "ilhas de contestação" podem ser avistadas nos mares da obediência. Falamos das crianças que questionam o estabelecido, reivindicam um lugar em casa, na sociedade, e desenvolvem um vivo compartilhamento por meio das amizades e das relações fraternas – pessoais ou virtuais –, demonstrando uma curiosidade diversificada pelo mundo.

Nessa perspectiva de observação, o comportamento das crianças, a ideia de contestação e de reivindicação recoloca o debate sobre o lugar ocupado pelas crianças hoje, lançando olhares sobre uma ideia muito difundida, mas pouco pesquisada: a insubmissão na infância. A qualidade de insubmissão, costumeiramente associada a atitudes de desrespeito e petulância diante das autoridades, ganha corpo e adjetivos variados ao se misturar à concepção de educação de cada cultura e à própria expectativa construída pelos grupos sociais aos quais a criança pertence. Essa perspectiva de análise do tema tende a supervalorizar a dimensão negativa da questão, cuja definição normalmente relaciona-se ao que é sintomático, defensivo ou agressivo.

O reconhecimento dessa concepção e o uso pejorativo do termo – tão associado à noção transgressiva de fora da lei e de destituição do outro – não deveriam, entretanto, desconsiderar a possibilidade de uma outra versão interpretativa para o fenômeno. No que concerne, especialmente, ao processo de subjetivação das crianças, a noção de insubmissão assim descrita não deveria desprezar uma dimensão "positiva": aquela que supõe uma potencialidade criativa no ato de não se submeter, acenando para uma posição de autonomia e expressão da liberdade.

Seja pelo inconformismo ou treinamento, pelo excesso de obediência ou hiperatividade, pelo consumismo ou empobrecimento dos laços sociais, pela adaptação ou submissão à vida, sabemos que a infância contemporânea oscila entre os controles sociais e as oportunidades de liberdade, por mais despercebidas que estas nos pareçam. A capacidade de (re)invenção das crianças, portanto, associada à posição de insubmissão ao estabelecido – tomada aqui como evidência – introduz uma dimensão subjetiva que fundamenta a nossa hipótese: a existência de uma suposta "potência subversiva do gesto criativo" à qual a insubmissão responderia como expressão de resistência.

Pensamos encontrar apoio para essa afirmação na obra de Donald Winnicott, que apresenta o espaço potencial – zona intermediária entre o mundo interno (intrapsíquico) e o mundo externo – como condição para a constituição do jogo infantil e, consequentemente, para a criação. Em sua teorização, o autor destaca a importância do espaço transicional, acenando para um caminho de interpretação da dimensão potencialmente ativa da vida humana.

A predileção pelo psicanalista britânico em nosso trabalho explica-se pela profundidade e pela complexidade que o seu pensamento é capaz de alcançar: de uma reflexão sobre corpo e mente a todos os desdobramentos e contrapontos que podem se produzir a partir da compreensão de vida criativa presente na sua leitura da infância. Seguimos na trilha de Winnicott (1975), para quem "a criatividade que me interessa aqui é uma proposição universal. Relaciona-se ao estar vivo" (p. 98).

Entendendo que as famílias e as crianças tendem a responder às imposições sociais de diferentes maneiras, geralmente em consonância com o período no qual estão inseridas, outras questões se colocam: o que significaria tomar a espontaneidade do gesto na infância, a criatividade da criança, como "potência de ação"? Seria possível afirmar a existência de uma "potência subversiva do gesto criativo" na vida psíquica que, inter-relacionada ao contexto contemporâneo, mostra-se como um caminho para os impasses e as vicissitudes das demandas sobre as crianças?

Noutros termos, poderíamos dizer que a "insubmissão", como modo de expressão dessa potência, é parte do processo de constituição psíquica e se apresenta como elemento capaz de produzir resistência e consistência à vida emocional? Ou devemos pensar numa proposição reativa e/ou transgressiva, cujo entendimento da postura insubmissa diante do mundo decorreria especialmente da contraposição às interferências do ambiente?

A questão que se coloca, portanto, transcende a dimensão interpretativa dos impactos destas produções na vida psíquica das crianças, na medida em que estamos interessados na positividade dos elementos contidos na afirmação de que a infância existe e persiste produzindo um lugar social, uma massa crítica cultural, uma demanda de cuidados e, sobretudo, promovendo ações no mundo que podem ser consideradas transformadoras da ordem vigente. O acento deste livro não se refere à via transgressiva das crianças, cujo imperativo tende a promover uma atitude reativa/defensiva perante o outro e a realidade, mas à via potencialmente ativa, na acepção winnicottiana de criação.

A pertinência da nossa hipótese, pensamos, reside numa tentativa de ultrapassar a descrição dos imperativos da alta performance e das excessivas demandas sociais e familiares, abrindo espaço para discutir o que nos parece hoje esquecido, a saber, a potência da vida criativa. Retornamos, assim, ao problema que nos orienta: não poderíamos atribuir as origens da insubmissão das crianças ao exercício de uma suposta "potência subversiva" da criatividade?

De modo mais específico, (1) pretendo investigar a presença de uma "potência subversiva da criatividade" na vida psíquica das crianças que, como elemento subjetivo contínuo, se apresenta no psiquismo favorecendo uma posição afirmativa da criança em relação a sua própria vida. Em seguida, (2) analiso em que medida a insubmissão das crianças decorre, entre outras coisas, desta potência que mantém uma tensão permanente entre os discursos vigentes e a dimensão criativa do humano. Essas reflexões serão tangenciadas e complexificadas diante da proposição de (3) discutir em que medida o dispositivo clínico da psicanálise, eticamente comprometido com a clínica do cuidado, facilitaria (ou não) a emergência da suposta "potência de subversão" na expressão criativa e contribuiria para uma insubmissão psíquica, necessária para a formação de uma postura libertária das crianças.

Esboço preliminar dos fundamentos teóricos

Considero importante destacar brevemente os pilares teóricos que fundamentam nossa argumentação: (1) a noção psicanalítica de inconsciente; (2) uma concepção antropológica de sujeito da ação, como pano de fundo; (3) a filiação ao modelo ontológico de homem de Winnicott e à sua concepção de criatividade e (4) a potência do encontro analítico. Os apontamentos iniciais aqui realizados pretendem tão somente preservar um núcleo norteador para leitura da hipótese proposta.

Reconhecer que crianças e adultos são atravessados pelas incidências de atos psíquicos que escapam à consciência e participam da fundação de nossa subjetividade foi uma das grandes contribuições de Freud e será, portanto, um fundamento teórico basilar aqui. Pode parecer redundante afirmar, mas o reconhecimento de que existem processos mentais inconscientes é, sabemos, definitivo na teoria psicanalítica.

As características especiais do sistema inconsciente trouxeram uma nova versão ao modo de compreender o psiquismo. Além de ter favorecido a assimilação de que há um significado subjetivo subjacente aos acontecimentos, que costumam ser carregados de emoções, essa nova versão levou Freud à descoberta da *realidade psíquica*. Segundo Caper (1990), "ao desviar a atenção dos acontecimentos históricos puros para a fusão da realidade externa com os desejos e os temores movidos pela pulsão, Freud passou a ser um psicanalista" (p. 32).

Há algo mais a ser lembrado: "no âmbito do Ics. não há lugar para a negação, para a dúvida, nem diferentes graus de certeza. Esse gênero de restrições só se instala a partir do trabalho da censura que ocorre entre o Ics. e o Pcs." (Freud, 1915/2006, p. 37). Com isso, podemos pensar que a negação dentro das relações é fruto de um trabalho entre as instâncias, que vão encontrar o recalque como defesa, se quisermos pensar em termos freudianos. Em termos winnicottianos, entretanto, o recalque deixa de ser um elemento prioritário na formação da constituição psíquica, na medida em que o psicanalista britânico centrou suas ideias na interseção entre os mundos interno e externo, o espaço "entre". Mais à frente veremos por quê.

Subjacente à tese temos uma *concepção antropológica* acompanhando nosso argumento. Ela compreende o ser humano como um ser constituído pela ação, por meio da qual a criatividade humana é concebida como gesto político. Por meio da ação, os homens podem mostrar quem são uns para os outros, além de constituir um modo de existir baseado numa teia de relações. É isso que nos ensina Hannah Arendt em *A condição humana*, quando se propõe a apresentar uma definição do agir no mundo e suas incidências nos domínios públicos, sobretudo na política. Para ela, "a ação, na medida em que se empenha em fundar e preservar corpos políticos, cria a condição para a lembrança [*remembrance*], ou seja, para a história" (Arendt, 1958/2014, p. 11).

Ser atuante e agir no mundo é, portanto, uma condição humana; pressupõe um agente e um endereçamento (do ato). A perspectiva de que a política leva em consideração o homem em relação com outros homens nos aproxima do olhar da filósofa, para quem "a ação jamais é possível no isolamento" (Arendt, 1958/2014, p. 233). Apesar de não pretendermos realizar um aprofundamento das questões filosóficas que bordejam o tema, tarefa hercúlea para o momento, optamos por uma reflexão que considere o dispositivo psicanalítico em exercício, ou seja, os efeitos dessas questões na clínica também como exercício político.

Em Winnicott (1975), a compreensão que aproxima o agir e a constituição subjetiva está resumida na importante afirmação de que "brincar é fazer" (p. 63). Nela, está contida não apenas uma concepção sobre o que significa a experiência do brincar para a constituição do psiquismo, aspecto desenvolvido ao longo de toda a obra do autor, mas uma compreensão de que a criatividade é a base para a constituição de si. Voltaremos a falar sobre o brincar e a criatividade, restando para o momento demarcar o reconhecimento de que a experimentação, que inclui ação, participa da constituição psíquica, além de mostrar-se como parte fundamental do processo terapêutico na clínica psicanalítica.

Birman (2012) desenvolve uma articulação dos registros da palavra, da ação e do corpo, relacionando-os às novas modalidades de sofrimento, que também pode nos ajudar a analisar essa questão. Para ele, os registros antropológicos tendem a ser negativizados hoje, o que se expressa pela mudança dos eixos ordenadores do mal-estar, afirmando que:

> *no lugar das antigas modalidades de sofrimentos centrados no* conflito *psíquico, nos quais se opunham os imperativos das pulsões e os das interdições morais, o mal-estar se evidencia agora como dor, inscrevendo-se nos registros do* corpo, *da* ação *e das* intensidades. *(p. 65, grifos do original)*

Essa leitura realizada sobre o sujeito contemporâneo traz à tona as reflexões sobre como as mudanças operam novos modos de sofrimento e adoecimento psíquico. Aqui nos centraremos apenas em aproveitar a proposição de que "o agir é o imperativo categórico na contemporaneidade" (Birman, 2012, p. 82), para reforçar a tese de que os modos de subjetivação das crianças têm se inscrito a partir das ações por elas realizadas. É o que pretendemos desenvolver a seguir.

Um outro modo interessante de pensar as relações entre o agir e os modos de existência é considerar, como propõe Rozenthal (2014), as relações entre Freud e Foucault. Para ele, esses pensadores "se encontrariam nos enunciados de que não existe o sujeito, havendo tão somente um *ser que só pode ser dito no gerúndio* (p. 27, grifos do original). Ser sendo (como no título de seu livro *O ser no gerúndio*) é um postulado importante que deve fazer-se presente no modo de o psicanalista se relacionar com os seus pacientes.

O terceiro fundamento teórico do livro é a *filiação ao modelo ontológico de homem de Winnicott*, cuja centralidade é colocada no processo de subjetivação que considera uma teoria do desenvolvimento afetivo, o que inclui sobretudo o papel da provisão ambiental. A máxima winnicottiana resume bem o impacto de sua formulação: "É através da apercepção criativa, mais do que qualquer outra coisa, que o indivíduo sente que a vida é digna de ser vivida" (Winnicott, 1975, p. 95).

O argumento que sustenta a proposição dessa nova ontologia está centrado em dois aspectos muito marcantes na obra de Winnicott: "na necessidade de ser e continuar sendo, e na afirmação da existência de uma tendência inata para a integração" (Fulgencio, 2018, p. 31). Essa mudança impactará também a maneira de conceber a própria noção de criatividade no campo psicanalítico. A hipótese de Fulgencio (2014, 2016, 2018) vai no mesmo sentido das proposições de Loparić (2006), para quem a introdução da questão do ser na obra de Winnicott é resultado de uma mudança paradigmática na obra de Freud. Nas palavras do autor: "Winnicott se refere à noção de ser como sendo uma experiência psicológica, ontologicamente falando, anterior às determinações instintuais" (Fulgencio, 2014, p. 149).

Ao conceber a criatividade como expressão de vida, Winnicott traz a interpretação de que ela é primária e se distancia da leitura freudiana de que a criação seria um modo de escoamento pulsional – definida por Freud como sublimação para um novo objeto (pulsional), portanto, secundário. Mesmo que possamos concordar com a aproximação feita por Birman (2008) entre os conceitos de sublimação em Freud e criatividade em Winnicott – que, para ele, "procuraram solucionar uma mesma problemática, qual seja, a relação do sujeito com a cultura" (p. 11) –, ainda assim optamos por seguir com a ideia winnicottiana de que "existe uma criatividade potencial" (Winnicott, 1990, p. 130). Essa alegação fortalece a hipótese que pretendemos defender.

Por fim, o quarto fundamento teórico que nos embasa é o reconhecimento da *potência do encontro analítico*, o que inclui considerar a proposição de uma clínica psicanalítica apoiada na elasticidade da técnica (Ferenczi, 1928/2011b), na ética do cuidado (Figueiredo, 2009b; França & Rocha, 2015), na valorização da dimensão intersubjetiva no *setting* (Ogden, 1996), na presença sensível do analista (Kupermann, 2008) e na face estética da experiência analítica (Safra, 2004; Ogden, 2013). Dedicamos o último capítulo a essa discussão.

Ao caminhar com esses autores, pensamos ser capazes de desenvolver o que Martins (2009) chamou de uma "clínica psicanalítica da potência":

> *a psicanálise pode constituir-se em um fundamental bom encontro, contribuindo para expressões e vivências cada vez mais unívocas, ao mesmo tempo individuais e junto ao outro, ao fluxo da vida aprovando e afirmando o devir. (p. 355)*

Para nós, a clínica da potência ou, como preferimos pensar, a potência da clínica é indispensável para a clínica psicanalítica que pretenda o exercício livre (Symington, 1994) e criativo da existência humana. As noções citadas se encontram e movimentam a clínica psicanalítica naquilo que consideramos as estruturas de base dentro do edifício teórico da escuta psicanalítica: a valorização da empatia e do afeto – atributos fundamentais para forjar toda a potência da clínica psicanalítica.

Sobre o método

Tratando-se de uma pesquisa teórica, que tem por objetivo investigar os processos psíquicos com o intuito de propor novas significações aos conceitos que compõem o arcabouço da psicanálise, este livro se inscreve como uma pesquisa com o método psicanalítico. Nela nos debruçamos, em especial, sobre os fenômenos psíquicos que constituem a subjetividade das crianças em interface com a situação sociocultural.

Para tanto, o método de investigação será "posicionado não na busca de um objetivo determinado ou de algo a ser concluído, mas como um procedimento processual. Trata-se de uma característica do processo psicanalítico diretamente relacionada às peculiaridades da subjetividade humana: *a contínua abertura para o devir* (Safra, 2001, p. 172, grifos do original). Segundo o autor, mesmo que a pesquisa psicanalítica apresente um caráter inconclusivo, a fidelidade ao paradigma e aos princípios psicanalíticos conferem rigor à investigação.

Compartilhando dessa compreensão metodológica, o percurso teórico de nossa pesquisa ancora-se nos fundamentos clássicos da psicanálise freudiana, as noções de inconsciente e infantil, e encontra no conceito de criatividade de Winnicott um caminho de investigação para a nossa hipótese central. Como estratégia, foi preciso construir uma linha mestra argumentativa; nela demarcamos o ponto de partida das nossas ideias, escolhemos o percurso teórico que nos guiou e definimos o modo de análise do conceito-hipótese de "potência subversiva do gesto criativo".

O percurso teórico, na sequência, foi um desafio inicial e processual. Iniciamos nosso estudo com uma pesquisa bibliográfica que pretendeu rever e ampliar a leitura psicanalítica sob o foco da criança, retornando a Freud e estendendo-se à bibliografia contemporânea sobre a condição de ser criança nesses tempos. Isso incluiu a apresentação da concepção de sujeito intersubjetivo e o reconhecimento da importância de pensarmos sobre ações e gestos, analisando o viés paradoxal que marca a subjetividade.

Ao tomar a criança como objeto privilegiado, foi fundamental sistematizar uma diferenciação dos tempos da infância, por entendermos que a idade cronológica, bem como a maturidade psíquica impactam de modos diversos a proposição da tese; nossa opção foi demonstrar isso a partir de argumentos teóricos, e não pela demonstração didática da cronologia do desenvolvimento emocional.

O contexto cultural da criança em seus mais diferentes contextos e seus modos de relação com as famílias e com os pares, que aqui foram analisados, percorreu uma preparação para a discussão sobre a pertinência de considerarmos a atitude insubmissa na infância como expressão de uma "potência de subversão do gesto criativo", cujo papel é marcante na vida das crianças.

A observação livre das crianças no processo analítico e no contexto sociocultural permitiu-nos ainda reconhecer a expressão insubmissa na infância. Sua evidência organizou o nosso ponto de partida, o que tornou a noção de *criança insubmissa* uma premissa a ser apresentada. Assim, pensamos poder realizar o que Figueiredo (2005) chamou de "fidelidade sadia às experiências de vida e às da clínica psicanalítica" (p. 9), respeitando a liberdade especulativa característica de todo trabalho de investigação. Por essa razão, decidimos elaborar os pressupostos e fundamentos psíquicos que constituem a emergência da criança insubmissa, o que incluiu sua definição. Mapeando a obra de Winnicott, tentamos ainda diferenciar as rebeldias ditas saudáveis daquelas que se aproximam do complexo cenário das rebeldias delinquentes.

O passo seguinte consistiu em uma preparação do campo conceitual com algumas noções que compõem ou se contrapõem à ideia de uma potência subversiva da criatividade, tal como pensada. Elegemos conceitos que consideramos imbricados, direta ou indiretamente, à noção proposta, com o intuito de relacioná-los aos processos elementares de subjetivação à luz da psicanálise, especialmente porque eles mostram-se como conceitos-limite que bordejam a ideia fundamental da investigação. Eles derivaram do livre-pensar suscitado pelo tema em questão, que se mostrou, inicialmente, como uma complexa rede que exigiu uma revisão breve. Entre eles, sem ordem preestabelecida, estão as seguintes noções: submissão/insubmissão, autonomia/dependência, reação/ação, liberdade/sujeição, subversão/obediência, potência/falso *self*. Sabendo da extensão dessa empreitada, restringimo-nos a atravessá-las tão somente naquilo que tangencia o nosso objeto de pesquisa.

Concordamos com Figueiredo e Minerbo (2006) quando afirmam que a "pesquisa com o método psicanalítico é sempre obra de psicanalista e capaz de trazer novidades à própria psicanálise" (p. 259). Portanto, partimos do reconhecimento de que a especificidade desse tipo de pesquisa reside no pesquisador exercendo a sua atividade analítica, sendo perpassado pelas transformações que a investigação promove no objeto e na referida teoria. O que explica as razões pelas quais a experiência clínica, que marca a formação e o exercício do pesquisador-analista, é descrita aqui.

Pensando nisso, para testar o conceito-hipótese, recorremos às memórias clínicas do pesquisador-analista, com o propósito de associar e favorecer a compreensão da investigação, oferecendo ainda uma via de análise. Apesar de se tratar de uma pesquisa teórica em psicanálise, os registros clínico e teórico não apenas perpassam toda a investigação, como reafirmam sua indissociabilidade. Não se tratou, contudo, de fazer um estudo de caso ou uma pesquisa de campo, mas tão somente de seguir a lógica psicanalítica de abertura associativa para pensar sobre o universo das crianças. A observação das crianças, de suas formas de relação e seus comportamentos públicos, bem como alguns fragmentos clínicos, foram usados como ilustração para a elaboração das ideias pretendidas.

Por fim, o dispositivo clínico da psicanálise foi pensado em sua função. Analisamos se ele pode ou não favorecer a emergência da "potência subversiva da criatividade" nas crianças, especialmente para aquelas que apresentam percalços ou interrupções no processo de amadurecimento emocional. Para tanto, o *setting*, o papel do analista na intervenção com crianças e o seu manejo serão tomados como mote para a discussão sobre o papel do dispositivo psicanalítico no desenvolvimento e/ou criação das condições de possibilidade ou consolidação da potência subversiva do gesto criativo na vida das crianças.

O livro foi estruturado em duas partes, ambas com dois capítulos cada. Na primeira parte, apresentamos as *concepções sobre a infância* que norteiam nossas ideias e, na segunda, aprofundamos o tema da *potência e criação* em psicanálise, a partir da apresentação e da discussão da hipótese da potência subversiva do gesto criativo.

Parte I

Concepções sobre a infância

1. A criança insubmissa

> *"Mas que você é, afinal de contas, Emília?". Ela respondeu de queixinho empinado: "Sou a Independência ou Morte!". E é. Tão independente que nem eu, seu pai, consigo dominá-la. Quando escrevo um desses livros, ela me entra nos dois dedos que batem as teclas e diz o que quer, não o que eu quero. Cada vez mais, Emília é o que quer ser, e não o que eu quero que ela seja.*
>
> Monteiro Lobato

Quem se pergunta o que define a linha imaginária entre dependência e independência parece encontrar nessa epígrafe um indicativo formidável sobre as incertezas que perpassam as relações entre autor e personagem, quiçá entre a família e a criança. Assim como a produção da escrita literária introduz a marca da valiosa construção de personagens, cuja existência é modelada pela mão de outra pessoa, os filhos são também concebidos, formados e educados pelos pais adultos para quem um dia a questão da autonomia se colocará. Podemos nos perguntar em que medida a educação e a formação dos filhos não seria vivenciada pelos pais como algo semelhante a essa descrição feita por Monteiro Lobato (1956) diante da sua personagem Emília, a Marquesa de Rabicó.

Emília, a conhecida boneca de pano da Narizinho, era teimosa que só ela e não se atrapalhava nas respostas; ganhou vida no Sítio do Pica-Pau Amarelo e surpreendeu a todos com sua tagarelice e sua inteligência. No campo literário, propondo uma potencialidade transgressora em Emília, Sousa (2009) afirma que, "através de sua incomparável 'torneirinha de asneiras', essa personagem se apresenta como um alterego da própria infância, garantindo a identificação do público-leitor com a produção de Lobato e todo o seu poder de transgressão e ruptura" (p. 7). O efeito decorre tanto da ideia de trazer vida (literalmente) a uma boneca quanto da possibilidade de acompanharmos todas as transgressões presentes em suas travessuras e em seus modos de brincar com a linguagem. Um verdadeiro deleite ao leitor.

"*Emília é o que quer ser, e não o que eu quero que ela seja*" diz Lobato na citação que abre o capítulo. A personagem foge à mão do autor durante a escrita, ganhando forma própria e ares de independência, só podendo existir na e pela liberdade. Mas nem o próprio pai (criador) tem domínio sobre Emília? Poderíamos tomar emprestado alguns desses aspectos do campo literário para pensar sobre o comportamento das crianças. Parece-nos que, assim como a personagem que passa a existir para além do autor, a criança precisa experimentar gradativamente a separação dos pais para processar o seu próprio acontecer psíquico. Se é assim, como podemos analisar os desgovernos que participam do processo de autonomia das crianças? Qual o papel da criatividade nesse percurso?

Assumimos como ponto de partida a premissa de que há uma forma de insubmissão expressa pelas crianças em seus diferentes tempos de vida, de diversos modos. Chamamos de insubmissão a expressão de recusa diante da lei ou norma externa, a posição de questionamento diante da negativa do adulto, a experimentação da realidade a partir do teste de limites e/ou por meio das brincadeiras e tantas outras oposições que a criança forja no meio em que vive.

Em Winnicott (1975) encontramos uma referência ao ato de se submeter, que nos ajuda a pensar sobre o seu antagonismo: "a submissão traz consigo um sentido de inutilidade e está associada à ideia de que nada importa e de que não vale a pena viver a vida" (p. 95). Assim formulada, a submissão é vista como um modo de adoecimento e fragilidade subjetiva, nos levando a propor uma desleitura do conceito e inferir que a insubmissão, por sua vez, poderia também expressar uma dimensão de saúde e vitalidade. Se concordarmos com essa dedução, passamos a reconhecer no ato insubmisso elementos psíquicos cujos desdobramentos incidem no processo de amadurecimento da criança. Qual seria, então, o limite entre a expressão de insubmissão insurgente e aquela que compreende uma parte da constituição subjetiva saudável? E mais: se a insubmissão também pode ser vista como uma forma saudável de viver e estar no mundo, uma expressão criativa da criança, como compreender a sua presença no processo de subjetivação da criança?

Pretendemos nos debruçar mais detalhadamente sobre as origens da submissão e da subversão no capítulo seguinte, quando investigaremos as condições de possibilidade para a emergência de uma suposta potência subversiva da criatividade, levando em consideração o(s) contexto(s) em que ela se mostra como criação. Contudo, para que isso aconteça, cabe-nos preparar as bases que justificam essa proposição, começando por apresentar o pressuposto que norteia a elaboração da hipótese dessa tese: a evidência da criança insubmissa. Pretendemos, aqui: (1) definir a insubmissão da criança; (2) investigar o desenvolvimento da capacidade para ser insubmisso; e (3) apresentar as diferenças entre a atitude insubmissa e a tendência antissocial na infância.

Do gesto espontâneo à insubmissão na infância

Para além da filosofia e da arte, o campo da estética do comportamento humano convida o psicanalista a pensar sobre a importância do gesto espontâneo, sua definição, seu poder, seus efeitos, bem como suas ambiguidades. As diferenças conceituais, portanto, vão da distinção entre ato e gesto no processo de singularização do humano às implicações de escuta e técnica na clínica psicanalítica que toma essas referências. Mais à frente nos debruçaremos sobre as nuances da incidência da estética na clínica psicanalítica, cabendo agora pensar sobre o papel do gesto na constituição psíquica.

A definição de *gesto*, sabemos, é uma tarefa complexa. As múltiplas possibilidades de interpretação, os diferentes tipos de expressão, aquilo que evoca ou provoca, mas, sobretudo, a maneira como é acolhido (recepção) ou não pelo ambiente (um Outro) impossibilitam postular o gesto como um substantivo definitivo, trazendo-o ao campo da experiência. O reconhecimento desta faceta, digamos, móvel, que corresponde à esfera da criação, que inclui o vivido e experimentado na relação, é o acento fundamental sobre o qual gostaríamos de nos debruçar aqui.

Em seu livro *A beleza do gesto*, Galard (2008), ao discutir a dicotomia entre gesto e ato, afirma:

> *O gesto nada mais é que o ato considerado na totalidade de seu desenrolar, percebido enquanto tal, observado, captado. O ato é o que resta de um gesto cujos momentos*

> *foram esquecidos e do que só se conhecem os resultados. O gesto se revela, mesmo que sua intenção seja prática, interessada. O ato se resume em seus efeitos, ainda que quisesse se mostrar espetacular ou gratuito. Um se impõe ao caráter perceptível de sua construção; o outro passa como uma prosa que transmitiu o que tinha a dizer. O gesto é poesia do ato. (p. 27)*

Sendo expressão, o gesto apresenta riqueza simbólica e uma amplitude de sentidos, o que nos permite aproximar essa teorização ao modo como a família concebe e recepciona o gesto espontâneo do bebê, por exemplo. Em trabalho intitulado "A criança mal acolhida e sua pulsão de morte", escrito em 1929, Ferenczi apresenta o papel da hospitalidade no processo de singularização do indivíduo, por compreender que a maneira como o bebê é recepcionado pela família repercute no seu modo de se constituir e, sobretudo, na sua forma de se relacionar com os outros. A proposição ferencziana é conhecida: as crianças que foram acolhidas como hóspedes indesejados na família "sofriam de distúrbios mais ou menos graves de potência" (Ferenczi, 1929/2011c, p. 58). O que aponta a precocidade do trauma nas crianças maltratadas no início de suas vidas ou privadas do amor tempos depois.

Além disso, Ferenczi é um autor que contribuiu de maneira significativa para o reconhecimento do papel do ambiente na consolidação da subjetividade, especialmente no que concerne "a adaptação da família à criança", título de um de seus ensaios sobre o tema. Nesse trabalho, Ferenczi (1928/2011a) promove uma torção nos modos de compreender as primeiras relações entre o bebê e sua família (ambiente) ao propor um papel ativo, por parte dos adultos, não apenas como presença, mas pela oferta de uma atmosfera de confiabilidade e ternura. Essa visada, podemos dizer, confere à noção de gesto um estatuto de destaque na estética da vida.

A contribuição de Winnicott sobre o tema também se mostra preciosa para pensarmos a maneira como o bebê inicia a criação de si. Para o psicanalista britânico, o acolhimento do gesto singular do bebê por parte da mãe (ambiente) é aquilo que inaugura as possibilidades de sua existência e constitui os fundamentos para a origem do *self*.

> *Descobrimos que os indivíduos vivem criativamente e sentem que a vida merece ser vivida ou, então, que não podem viver criativamente e têm dúvidas sobre o valor do viver. Essa variável nos seres humanos está diretamente relacionada à qualidade e à quantidade das provisões ambientais no começo ou nas fases primitivas da experiência de vida de cada bebê. (Winnicott, 1975, p. 102)*

Assim, o gesto cria e, paradoxalmente, está lá para ser criado na complexa e refinada experiência que circunda o bebê humano. Por meio da relação com um ambiente acolhedor, ele encontra espaço para expressão do seu gesto singular e, como desdobramento, para a origem do seu sentido de existência. Gesto e criação interligam-se variando entre face e verso, início ou fim, objeto objetivo ou subjetivo de uma expressão do bebê que precisa encontrar eco e receber sentidos. Se o ambiente for consistente e capaz de acolher a espontaneidade do bebê, um importante caminho se abre à formação do *self*, como explica Winnicott (1960/2007d): "Periodicamente um gesto do lactente expressa um impulso espontâneo; a fonte do gesto é o *self* verdadeiro, e esse gesto indica a existência de um *self* verdadeiro em potencial" (p. 132).

Ao apresentar o seu argumento, Winnicott associa a ideia de um *self* verdadeiro ao gesto espontâneo, explicando que no início o gesto do bebê apresenta-se como uma expressão sensório-motora. Mas, aos poucos, o gesto precisa ser complementado pelo ambiente, com vistas a se tornar uma realidade. Só então ele vai sendo modelado e transformado, já que decorreria da expressão do *self* verdadeiro em potencial. Isso nos faz concordar que o percurso inicial da ação (motilidade) ao gesto pode ser visto como uma exigência para a nossa criação, levando-nos a concluir que partimos da ação para, no gesto, expressar criação e potência. Assim, ao longo do processo de amadurecimento, será por meio do gesto e, depois, da ação que expressaremos a potência subversiva da nossa criatividade.

A participação do ambiente, em especial a devoção materna, volta a ser apresentada como parte decisiva do acolhimento (ou não) do gesto espontâneo do bebê. O estado psicológico da mãe, portanto, é condição para a expressão daquilo que Winnicott (1956/2000c) chamou de "preocupação materna primária": "Não acredito que seja possível compreender o funcionamento da mãe no início mesmo da vida do bebê sem perceber que ela deve alcançar esse estado de sensibilidade exacerbada, quase uma doença, e recuperar-se dele" (p. 401).

Nesse momento, estamos diante de um bebê com o *self* em constituição, cuja fragilidade urge pelos cuidados suficientemente bons da mãe. Ao pai destina-se, segundo Winnicott (1960/2007d), a tarefa de cuidar da "realidade externa para a mulher, de modo a tornar seguro e razoável para ela se tornar temporariamente introvertida, egocêntrica" (p. 135). Contudo, lembramos, esse estado de sensibilidade pode ser oferecido por outro além da mãe.

Não é surpresa, então, que o percurso de uma criança será marcado pelo contexto histórico e transgeracional que ela encontra na família. Esta é a hipótese desenvolvida por Safra (2004) ao apresentar o gesto criativo como parte da herança psíquica familiar que o origina:

> *Compreender o homem como ser criativo é vê-lo não como fruto de determinações naturais ou sociais, mas como acontecimento, como aparição. Os elementos sociais e naturais são campos que se organizam como estilo, a partir do nascimento e do gesto que nos apresentam cada ser humano como inédito. (p. 78)*

A relação entre tempo e gesto criativo, portanto, atravessa a experiência humana e confere lugar à criança, um posicionamento diante do outro. Assim, segundo o autor, o gesto acontece na tradição, o que o leva a propor que o modo de acolhimento do gesto corresponde ao início do si mesmo do bebê.

De acordo com Safra (2014), três situações seriam possíveis ao bebê: encontrar no berço uma *missão*, um *enigma* ou uma *questão*; todas elas repercutiriam nos modos de expressão do gesto e do percurso de existência da criança. Segundo o autor, na primeira situação o bebê recebe uma missão, cujo propósito seria resolver uma situação familiar ou da comunidade à qual pertence, levando-o a um aprisionamento impeditivo da expressão singular do gesto. A segunda refere-se ao encontro de um enigma no berço, aquilo que não pode ser dito, formulado, e, portanto, capaz de produzir sofrimentos ou enlouquecimentos. Não é difícil, então, compreender que nessa possibilidade o gesto singular do bebê é atropelado pela memória, que "passa a nortear o gesto das pessoas, re-significando a história" (Safra, 2002a, p. 830).

Por fim, a terceira possibilidade seria o encontro com uma questão. Por ocasião dessa experiência o bebê viveria, em transicionalidade, aquilo que é transmitido pelas gerações anteriores, colocando em jogo as questões da cultura e de sua tradição familiar a fim de constituir o seu estilo próprio, seu destino. Encontrar uma questão no berço colocaria o gesto do bebê em direção ao porvir.

Essa apresentação dos modos pelos quais o bebê constitui-se na tradição nos permite recolocar o paradoxo que atravessa a constituição do *self*, uma vez que, apesar de enovelados na trama que nos recepcionou, o gesto é o caminho a partir do qual os modos de singularização se dão. Dito de outro modo, a criança encontra diferentes possibilidades na sua chegada ao mundo, algumas impeditivas, outras mais facilitadoras para a expressão do seu gesto singular, entretanto, elas não a determinam, em princípio. Isso porque jamais poderemos desconsiderar que o gesto porta, em potência, a dimensão de criatividade humana, absolutamente singular.

O estado de constituição de si mesmo, sabemos, é essa complexa teia de novelos que dependem do ambiente para ser unidade. Inicialmente em potência, posto que as ações são antes puro gesto (ainda sem significações ou traduções), para em seguida ir se transformando em gesto singular. À medida que o acontecimento psíquico vai se dando, o gesto espontâneo vai se transformando em gesto singular, ou seja, poderíamos assim dizer que ele nos permite ler os diferentes modos de expressão do *self* verdadeiro. Afinal, para Winnicott, o gesto espontâneo está ligado ao *self* verdadeiro e será a partir dele que as bases para a ilusão de onipotência, tão necessária ao desenvolvimento do indivíduo, vão se constituir.

Noutras palavras, o que há inicialmente é o puro gesto, bruto e sem portar significado, desprovido de responsabilidade com o outro e sem referir-se a uma comunicação. A meta final seria a constituição de um gesto espontâneo singular, que expressa um modo de ser, um idioma pessoal. Nas palavras de Safra (2004):

> *Todo acontecimento humano, o saber, o gesto, a sexualidade encontra-se referido ao* ethos *humano. A partir desse ponto de vista, podemos compreender o sofrimento humano, a psico-*pathos*-logia, como a notícia da maneira peculiar como uma pessoa conseguiu ou não pôr em marcha as questões de sua existência. (p. 122)*

Da ação ao gesto (que funda o sujeito), passamos a pensar na sequência invertida, em que sairíamos *do gesto à ação*, cujo resultado seria a criação de si. Nestes dois percursos, que nos parecem intercambiáveis e interdependentes, portanto indissociáveis, a noção de insubmissão entra como uma fenda a ser analisada. As formas de insubmissão na infância trazem as relações entre o gesto e as ações, levam em consideração o processo de amadurecimento da criança e, sobretudo, as incidências do ambiente na modulação de sua expressão e seu sentido.

Sobre algumas formas de insubmissão da criança

Longe de querer encontrar a gênese da insubmissão, aqui nos propomos a apresentar uma definição possível da noção de insubmissão. Segundo o *Dicionário Michaelis* (online), insubmissão é: "1. Qualidade de insubmisso. 2. Falta de submissão". Para o verbete insubmisso, encontramos ainda a seguinte definição: "1. Não submisso. 2. Independente. 3. Ativo" (Michaelis, s.d.). A qualidade de não se submeter, como caracterizada pelo termo citado, interessa-nos em particular por comportar uma tendência à liberdade e à não sujeição, aspecto que nos parece fundamental no processo de constituição de si.

Como elemento de insubmissão na infância, para além das ditas formas de resistência, aqui estamos considerando a dimensão potencialmente ativa da subjetividade, entendida por meio da experiência criativa. Nesse sentido, podemos supor que a insubmissão, tomada como uma reivindicação à vida, estaria presente na dimensão de temporalidade e curiosidade que transforma as experiências infantis numa plataforma de descobertas. Entretanto, longe de definir a insubmissão como marcador referencial no processo de constituição psíquica, tarefa que pensamos estar mais relacionada à condição do brincar (Winnicott, 1975), gostaríamos de apresentar a evidência de insubmissão e os seus modos de expressão na infância, ideias que se mostram sintônicas à proposição de uma via espontânea e constitutiva da subjetividade, que não se define unicamente como agressiva.

Não sendo nossa intenção delinear e discutir o conceito de agressividade à luz da psicanálise, é importante destacar que o estudo sobre a criança insubmissa nos convida a pelo menos bordejar a questão. Para Birman (2006), teríamos três versões sobre a agressividade em Freud, Winnicott e Lacan, que se encontram pelo "imperativo da alteridade, representado pela mediação do outro como condição constitutiva do sujeito" (p. 375). Privilegiamos as contribuições de Winnicott pelo modo como concebe as raízes da agressividade a partir de uma complexa teorização construída como parte do processo de desenvolvimento psíquico da criança. Extraímos dos seus textos conceitos fundamentais para discutir o fenômeno da insubmissão, tentando formular em conjunto uma proposição sobre as formas de insubmissão relacionadas ao processo de amadurecimento da criança. Para o aprofundamento dos seus efeitos, por fim, trazemos para esse debate as ideias de Radmila Zygouris (2000) e Jessica Benjamin (1988/2013) sobre a questão da submissão e dos mecanismos de domínio nos relacionamentos sociais, respectivamente.

O esforço metodológico corresponde, de início, a uma tentativa de diferenciar a insubmissão da criança sem realizar uma sobreposição com a concepção de criatividade, tampouco com a noção de agressividade em Winnicott. Estamos conscientes de que dentro do arcabouço teórico do psicanalista britânico é difícil não misturar o papel da agressividade com o que estamos referindo como uma disposição subversiva da criança à não submissão. No entanto, consideramos ser possível compreender o fenômeno isoladamente, em especial se nos debruçarmos sobre o papel dos mecanismos de submissão e autonomia a partir dos laços de amor vivenciados na infância.

Para Phillips (2006), na obra de Winnicott, o "potencial agressivo" seria o equivalente ao potencial de desenvolvimento. Isso pode ser explicado pelo fato de Winnicott (1959-1964/2007c) apostar numa reconsideração da metapsicologia freudiana ao propor que "a agressão é vista mais como evidência de vida" (p. 117). O que o levou a reformular a noção de regressão, ao pressupor que esta deve ser pensada como uma regressão à dependência, que valoriza a capacidade do indivíduo de "se curar" – chamada, na teoria winnicottiana, de tendência inata para o amadurecimento. Essas contribuições de Winnicott se desdobraram numa leitura diferente das noções de saúde[1] e doença em psicanálise, implicando novas estratégias de cura[2] na clínica psicanalítica, em especial em nossos tempos. Deixamos, porém, o aprofundamento dessa discussão para outro momento.

Aqui interessa-nos destacar que o reconhecimento do vitalismo como marca do humano "assinala a convicção fundamental

1 Sobre a noção de saúde na obra de Winnicott, ver o artigo de França, Passos e Rocha (2014).

2 Para maiores reflexões sobre o tema em psicanálise, sugerimos a leitura de Figueiredo (2018).

de Winnicott quanto ao fato de sermos, antes de sujeitos da cultura, seres vivos, naturais" (Bezerra Jr., 2007, p. 37). O que explica a leitura da agressividade feita por Winnicott, que desloca o conceito de uma visão unicamente pulsional e sinônimo de destrutividade para incluí-lo como parte do processo de desenvolvimento emocional.

Qual a origem, então, da agressividade? Winnicott (1950-1955/2000a) responde: "a agressividade faz parte da expressão de amor" (p. 289). É a expressão da oralidade, do amor primitivo sentido e vivido pelas experiências, corporais e não corporais, que envolvem a vida do bebê. Assim, a força vital, presente desde a vida intrauterina, corresponderia à "agressão primária que não era nem uma pulsão, nem sinônimo de qualquer ímpeto de destruição" (Phillips, 2006, p. 155). Sobre essas relações, Winnicott (1950--1955/2000a) dirá tratar-se "de uma era em que, se a destruição é parte do objetivo do impulso do id, sua presença ali é meramente incidental à satisfação" (p. 296). Para ele, então, há certa destrutividade, mas insiste em mostrar que esta ainda não é de responsabilidade do ego, visto que este ainda não se encontra integrado. Tommasi (1997) explica a relação entre as noções de agressividade e integração psíquica na obra do autor:

> *Winnicott coloca a teoria da agressividade no interior da teoria da integração. Não vê a agressão como um elemento de constituição dessa unidade, pois não há dualismo inicial. A função da destruição é permitir que o bebê saia do mundo subjetivo para o objetivamente percebido. Então, em Winnicott, pulsão é destruição e, no entanto, ela é um fator de unificação, é uma passagem maturacional, que provoca o amadurecimento do indivíduo sem quebrar a sua unidade primária. É*

> *uma condição de possibilidade de uma construtividade posterior. (p. 75)*

Nesse sentido, o bebê precisa expressar ao máximo a sua motilidade espontânea, cabendo ao ambiente e à realidade frustrar e promover a contraposição necessária à formação da agressividade. O gesto impulsivo será transformado em potencial de agressividade, a depender da quantidade de contraste que encontra no ambiente, tal como explica Winnicott (1950-1955/2000a): "os impulsos agressivos não proporcionam nenhuma experiência satisfatória a não ser que encontrem oposição. A oposição deve originar-se no ambiente, no *Não-eu* que gradualmente vai se distinguindo do *Eu*" (p. 301, grifos do original).

Ainda que de modo sutil e rudimentar, a marca desse ato inaugural de insubmissão nos remete ao reconhecimento de uma força vital do bebê. Sendo a agressividade expressão de motilidade nesse momento inicial, somos levados a pensar, paradoxalmente, que a insubmissão é antecedida pela submissão enquanto pré-condição para a postura que se segue. Desse modo, consideramos que o pressuposto para a ideia de insubmissão, a partir de uma leitura winnicottiana, não se resume ao reconhecimento das raízes da agressividade, mas acena também para a necessidade de uma compreensão sobre o percurso de integração subjetiva.

Além das incidências do ambiente, o que inclui especialmente a presença da mãe, o gesto da criança precisa vir carregado de vigor, ou seja, faz diferença a maneira como ela expressa o seu potencial agressivo. Sobre isso, devemos lembrar que a condição de maturidade psíquica da criança é uma referência decisiva para a análise da sua expressão agressiva, permitindo afirmar que, quanto mais consolidada esteja a sua integração egoica, maior a possibilidade de integrar a agressividade nas experiências relacionais. A evidência da atitude de insubmissão da criança, portanto, pressupõe reconhecer, do ponto de vista psíquico, o início das relações de objeto.[3]

Se no início a mãe exerce as interdições, modula os gestos de seu bebê e, sobretudo, o protege, filtrando os estímulos externos e oferecendo espaço para a expressão do mundo interno, com o passar do tempo, será a partir das relações com o outro que esses movimentos se darão. O que nos permite afirmar que, anteriormente à condição de se relacionar com o objeto subjetivamente percebido, ainda não podemos reconhecer a presença de uma postura insubmissa tal como aqui formulada. Ela ainda não seria possível.

Assim, a agressividade é "valiosa para o indivíduo porque traz consigo a sensação de realidade e a sensação de estar se relacionando" (Winnicott, 1954-1955/2000b, p. 304), o que implica que os seus modos de expressão também guardam relação com a etapa de amadurecimento da criança. A potência de agir e a capacidade de levar a vida de um modo próprio dependem, portanto, de uma confiança interna fruto dos vínculos estabelecidos com os outros, o que vai conferindo uma continuidade para a existência e um contorno para a subjetividade que se forma. Essa, portanto, é uma conquista gradativa que não poderia ser tomada como sinônimo da potência agressiva, mas que pensamos estar associada a uma postura de segurança no vínculo e no ambiente. Seria o desdobramento da potência agressiva, a partir das relações vividas, que daria espaço para isso que estamos chamando de *atitude insubmissa*.

Já esclarecemos que a idade da criança, em especial a sua condição psíquica de maturidade, guarda relação direta com os seus modos de expressão, que correspondem a um modo particular de expressar sua resistência constitutiva. Nesse contexto, inferimos

3 Para um estudo mais aprofundado do tema, consultar Gurfinkel (2017).

que há diferenças nas formas e nas intensidades da postura da criança insubmissa, referidas aos marcadores da constituição psíquica da criança; eles se diferenciam pelos modos de apresentação no comportamento da criança, bem como pela função que exercem na modulação psíquica rumo à independência.

Como exercício teórico-conceitual, portanto, destacamos quatro momentos do processo de amadurecimento da criança e suas respectivas formas de expressão insubmissa: a insubmissão (a) *como diferenciação* (separação), (b) *como experimentação* (dizer "não"), (c) *como autonomia* (afirmação de si) e, por fim, (d) *como defesa* (adoecimento). Essas quatro categorias são somente exemplos de formas de insubmissão que pensamos estar intrinsecamente relacionadas ao *processo de desenvolvimento da criança.*

(a) Insubmissão como diferenciação

Propomos que a *insubmissão como diferenciação* seja vista como uma forma de expressão da criança resultante da conquista da capacidade de se preocupar com o outro, relativa à elaboração da chamada posição depressiva. Conceituada por Melanie Klein (1935/1996) e desenvolvida por Winnicott (1954-1955/2000b), a posição depressiva pertenceria ao período do desmame, etapa da vida do bebê que corresponde também ao reconhecimento, por parte dele, da existência de uma exterioridade. A conquista dessa fase, portanto, não é apenas o início das ricas relações ambivalentes com a mãe, mas a experimentação vivida pelo bebê de que está se tornando uma pessoa inteira.

Para tanto, sabemos que um percurso inicial da mãe com o seu bebê já aconteceu de maneira bem-sucedida, o que implica dizer que a fusão inicial cedeu a uma adaptação gradativa e sensível da mãe às necessidades do lactente, levando-o a vivenciar um desenvolvimento inicial saudável. Se compreendemos, como nos ensinou Winnicott (1956/2000c), que "a constituição inicial do ego é silenciosa" (p. 403) e decorre das experiências suficientemente boas com a mãe, a confiança se mostra como um elemento fundamental para que o ego comece a ser capaz de suportar as frustrações que virão. Noutro capítulo, falaremos mais sobre o papel da confiança nesse processo.

Por ora, pretendemos lembrar que, no escopo teórico da obra de Winnicott, a elaboração da posição depressiva concerne ao período de dependência relativa, momento em que o bebê começa a experimentar gradativamente falhas no ambiente e vivenciar a desilusão diante da perda do sentimento de onipotência; na sequência, ocorre a instauração de um sentimento de culpa em relação à mãe que justifica o desenvolvimento da capacidade de se preocupar da criança.

A pergunta que se coloca, então, é: como podemos relacionar essa complexa trama de acontecimentos às origens de um processo de insubmissão da criança? Sugerimos que o ato inaugural de insubmissão da criança é resultante dos efeitos da necessária separação entre a mãe e o bebê, desfazendo a fusão. Isso levará à integração da agressividade. Nesse período, os "impulsos agressivos e eróticos dirigidos ao mesmo objeto e ao mesmo tempo" (Winnicott, 1963/2007b, p. 71) levam a uma transformação da agressão primária em capacidade de se preocupar, se responsabilizar.

Parte do apetite e do amor vividos pelas experiências de destruição são gradativamente transformados a partir da relação objetal, o que promove um sentido de existência pelo estabelecimento de um *self unitário* que vem a favorecer o ciclo benigno. Destacamos, nessa ocasião, a postura do bebê, que começa a exercitar ataques vorazes ao seio da mãe, mordendo-o ou outras partes do corpo materno, o que corresponde ao que Winnicott

(1954-1955/2000b) chamou de amor instintivo. A tentativa expressa de devorar o que vem pela frente inicia-se sem nenhuma ressalva, o bebê ataca sem piedade. Se, ao invés de oposição, o bebê encontra um ambiente capaz de não retaliar, um ambiente que sobrevive aos seus ataques, aos poucos ele começa a experimentar um sentimento de culpa que o leva a perceber os efeitos de suas investidas agressivas na mãe (ambiente). Isso faz o bebê, então, desejar modificar o cenário impiedoso.

> *A culpa surge através da junção das duas mães, e do amor tranquilo ao amor excitado, e do amor ao ódio, e este sentimento vem compor, à medida que cresce, uma fonte normal e saudável de atividade nos relacionamentos.* Esta é uma das fontes da potência *e da construtividade sociais e também do desempenho artístico (mas não da arte em si mesma, cuja origem é mais profunda). (Winnicott, 1954-1955/2000b, p. 365, grifos nossos)*

Ao colocar essa etapa como "umas das fontes da potência", Winnicott nos leva a especular sobre a ideia de uma *insubmissão inaugural*, que estaria referida a esse período. Falaríamos, assim, de uma oposição inicial que fomenta a insubmissão inaugural pelo gesto de oposição, pela presença do outro e pela da sua corporeidade. Isso corresponderia ao movimento potencial do bebê para, ao se diferenciar da mãe, seguir em frente rumo aos relacionamentos interpessoais.

> *É importante ressaltar que não se está falando, nesse momento, de frustração, mas sim de presença corporal, que, ao se opor à criança, dá a ela a possibilidade de se apropriar de sua musculatura e também de encontrar*

> *sentido para o seu movimento, para a dimensão motriz. . . . Há, portanto, o gesto que se constitui pela criação do objeto e da sensualidade e o gesto que desempenha oposição. São experiências distintas, que se organizam separadamente e apenas se integram, ao longo do tempo, pelo* holding *proporcionado pela mãe. (Safra, 2005, p. 100)*

A apropriação de sua corporeidade, somada à elaboração da posição depressiva por parte do bebê mediada pelo *holding* materno, abre espaço para a instauração de um campo psíquico para novas experimentações. Pensamos poder dizer que é nesse campo que se institui a *insubmissão inaugural*, que poderíamos ler como *gesto teórico*. Propomos que essa ação resistente introduz a insubmissão na vida subjetiva.

(b) Insubmissão como experimentação

Se estamos de acordo com essa precondição de uma insubmissão inaugural, gostaríamos agora de destacar um segundo momento no processo de subjetivação da criança, em que a insubmissão se expressa de maneira mais visível ao ambiente externo. Estamos falando de um tempo em que a insubmissão é vivida *como experimentação*. Mas a que experimentação estamos nos referindo? Propomos que o uso do "não" pela criança pode ser definido como o protótipo desse momento.

Em seu livro *O primeiro ano de vida*, René Spitz (2004) apresentará a ideia de que o psiquismo infantil se estrutura a partir de três organizadores da psique: o sorriso, o estranhamento e o domínio do "não". Tomando emprestada a pesquisa de Spitz, que descreve um período pré-objetal, outro de integração/constituição egoica e o posterior desenvolvimento da relação objetal, respectivamente, encontramos um forte argumento para a nossa proposição de que a atitude de insubmissão também participaria da formação psíquica. Se nos detivermos sobre o que significa o uso do "não" nessa etapa, precisamos considerar, como aponta o autor, a diferença entre o movimento negativo e a semântica do "não". Haveria, portanto, uma transição gradual vivida pelo bebê, que aos poucos começa a ser capaz de expressar a negativa como um gesto semântico. Em suas palavras:

> *Talvez este seja o mais importante ponto crítico na evolução, tanto do indivíduo quanto da espécie. Aqui, começa a humanização da espécie; começa o* zoonpolitikon*; começa a sociedade. Pois este é o início de trocas recíprocas de mensagens, intencionais, dirigidas; com o advento dos símbolos semânticos, toma-se a origem da comunicação verbal. (p. 194)*

A riqueza dessa compreensão reside na percepção não apenas do papel da negação como organizador psíquico da criança, mas também de como ela se apresenta enquanto elemento de iniciação das experiências civilizatórias e políticas. Seria, assim, a partir da *insubmissão como experimentação*, transformando gesto em ação, que a noção de insubmissão imprimiria a marca de uma conotação subjetivante e propositiva enquanto efeito no social. A função das relações, em especial da recepção do gesto espontâneo, mostra-se como parte importante da livre expressão da atitude negativa, tão necessária à constituição psíquica.

Talvez pudéssemos propor que a *insubmissão como experimentação* se inicia enquanto experimentação do "não" como organizador da psique, mas não se restringe a essa função, na medida em que também se presta à expressão da insubmissão como teste da realidade, o que produz efeitos na subjetividade da criança. Além do uso do "não", podemos citar as experiências corporais das crianças como um outro modo de exercício dessa experimentação. Fechar a boca evitando o alimento, o controle das fezes e até mesmo as mordidas podem ser vistos como um modo de resistência ou recusa, ou seja, podem expressar formas de insubmissão que participam do processo de amadurecimento.

Assim, as experiências de oposição e negação podem ser interpretadas como necessárias à condição de independência e, por isso, se fazem presentes também a partir das brincadeiras infantis. O gosto das crianças por brincadeiras em que exercitam o "não" é um exemplo disso; nelas a criança costuma testar a moldura que o ambiente confere (seja na fala do adulto ou no espaço físico onde a brincadeira acontece), colocando-o à prova, a partir da brincadeira de desobedecer. Normalmente se dá assim: a criança brinca que faz algo errado, é pega no flagra pelo adulto e termina sendo alvo de uma grande reclamação, seguida de um castigo severo. A brincadeira instalada é um teste dos limites, das regras e das normas; estas são transgredidas – destruindo dentro da brincadeira o pacto social – e reafirmadas enquanto tal pela sanção (o castigo) que barra a insubordinação. A destrutividade pela via do ataque ao estabelecido por meio da desobediência dentro da brincadeira possibilita a experimentação do que significa destruir e criar, sem perdas. Obviamente, a presença do humor ao final do jogo denota o caráter de modulação psíquica ofertado pela brincadeira compartilhada. Risos! E tudo recomeça: nova desobediência (ou a mesma, geralmente), nova reclamação e castigo por parte do adulto. Seguem brincando…

Consideramos que esses aspectos aqui brevemente apontados parecem confirmar o papel desempenhado pelo uso do "não" como primeiro elemento abstrato do bebê, tal como defendeu Spitz, mas também como início da estruturação da função da resistência (insubmissão) no processo de amadurecimento

(c) Insubmissão como autonomia

Um outro modo de relacionar o processo de amadurecimento aos modos de insubmissão é o encontro com o processo de busca pela autonomia. Para desenvolver a ideia da *insubmissão como autonomia*, voltemos à teorização winnicottiana. Em 1957, Winnicott escreve um artigo em que defende a condição paradoxal que marca o processo de independência da criança, ao afirmar que uma das expressões do amadurecimento emocional da criança reside em sua capacidade *de ficar sozinha na presença do outro*. Nesse trabalho, desenvolve a ideia de que "a base da capacidade de ficar só é um paradoxo; é a capacidade de ficar só quando mais alguém está presente" (Winnicott, 1958/2007a, p. 32), ampliando a complexidade do debate sobre a autonomia. É interessante notar que volta a ser destaque o papel desempenhado pela mãe (ou ambiente), pois será por intermédio da condição dessa oferta e da forma como a experiência de ficar só na presença do outro é acolhida e vivida pela dupla que poderemos reconhecer a presença da maturidade emocional, por fim. Em suas palavras:

> *Considero, contudo, que "estar só" é uma decorrência do "eu sou", dependente da percepção da criança da existência contínua de uma mãe disponível cuja consistência torna possível para a criança estar só e ter prazer em estar só, por períodos limitados. (Winnicott, 1958/2007a, p. 35)*

Nesse sentido, a autonomia e a apropriação de si mostram-se imbricadas aos modos de constituição do vínculo, resultando da experiência de estar junto e da capacidade de se separar, também, só que agora uma separação por independência. Nessa etapa do processo, o objeto subjetivo já foi internalizado e o distanciamento é vivido sem sentimento de ruptura abrupta. A demanda de amor, portanto, oferece um espaço para a expressão da necessidade de estar junto, sem estar fundido (corporal ou psiquicamente); isso explica por que o desligamento psíquico se tornou uma realidade para o par.

A autonomia se fundamenta na noção de que para ser independente é necessário viver e exercer a dependência: um verdadeiro paradoxo. Se desenvolvemos essa concepção tentando relacioná-la à ideia da insubmissão, poderíamos afirmar que, como nessa etapa do desenvolvimento a conquista da "capacidade de estar só na presença do outro" mostra-se uma rica conquista, a *insubmissão como autonomia* corresponderia a uma expressão do avanço da subjetividade da criança dentro do contexto a que ela pertence.

Na literatura de ampla circulação – como revistas, *blogs* e jornais –, é comum o uso do termo "adolescência dos bebês" ou "*terrible twos*", traduzido como os terríveis dois anos, uma referência a um período (entre 1 ano e meio e 3 anos) em que as crianças costumam apresentar rompantes de desobediência. Para os pais, essa é uma etapa de grande dificuldade, pois os conflitos aumentam e os cuidados com a criança tornam-se mais trabalhosos. Birras, explosões de choros e gritos diante de frustrações, aumento de desobediências e resistências para fazer as atividades diárias são alguns dos exemplos de mudança descritos pelas famílias. Para além das orientações aos pais e responsáveis, interessa-nos apontar que essa mudança de comportamento da criança implica um processamento psíquico de separação entre o eu e o mundo, ou seja, resulta de uma busca da criança pelo governo de si, pela própria liberdade. Paradoxalmente, só poderá ser bem-sucedida se o ambiente for capaz de acolher e, quando necessário, conter os gestos da criança, transformando-os a partir da moldura das relações, com a oferta de atenção e cuidado empático daqueles que se ocupam dos pequenos.

Assim, o exercício de *insubmissão como autonomia* corresponde a uma conquista processual, iniciada no primeiro tempo de constituição psíquica da criança, quando ela vivencia gradativamente a conquista de uma solidão acompanhada e não desintegradora. A insubmissão como autonomia também deve ser interpretada como um processo contínuo de produção de liberdade ao longo de uma vida, enquanto espaço de suporte social consistente, contraponto ao ideal de autonomia absoluta (Mizrahi & Garcia, 2007). Assim, a condição de ser capaz de estar só na presença do outro é uma experiência constitutiva da subjetividade infantil, mas será permanentemente reeditada em seus paradoxos, a cada nova investida da criança rumo à independência.

A noção de autonomia absoluta, contudo, precisa ser problematizada. Ela foi apontada por Mizrahi e Garcia (2007) como uma questão a ser analisada no individualismo contemporâneo e encontra na concepção da "capacidade de estar só" diante do outro, como proposta por Winnicott, uma possibilidade de contraponto crítico para a experiência social desses tempos:

> *A realização do impulso individual criativo depende, portanto, da presença de alguém que tolere, com níveis de resistência que variam ao longo do desenvolvimento, o movimento criativo de apropriação do mundo. Essa noção de gesto criativo, que implica na necessidade de encontrar do lado de fora uma certa oposição para*

> *satisfazer-se, contribui, a nosso ver, para que o pensamento paradoxal de Winnicott possa romper com o antagonismo entre indivíduo e sociedade, satisfação individual e laços coletivos. (p. 274)*

Nesse sentido, a realidade social, ao fazer-se oposição, sem retaliação (o que significa suportar os ataques agressivos sem romper as relações), abre espaço para a formação do espaço transicional criativo, pressuposto para a liberdade. Do ponto de vista da infância, podemos fazer essas ideias trabalharem ao refletir sobre o papel das escolas como espaço de moldura e experimentação das oposições para a criança. Quando a escola pode sobreviver, sem retaliar, às investidas insubmissas, agressivas e por vezes desorganizadas da criança em formação, ela fomenta na relação entre família e sociedade (representada aqui pelo ambiente coletivo da escola) a possibilidade de construir um espaço intermediário cuja qualidade fundamental é criar. As expressões saudáveis do ódio, portanto, ao não se constituírem num risco iminente de quebra dos vínculos entre a criança e os adultos envolvidos, transformam-se em espaço potencial, zona de criação, como formulada por Winnicott.

Diante da abertura que se promove no processo dessa autonomia, abre-se espaço subjetivo para a constituição da identidade e das identificações. A criança, diante dessa elaboração subjetiva, passa a ser capaz de reivindicar um espaço de existência na vida familiar, escolar e social, que se desdobra como efeito político, efeito de implicação e intenções enquanto sujeito de fala. A criança experimenta uma existência libertária e de articulação política, no sentido de ação para o mundo, quando a elaboração da autonomia decorre de um ambiente que oferece confiabilidade no vínculo, bem como de um processo de subjetivação saudável. A criança passa a ser capaz de reivindicar seu lugar no mundo, expressar suas raivas, criar a si, ter amigos e viver socialmente.

(d) Insubmissão como defesa

Por fim, analisaremos brevemente o que se dá quando a insubmissão se expressa como defesa. A *insubmissão como defesa* decorre de percalços no caminho da criança que, não encontrando um ambiente suficientemente sensível às suas necessidades, tem dificuldade de encontrar a transicionalidade necessária para a criação e para o estabelecimento da integração psíquica. Na realidade das escolas e das famílias, é comum certa confusão de interpretação sobre a insubmissão, que tende a ser vista como reação a um ambiente hostil e, por isso, se distancia do modo de leitura que estamos propondo. Nossa hipótese é que haveria, então, uma forma de agressividade que é expansão individual, gesto espontâneo, e outra pela qual o indivíduo se defende de um encontro invasivo, tal como se expressa nos adoecimentos narcísicos. A reação seria, portanto, a marca de uma insubmissão que começa a se configurar como expressão de adoecimento. A criança reage expressando resistência ao que vivencia como traumático, numa tentativa desesperada de reivindicar e/ou de restaurar o que teve e perdeu. Enseja-se, assim, a problemática da *privação* ou *deprivação*, cujas repercussões comprometem o processo de amadurecimento previsto no desenvolvimento das crianças e nos levam a uma interpretação da insubmissão como expressão reativa que precisa de contenção. Esse aspecto será mais bem desenvolvido no tópico seguinte.

Podemos resumir assim: a insubmissão corresponde a uma conquista gradativa e contínua da criança que foi capaz de constituir o desenvolvimento egoico a partir da experiência de confiança. Uma criança que foi/é capaz de lutar e se constituir autonomamente sem adoecer diante das falhas, desadaptativas e comuns, do ambiente. A ideia central, portanto, reside no reconhecimento de que os laços afetivos exercem papel de grande importância na consolidação das expressões criativas, especialmente aos olhos de uma vertente teórica cujo foco é a dimensão intersubjetiva.

Em artigo intitulado "A criança do júbilo", Radmila Zygouris (2000) discute o tema da submissão a partir de uma leitura psicanalítica e oferece uma possibilidade de interpretação da questão da insubmissão da criança. Destacando as relações entre a submissão e a dependência, em especial o discurso sobre a obediência na infância, a autora considera que uma "submissão ordinária" é parte da exigência social e necessária à constituição subjetiva das crianças. Isso indicaria os motivos pelos quais as expectativas dos pais em relação aos filhos e destes em relação ao reconhecimento da família acabam por se configurar como aporte mantenedor das experiências de submissão no processo de subjetivação.

Zygouris destaca também que as demandas de amor e a exigência de submissão caminham juntas, levando-a a propor três momentos-chave no devir da criança que nos ajudam a analisar a questão. São eles: o *Fort-Da* (Freud), o estádio do espelho (Lacan) e a descoberta do objeto transicional (Winnicott). Assim, reafirma que o processo de subjetivação da criança é impactado diretamente pelo momento do desenvolvimento em que esta se encontra. Ao defender que toda descoberta liberta e é jubilatória, Zygouris (2000) explica seu argumento:

> *Emito a hipótese de que a série jubilatória da infância constitui o primeiro alicerce sobre o qual virão se apoiar as tentativas posteriores de libertação do adulto, assim como sua capacidade de* insubmissão *e sua aptidão a resistir à opressão que, ao contrário do que*

> *frequentemente se afirma, não tem sistematicamente a agressividade por motor exclusivo. (p. 40, grifo nosso)*

Paradoxalmente submissa e ativa às investidas daqueles que dela se ocupam, a criança ora se submete por necessidade ou amor, ora expressa uma revolta criativa em direção à ruptura dessas exigências rumo à independência. Assim, a série *submissão-libertação-júbilo* corresponderia à abertura para a libertação do adulto, constituindo não apenas uma capacidade de insubmissão, mas também uma aptidão para resistir por uma via criativa. Em outras palavras, funda o devir do sujeito se apoiando nas aptidões da própria criança com a (única) condição de que ela as tenha conseguido graças a um ambiente familiar suficientemente bom.

A criança do júbilo, portanto, figura como "personagem conceitual"[4] que promove libertação e alegria, mediada pelo que Zygouris (2000) chamou de quinto conceito fundamental da psicanálise, o afeto:

> *O afeto está no cerne de qualquer libertação, de toda revolta e impulso libertário, assim como de toda criação. Libertar-se de uma submissão, implica a propulsão de uma força do Eu e de um desejo, uma relação ao* pathos *e uma atualização do afeto. (p. 36)*

As relações entre afeto, liberdade e criação colocam-se como aspectos que participam do processo de subjetivação da criança, bem como dos modos de vinculação e insubmissão. Isso nos leva a

---

4 Aqui a autora faz referência "àquilo que Deleuze e Guatarri denominaram 'personagens conceituais': O Idiota ou Bartleby, a Criança do *Fort-Da*, a criança do Espelho, a criança do Objeto Transicional são personagens conceituais da psicanálise" (Zygouris, 2000, p. 43).

refletir sobre as relações de dominação a partir dos laços de amor que marcam a infância e perduram por toda a vida. Por essa razão, o encontro com as ideias de Jessica Benjamin sobre o papel dos reconhecimentos narcísicos para a libertação e a autoafirmação mostra-se como um complemento às proposições de Radmila Zygouris. Em seu livro *The bonds of love: psychoanalysis, feminism, and the problem of domination*, Benjamin (1988/2013) apresenta a hipótese de que o reconhecimento é parte fundamental da constituição da criança, em especial como a sua presença ou não pode interferir e constituir-se como elemento de dominação e submissão. "Novamente, começando com a luta do bebê para se individualizar", diz a autora, "vemos quão prontamente a reação contra a dependência pode se transformar em amor ideal pelo poder paterno" (p. 222, tradução nossa).

O percurso teórico da autora fundamenta-se na noção de intersubjetividade e, portanto, é dessa noção que decorre toda a sua argumentação sobre o conflito entre reconhecimento e autoafirmação que perpassa as relações amorosas da criança. Para ela, os laços de poder e violência também estão relacionados aos modos de constituição dos vínculos de amor e, nesse sentido, a inabilidade para sustentar os paradoxos da interação justificaria as experiências de dominação e submissão nas relações afetivas. Em suas palavras:

> *Resumidamente, a dominação e a submissão resultam de uma ruptura da tensão necessária entre a autoafirmação e o reconhecimento mútuo que permite que o eu e o outro se encontrem como iguais soberanos. Afirmação e reconhecimento constituem os polos de um delicado equilíbrio. (Benjamin, 1988/2013, p. 12, tradução nossa)*

Essa compreensão sobre o processo de subjetivação, que caminha rumo à afirmação a si e à conquista da independência – paradoxalmente, sempre relativa –, é também uma das grandes contribuições das leituras psicanalíticas que enfatizam a intersubjetividade, como vemos na obra de Winnicott. A definição de insubmissão da criança e o olhar sobre os seus diferentes modos de apresentação na infância nos ajudam a ampliar e complexificar qualquer leitura que se pretenda rápida sobre o fenômeno, favorecendo a compreensão dos processos de formação do psiquismo e de seus efeitos nas relações humanas.

Sobre a contribuição da autora, Cintra (2018) afirma:

> *Jessica Benjamin ajuda a refletir sobre as aporias e impasses, ampliando a compreensão da violência que nasce junto a todo laço de amor. A saída do impasse não se dá, entretanto, por meio de estados de separação ou simbiose cada vez mais radicais, mas pela sustentação do impasse entre reconhecimento e autoafirmação, e por uma forma de entrega mais profunda ao outro, diferente de mim. (p. 701)*

Portanto, a insubmissão é vista como um processo (necessário) de separação que expressa o paradoxo que marca a subjetividade humana: a subordinação fundamental para o vir a ser do sujeito (Butler, 2017). Mais à frente voltaremos a falar sobre isso, cabendo agora destacar que os novos laços de amor são possíveis desde que o vínculo mãe-bebê constitua-se mantendo a tensão desses paradoxos: entre dependência e libertação, entre uma submissão necessária para a emergência da moldura psíquica e a insubmissão fundamental rumo à descoberta do mundo.

Por essa razão, para continuar essas reflexões, é preciso ainda apresentar as diferenças entre o gesto insubmisso (oposição) e o gesto transgressivo (ato) à luz das contribuições da psicanálise.

Atitude insubmissa e tendência antissocial: diferenças

Com vistas a avançar nessa ideia, cabe-nos agora discutir a noção de insubmissão, desfazendo a relação automática, que comumente se faz, entre a atitude insubmissa da criança e os distúrbios de caráter, como a delinquência e a criminalidade. Socialmente associada a um comportamento de não conformidade, a criança insubmissa tende a ser vista como uma criança rebelde que caminha para um percurso problemático de existência, como se a ela só restasse o destino trágico que se apresenta na versão negativa da oposição.

Estamos de acordo que a insubmissão é um exemplo de rebeldia na criança, mas consideramos importante diferenciar o modo como se dá a resistência à autoridade na atitude insubmissa e na tendência antissocial. Pensamos haver diferença entre a criança que se nega a obedecer e aquela que, ao desobedecer, faz uma recusa destrutiva e ataca o vínculo, como nos casos em que a criança assume uma atitude delinquente, como o furto, a mentira ou uma atitude agressiva incontrolável.

Com vistas a uma diferenciação, portanto, poderíamos dizer que a *rebeldia insubmissa* decorre de um percurso subjetivo de origem e efeitos diferentes da *rebeldia delinquente*. Enquanto a primeira pode ser relacionada ao processo saudável de amadurecimento da criança, expressão da criança normal, como problematizamos no tópico anterior, essa última seria efeito de uma experiência de privação sofrida na infância, resultando naquilo que Winnicott

(1946/2005b) definiu como a criança antissocial. Vejamos algumas diferenças:

> *A criança normal, ajudada nos estágios iniciais pelo seu próprio lar, desenvolve a capacidade para controlar-se. Desenvolve o que é denominado, por vezes, "ambiente interno", com uma tendência para descobrir um bom meio. A criança anti-social, doente, não tendo tido a oportunidade de criar um bom "ambiente interno", necessita absolutamente de um controle externo se quiser ser feliz e capaz de brincar ou trabalhar. (p. 131)*

Ao longo do desenvolvimento da criança, espera-se que ela possa vivenciar as falhas do ambiente de forma processual, numa desadaptação gradativa que coincida com os acontecimentos do mundo e que favoreça a criação de um *self* verdadeiro e espontâneo. Quando isso não é possível, por razões subjetivas da mãe na relação com o bebê ou mesmo em decorrência de percalços na realidade, o que se produz são experiências descontínuas, cujas rupturas vão incidir na integração subjetiva da criança. Para Winnicott (1960/2007d), "quando a mãe não pode se adaptar suficientemente bem, o lactente é seduzido à submissão, e um falso *self* submisso reage às exigências do meio e o lactente parece aceitá-las", o que o leva a propor uma função positiva do falso *self* que consiste em "ocultar o *self* verdadeiro, o que [o bebê] faz pela submissão às exigências do ambiente" (p. 134).

A díade mãe-bebê confere um papel de destaque à dimensão intersubjetiva dos encontros, uma vez que pressupõe uma complexa rede de relações: a subjetividade materna, a condição de receptividade do bebê e o modo de interação do ambiente, ou seja, sua capacidade de favorecer ou não a constituição de um espaço potencial. A experiência relacional pode ser definida como o espaço virtual onde mãe e bebê constituem uma experiência de "criar-se sendo", que acena para o papel das trocas nesse primeiro tempo. Sustentado pelo ambiente, o bebê busca (no princípio) sua integração e a constituição das bases do *self*, mas ao longo do processo de amadurecimento começa a elevar as suas exigências com o mundo. Neste longo caminho, a conquista da capacidade de ficar só é parte fundamental para a criação de si e para o estabelecimento da liberdade individual. A criação de si, então, pode ser pensada por uma trajetória que vai da integração psíquica rumo à autonomia.

Winnicott (1960/2007d) considera que o *self* verdadeiro é uma conquista no processo de amadurecimento, que envolve uma adaptação saudável do ego ao ambiente e um sentido de realidade, essencial para a consolidação de uma moldura da subjetividade marcada pelo gesto espontâneo e criativo. Em contraste, o falso *self* resultaria de um sentimento de irrealidade que provoca uma reação defensiva, que compreende um bebê seduzido a se submeter ao gesto da mãe, já que fica impossibilitado de expressar a sua vitalidade.

Ao apresentar sua teorização sobre as raízes primitivas da agressividade, Winnicott propõe ser possível encontrar uma reação agressiva já no impulso de amor primitivo. Para ele, "trata-se de uma era em que, se a destruição é parte do objetivo do impulso do id, sua presença ali é meramente incidental à satisfação" (Winnicott, 1950-1955/2000a, p. 296). Nesse sentido, é gradativamente que a agressividade se desenvolve, decorrendo não apenas das incidências e frustrações promovidas pela realidade, mas sobretudo do modo como o bebê vivenciará essas oposições. Winnicott afirma que cada fase do desenvolvimento do ego – inicial, intermediária e personalidade total – constitui um modo próprio de expressão da agressividade e traz repercussões diferentes ao modo de amar. Por conseguinte, também constitui um jeito próprio de se relacionar com os objetos, repercutindo nas relações sociais.

Em palestra intitulada "Alguns aspectos psicológicos da delinquência juvenil", proferida em 1946, Winnicott desenvolve um pouco mais as relações entre o ambiente (familiar) e o desenvolvimento emocional da criança, apontando o papel dos conflitos e da desintegração potencial do amor primitivo. Na longa citação que segue, podemos encontrar uma descrição sobre a infância "normal", que nos permite sustentar a proposição fundamental de que há uma potência no ato insubmisso, nos levando a apostar nas "boas rebeldias". As questões são assim colocadas:

> *Como é a criança normal? Ela simplesmente come, cresce e sorri decentemente? Não, não é assim. Uma criança normal, se tem confiança do pai e da mãe, usa de todos os meios possíveis para se impor. Com o passar do tempo, põe à prova o seu poder de desintegrar, destruir, assustar, cansar, manobrar, consumir e apropriar-se. Tudo o que leva as pessoas aos tribunais (ou aos manicômios, pouco importa no caso) tem seu equivalente normal na infância, na relação da criança com o seu próprio lar. Se o lar consegue suportar tudo o que a criança pode fazer para desorganizá-lo, ela sossega e vai brincar . . . Antes de mais nada, a criança precisa estar consciente de um quadro de referência se quiser sentir-se livre e se quiser ser capaz de brincar, de fazer seus próprios desenhos, ser uma criança irresponsável. (Winnicott, 1946/2005b, p. 129)*

Mesmo dependente, portanto, a criança estabelece vínculos e negociações permanentes entre os mundos interno e externo, visando à autonomia. O conflito é parte da constituição egoica, mas é também fonte de tensões, "pois é apenas através do componente agressivo que o relacionamento com os outros reais pode existir"

(Phillips, 2006, p. 161). Voltando à citação de Winnicott, nos perguntamos: o que entendemos como "irresponsabilidade da criança"? Será que há uma característica dessa irresponsabilidade que, noutros termos, podemos definir como uma expressão da potência subversiva da criatividade? Para pôr à prova o poder que a rodeia, a criança precisa experimentar a desorganização característica do processo de amadurecimento, assim como aqueles que dela cuidam precisam suportar, como nos ensina Winnicott, a livre expressão que marca o gesto insubmisso.

A atitude insubmissa, identificada por sua caraterística insurgente e trabalhosa no convívio entre crianças e adultos, é, muitas vezes, interpretada como um comportamento de ataque ao vínculo ou vista como uma ação destrutiva ao ambiente. Consideramos, contudo, que, ao apresentar uma lógica constitutiva do psíquico no ato de não submissão, estaríamos valorizando a força da resistência como elemento de afirmação subjetiva. O que nos leva a propor que a expressão de insubmissão da criança pode ser tomada como o equivalente "normal" da tendência antissocial.

A agressão, portanto, é variável porque guarda relação com a oposição que encontra ou não no ambiente. Ao encontrar uma mãe colaborativa, capaz de favorecer seu desenvolvimento, o bebê encontra um caminho para a conquista da personalidade total – estágio de desenvolvimento do ego em que a agressividade já se fundiu com o potencial erótico. O que significa afirmar que "a administração do mundo externo dependerá da administração do mundo interno" (Winnicott, 1950-1955/2000a, p. 292). Do contrário, estaríamos diante da doença.

Diferente disso, a tendência antissocial da criança corresponde à saída por ela encontrada para dar conta de uma experiência insuportável de privação; é um jeito de a criança pedir para ser cuidada. Nas palavras de Vilhena e Maia (2002): "O ato delinquente é, muitas vezes, uma busca de filiação, de reconhecimento – ato fadado ao fracasso –, uma vez que a busca em questão é por um objeto simbólico..." (p. 55). Nesse sentido, há um endereçamento da agressividade e uma demanda por afeto, que justifica a tomada winnicottiana de que a delinquência compreende um sinal de esperança (Winnicott, 1967/2011a).

Avançando, consideramos também extremamente importante fazer um esforço para não realizar sobreposição dessa nuance de leitura da insubmissão que defendemos com o diagnóstico de *transtorno desafiador e de oposição* (TOD),[5] visto que nesse último caso já estaríamos dentro do campo dos comportamentos com traços de adoecimento psíquico (o que não é nosso enfoque aqui), demandando intervenção psicológica específica. Nas situações clínicas, tem sido comum a precipitação de tomar o comportamento insubmisso como transtorno opositor, o que nos parece não apenas uma associação rápida, mas também, em algumas circunstâncias, equivocada. Observamos crianças que extrapolam a intenção de testar o ambiente, se comportam de maneira caracteristicamente desafiadora, opositora e rebelde, mas que, diante da sustentação do ambiente escolar, familiar e social (ou seja, diante da contenção e da reafirmação do seu lugar), acabam, favoravelmente, não desencadeando a consolidação do sintoma. Nessas ocasiões, pensamos que a atitude insubmissa, mesmo muito próxima dos limites de uma quebra do vínculo típica da delinquência, encontra uma saída ainda pela via saudável.

---

5 O CID-10 (Classificação Internacional de Doenças) define o *transtorno desafiador e de oposição* (F91.3) como um tipo dentro dos *distúrbios de conduta* (F91). Assim os descreve: "Transtorno de conduta manifestando-se habitualmente em crianças jovens, caracterizado essencialmente por um comportamento provocador, desobediente ou perturbador e não acompanhado de comportamentos delituosos ou de condutas agressivas ou dissociais graves" (OMS, 2007).

Se tomamos emprestada a concepção de que a tendência antissocial implica esperança, por analogia, pensamos poder dizer que a atitude insubmissa da criança implica confiança. Em outras palavras, para expressar, após a integração da agressividade, a atitude de resistência insubmissa, a criança precisa sentir que o ambiente é capaz de modular e suportar as suas investidas. O desenvolvimento da capacidade de ser insubmisso saudavelmente decorreria, então, de uma condição psíquica que decorre do processo de amadurecimento. Pensaremos melhor os fatores necessários para a sua efetivação no próximo capítulo, restando-nos, por ora, refletir um pouco mais sobre esses movimentos de confronto na infância.

Oposição, negação e resistência

O que a criança comunica quando se nega à submissão e à autoridade? Como poderíamos compreender o ato de resistir na infância? Vigoraria hoje o paradigma da obediência ou é possível pensar num paradigma libertário em que se percebe uma brecha para a expressão livre das crianças? A que oposição nos referimos e a quem ela se destina? Aqui trazemos breves reflexões sobre as relações entre oposição, resistência e negação sob a ótica do nosso tema.

Ao reconhecer o comportamento de birra, malcriação e oposição a uma ordem, facilmente somos levados a considerar a atitude da criança como uma insubmissão a ser evitada ou definitivamente extinta. Há uma dificuldade evidente de lidarmos com crianças "trabalhosas" – que insistem em ter seus desejos atendidos, reivindicam ser ouvidas a qualquer custo e, muitas vezes, fazem oposição a uma demanda dos pais ou adultos responsáveis. Não questionamos a legitimidade do mal-estar que elas provocam, tampouco negamos as inseguranças a que são remetidos os adultos diante de um pequeno questionador. Longe disso, nosso propósito é tentar demonstrar que a postura de oposição, negação e resistência da criança nem sempre é sinônimo de que tudo vai mal, leia-se, que ela está sem limites ou prestes a desenvolver uma atitude delinquente.

Mas, afinal, de que oposição estamos falando? Para pensar na noção de *oposição* na infância, tomemos a referência à dimensão de *posição,* tal como lida em psicanálise, como elemento de análise. Ao considerar a noção de posição, tal como desenvolvida por Melanie Klein (Klein & Riviere, 1975) e assumida também por Winnicott (1954-1955/2000b), estamos reconhecendo a transitoriedade que marca o desenvolvimento infantil. Não se resumindo a marcos biológicos apenas, essa concepção de *posição* implica uma visão não fixada a marcadores etários rígidos e desdobra-se como uma noção mais complexa por abranger angústias, defesas e relações de objeto referentes a um determinado momento. A transitoriedade está, justamente, em considerar que não haveria necessariamente um fluxo linear de amadurecimento, mas uma fluidez entre as posições subjetivas que dizem respeito, para Klein,[6] especialmente aos fatores internos, enquanto, para Winnicott, correspondem ao espaço intermediário, que abrange tanto os fatores internos quanto os externos.

Fundamentados na leitura de Winnicott, podemos afirmar que a *oposição* feita pela criança, inicialmente como expressão do impulso vital, será de extrema importância para a constituição de um potencial agressivo, mas também de um sentido de realidade e de relacionamento com o mundo (exterioridade). Nessa lógica, as dimensões de interioridade e de exterioridade dependem, antes, da fusão entre o potencial de motilidade e o potencial erótico. Ele

---

6 Os aspectos propostos por Melanie Klein na compreensão da subjetividade da criança não serão discutidos aqui. Para estudo aprofundado, recomendamos a leitura de Cintra e Figueiredo (2004).

explica: "a oposição afeta a conversão da força vital em potencial de agressividade. Mais ainda, o excesso de oposição cria complicações que tornam impossível ao indivíduo, dotado de um potencial de agressividade, realizar a fusão com o potencial erótico" (Winnicott, 1950-1955/2000a, p. 303).

O que leva Winnicott (1950-1955/2000a) a afirmar ainda que "na saúde, por definição, o indivíduo sente o prazer de buscar a *oposição* adequada" (p. 298, grifo nosso), que, inicialmente, corresponde ao reconhecimento de uma exterioridade, um "mundo Não-eu, e uma instauração precoce do eu" (p. 303). Diferente disso, na doença, não havendo um desenvolvimento sólido do eu, o ambiente se impõe ao bebê e a força vital é prejudicada diante das reações de intrusão. Nessas ocasiões, vemos o desenvolvimento de um *potencial reativo*, que deflagra comportamentos persecutórios no bebê em relação ao objeto externo, dificultando o seu senso de realidade e comprometendo o seu modo de ser e estar com os outros.

Assim, poderíamos inferir que há uma característica da oposição que se faz necessária à constituição psíquica: ela modula a agressividade e fundamenta as bases para a confiança de si, delineando uma via própria de existência. É por encontrar oposição, então, que a criança vai, aos poucos e paradoxalmente, constituindo sua posição no mundo, subjetiva e objetivamente falando. Nesse sentido, então, podemos dizer que os gestos de oposição e resistência da criança comunicam algo mais complexo do que a simples intenção de destituição da autoridade externa, levando-nos a afirmar que, em muitas ocasiões, há algo potencialmente importante se dando quando a criança se nega e/ou resiste tanto a coisas simples quanto a coisas complexas. Consideramos "coisas simples" a recusa de atividades cotidianas da criança, como tomar banho, fazer a refeição; enquanto as "coisas complexas" podem ser pensadas, por exemplo, em referência à resistência da criança diante das imposições (muitas vezes, necessárias) que lhe são feitas, especialmente quando estas se mostram em desacordo com a pequena personalidade em formação, o que incluiria também as exigências (sutis ou diretas) decorrentes das relações afetivas. Recusar o início de uma atividade extracurricular por não haver identificação com a atividade prevista, chorar diante da exigência dos pais de que se porte de maneira mais comunicativa quando a criança não se sente segura para tal, entre tantos outros exemplos, demonstram que o gesto de oposição, como propomos aqui, também pode ultrapassar a simples desobediência.

Em "A negação", pequeno texto escrito em 1925, Freud (1925/2011b) desenvolve o seu modo de interpretação do conteúdo de análise, cujo propósito fundamental seria "ignorar a negação e apenas extrair o conteúdo da ideia" (p. 250). Isso o leva ainda a afirmar que a função intelectual se encontra separada do conteúdo afetivo:

> *Negar algo num juízo é dizer, no fundo: "Isso é algo que eu gostaria de reprimir". O juízo negativo é o substituto intelectual da repressão, seu "Não" é um sinal distintivo, seu certificado de origem, como "Made in Germany", digamos. Através do símbolo da negação, o pensamento se livra das limitações da repressão e se enriquece de conteúdos de que não pode prescindir para o seu funcionamento. (p. 251)*

Seria, portanto, na condição de ser negado que um conteúdo reprimido se torna acessível. A capacidade de julgamento e o trabalho da percepção são destacados por Freud como elementos fundamentais para uma via de compreensão do psiquismo, o que conferirá ao pensamento a possibilidade de se transformar em ação. Para Freud, o estudo do juízo favorece a compreensão das relações entre o eu e as dinâmicas pulsionais de *inclusão no eu* ou *expulsão do eu*, apresentando, assim, as noções de interior e exterior, que se desdobram em subjetivo e objetivo.

> *Julgar é uma continuação coerente da inclusão no Eu ou expulsão do Eu, que originalmente se dava conforme o princípio do prazer. Sua polaridade parece corresponder à oposição dos dois grupos de instintos que supomos. A afirmação - como substituto da união - pertence ao Eros, a negação - sucessora da expulsão - ao instinto de destruição. (p. 253)*

Nessa leitura, a condição de negar estaria associada a essa dimensão de expulsão, decorrente do instinto destrutivo (pulsão de morte) que tende, pela economia psíquica, a buscar a diminuição do desprazer pela expulsão dos componentes que não agregam ao eu.

Mas, entre as contribuições de Freud nesse artigo, aquela que pretendemos destacar reside na sua compreensão de que: "a criação do símbolo da negação permite ao pensamento um primeiro grau de independência dos resultados da repressão" (p. 254). Nessa afirmação está contida, pensamos, a lógica da negação como parte do processo de independência subjetiva, nesse caso expressa pela liberdade do recalcamento. Noutros termos, supomos que expressa também um não assujeitamento à lógica do reprimido.

Num esforço intelectual, poderíamos usar essa construção freudiana para pensar que se, por um lado, é possível libertar-se do recalcamento por meio da negação, por outro, a negação também poderia ser a porta de entrada para uma constituição psíquica independente. Em outras palavras, podemos inferir que, junto a outros processamentos que são definidores de uma mínima integração psíquica, a negação figuraria como parte importante da diferenciação entre interioridade e exterioridade no psiquismo. O ato libertário promovido pela negação a partir desse olhar nos ofereceria um caminho de análise para pensar a insubmissão como um exemplo de negação das crianças, ou seja, como tentativa de constituição de sua independência.

Se não corresponde a uma reação (mecanismo de defesa), a resistência é também uma noção importante para a compreensão da dialética submissão/insubmissão, porque se coloca dentro das interpretações sobre as relações de autoridade e poder. Na psicanálise, sabemos, pensar em resistência nos remete às dimensões da clínica e da intervenção com o analisante, cuja conotação do termo exige reflexões mais apuradas, tarefa de que não nos ocuparemos no momento. Ainda assim, cabe destacar que ao falar em resistência estamos falando em resistência ao processo analítico, mas devemos citar ainda as resistências do inconsciente (a compulsão à repetição) e as do superego (derivadas da necessidade de punição), que apontam a complexidade do conceito.

Guardadas as devidas teorizações que explicam cada uma dessas formas de resistência, Laplanche e Pontalis (2001) apontam a ambiguidade presente nos escritos técnicos de Freud, acenando para a presença de "dois elementos de explicação: a resistência é regulada pela sua distância em relação ao recalcado; por outro lado, corresponde a uma função defensiva" (p. 459). Pensamos que isso confere ainda mais nuances à leitura sobre os modos de resistência, especialmente se considerarmos as formulações de Freud sobre a pulsão de morte. Reservamo-nos aqui, contudo, a apenas citar o percurso freudiano, visto que nossa argumentação insiste na filiação às elaborações winnicottianas, para quem a força vital estaria ligada à agressividade, mas não necessariamente permeada pela presença de um impulso de morte. Isso porque, da mesma forma que é possível pensar que a resistência opera formas de desligamento psíquico e desvitalização, na medida em que corresponde a uma forma de proteger o psiquismo, por outro lado, também podemos reconhecer uma vitalidade contida na ação de resistência do indivíduo. Ao discorrer sobre isso, Mizrahi (2010) nos ajuda a argumentar:

> *A hipótese winnicottiana, portanto, é a de que, se o sujeito encontra um ambiente humano satisfatório, que se deixa afetar por sua vitalidade de maneira adequada, não se mostrando nem por demais complacente nem por demais resistente, o outro é aceito e considerado como parte daquelas condições que lhe permitem expressar a força de seu* self. *(p. 155)*

Ressaltando o papel do ambiente, Winnicott compreende as interpretações sobre oposições, resistências e negação como eventos que não se reduzem à face intrapsíquica, dependendo, portanto, das relações vividas pela criança. Mais do que isso, ao supor "uma noção de vitalidade individual como sendo uma agressividade que não ameaça a vida coletiva, mas, ao contrário, lhe serve de sustentação" (Mizrahi, 2010, p. 83), Winnicott destacou o que a autora chamou de *boas resistências*. Estas não devem ser por demais opositoras nem por demais flexíveis, visto que só assim poderiam contribuir para a força do encontro social, ao invés de recusá-lo. O argumento de Mizrahi oferece uma brecha "positiva" no fenômeno das resistências, que corrobora a nossa leitura de que a expressão insubmissa da criança pode expressar a potência do gesto criativo.

Seguindo essa linha de raciocínio, o ato de resistir não deveria ser compreendido unicamente por essa vertente que se fundamenta, especialmente, na leitura freudiana de oposição entre eu e cultura, e que constitui uma ameaça à sociabilidade. De forma contrária, então, caberia reconhecer a relação de interdependência entre as esferas trazendo uma redescrição de seus fundamentos, tomando "um sujeito não mais referido à falta, mas à presença" (Mizrahi, 2010, p. 157). Nesse sentido, a potência subjetiva reside justamente na relação entre o sujeito e o seu ambiente, fazendo valer a importância da mutualidade das relações entre a mãe e o bebê, entre a criança e o seu mundo.

Podemos mencionar ainda que há aproximações importantes entre os trabalhos de Winnicott e Foucault (Mizrahi, 2010, 2018), especialmente no que concerne à ideia da liberdade apoiada pela força das trocas intersubjetivas. Vejamos como elas podem ser apresentadas:

> *tanto a força vital de Winnicott, quanto a potência de Foucault, sendo a base de nossa criatividade e ação, se realizam não na destruição da alteridade, mas a partir da relação com outros que estejam também suficientemente vitais e potentes em contextos de afetação mútua – sejam esses "outros" os amigos em Foucault, seja a mãe suficientemente boa e seus substitutos na realidade cultural compartilhada em Winnicott. (Mizrahi, 2018, p. 87)*

Assim, é no encontro com o outro que a experiência de constituição de si e de presença no mundo encontra seu princípio e seu fim. Essa noção de afetação mútua, por exemplo, eleva a dimensão intersubjetiva a um papel de formação subjetiva, ao mesmo tempo que acena para os impactos, já desde a infância, das trocas sociais e de seus efeitos políticos, em amplo sentido.

A resistência, por fim, pode ganhar novos ares e interpretação diferente, para além da leitura psicanalítica tradicional. Na trilha dessa colocação, estamos de acordo com ideia de que "resistir é, neste aspecto, o oposto de reagir . . . Resistir é, neste aspecto, sinônimo de criar" (Maciel Jr., 2014, p. 2). Guardadas as devidas diferenças, a própria aproximação entre Winnicott e Foucault, no que diz respeito ao papel não reativo, mas construtivo e criativo do ato de resistir, contribui para repensar a concepção de não submissão da criança como um aspecto a ser valorizado. É o que demonstram alguns trabalhos que problematizam a relação entre a noção de resistência e a constituição das práticas de si (Maciel Jr., 2014; Canavêz, 2015) e ainda aqueles que fazem trabalhar a noção de resistência no próprio *setting* analítico, lançando luz sobre a afetação do analista ao ser capaz de transformar a "resistência *no* encontro afetivo" (Kupermann, 2005) em criação na clínica ou de ser intérprete da "linguagem das resistências" (Canavêz & Herzog, 2012). Ressaltamos, assim, a importância do papel do analista, sobretudo se tomarmos a resistência também como operador de liberdade, caminho para a criação ou gatilho para a oferta de um espaço de confiabilidade.

Se as resistências tendem a assegurar a insubmissão a uma subjetividade inventada ou assujeitada, como desconsiderar os significados que se revelam na potencialidade da criança que não se submete? Pensamos que a criança será capaz de resistir se puder usufruir da confiança conquistada nas experiências compartilhadas (experiências suficientemente boas de acolhimento e sustentação dos seus gestos), com vistas à criação de si. Insubmissas e resistentes, as crianças apresentam uma força potencial capaz de trazer movimento e criação.

Assim, consideramos que *se opor*, *resistir* e *se negar a* são ações pelas quais a criança exercita os imperativos internos de sua subjetividade infantil. A partir delas, a criança tenta controlar seus impulsos, expressa suas vontades próprias e experimenta um incremento subjetivo (fortalecimento da autoestima, por exemplo) diante do encontro genuíno com um ambiente que acolhe o seu comportamento e permanece vivo. É a sobrevivência real da mãe aos ataques do bebê, às suas tentativas de destruição sem retaliação por parte dela, que confere a diminuição das qualidades mágicas e a introdução do princípio de realidade. Gradativamente, o ambiente que contorna a vida da criança precisará oferecer o mesmo.

Ser insubmisso, então, revelaria a expressão de uma "potência de subversão do gesto criativo". Não afirmamos com isso que estaríamos diante de um novo conceito para o estudo sobre o processo de subjetivação humana; minha hipótese de trabalho refere-se tão somente ao reconhecimento de uma face subversiva na criatividade – conceito já tão bem definido por Winnicott – que contribuiria para a formação de uma posição mais autônoma do indivíduo no mundo. Consideramos ser possível afirmar que o gesto criativo contém uma potência subversiva que se apresenta na ação da criança, cujo gesto de insubmissão, enquanto resistência criativa, tende a favorecer a criação de si ao longo do seu processo de amadurecimento psíquico.

Por essa razão, consideramos que a insubmissão analisada pela ótica psicanalítica traz, em potência, um movimento de ruptura da criança na relação com aqueles dos quais ela depende. Essa ruptura, expressa pelo ato de resistir ou negar-se a, mostra-se não apenas necessária à constituição da autonomia, mas como um alicerce para a expressão criativa a ser genuinamente protagonizada pelo sujeito. A seguir, propomos uma breve discussão sobre a infância contemporânea, demarcando a nossa compreensão sobre a constituição psíquica marcada pela concepção de intersubjetividade e pelos paradoxos do processo de subjetivação da criança.

2. Ser criança

Tentei não fazer nada na vida que envergonhasse a criança que fui.

José Saramago

Criança de hoje, sinhá, já nasce sabendo. No meu tempo, menina assim desse porte andava no braço da ama, de chupeta na boca. Hoje?... Credo! Nem é bom falar...

Monteiro Lobato

O estudo sobre a infância contemporânea é marcado por uma polissemia de vozes que se entrecruzam na tentativa de explicar a realidade das crianças no século XXI. Entre elas, misturam-se os discursos generalistas, bioidentitários, sociológicos e psicologizantes que, juntos, produzem uma complexa rede de ideias sobre a subjetividade infantil, transformando este num tema de difícil consenso. A infância hoje, portanto, traz a marca desses discursos expressos tanto no processo de escolarização (Guarido & Voltolini, 2009; Luengo, 2010) quanto nas interpretações sobre as condições do estar no mundo empreendido pelas crianças nestes tempos (Castro, 2002). Chama-nos a atenção, especialmente, como a heterogeneidade das crianças e suas potencialidades criativas passaram a ser facilmente desconsideradas e esfaceladas em meio a interpretações massificadas da subjetividade humana, produzindo efeitos nefastos nas relações familiares, sociais e na própria análise sobre a vida infantil na atualidade (Lima, 2005; Vorcaro, 2011; Neder, 2012).

Sem dificuldades, podemos discorrer sobre o longo caminho percorrido pela "nau das crianças-problemas" (França, 2014), que, ao atravessar o turbulento mar de diagnósticos indiscriminados e da medicalização da vida infantil, tenta atracar num porto seguro. Nessa travessia, a direção que nos parece mais prudente tem sido aquela que reconhece a infância como uma realidade paradoxal – que permite compreender a fragilidade psíquica das crianças como parte de um processo de constituição subjetiva, e não apenas como um desvio de rota rumo ao tão desejado alto desempenho.

Esse capítulo pretende, então, apresentar a concepção de infância que atravessa nossa leitura, discutindo brevemente a matriz e o modelo teórico que orientam Winnicott na análise do processo de subjetivação da criança, o que inclui a concepção relacional e intersubjetiva, bem como o papel da criatividade. Lançamos, inicialmente, um breve olhar sobre a infância contemporânea, sem perder de vista o contexto histórico, social e político que tem destinado às crianças um lugar de promessas e poderes. Em seguida, apresentamos a nossa leitura sobre a constituição psíquica a partir da discussão de intersubjetividade e da análise paradoxal dos fenômenos que atravessam o desenvolvimento infantil. Por fim, e abrindo caminho para a nossa hipótese da presença de uma potência subversiva no gesto criativo, a noção de onipotência e o conceito de *espaço potencial* proposto por Winnicott são discutidos.

Nossa tentativa consistiu em formular as bases para a análise do fenômeno insubmisso da criança e suas possibilidades de leitura no que tange à criação de si, que serão trabalhadas nos capítulos seguintes.

A criança no mundo: um olhar sobre a infância contemporânea

A infância contemporânea apresenta-se de modo cada vez mais complexo e multifacetado, o que envolve considerar desde as incidências da chamada pós-modernidade no processo de subjetivação das crianças até a análise dos papéis sociopolíticos que elas exercem ao longo de sua emancipação e participação social. A leitura do clássico trabalho de Phillippe Ariès *História social da criança e da família*, escrito em 1973, consagrou a ideia de que a infância, tal como a percebemos hoje, foi uma invenção decorrente das transformações da família e da sociedade. Essa afeição inteiramente nova dirigida às crianças não apenas trouxe um olhar novo em relação à infância, como também produziu mudanças no projeto de futuro para a civilização ocidental, que passou a ser fortemente influenciado pelas crianças.

A ficcionalidade da infância e a própria temporalidade que marca o processo de subjetivação das crianças trouxeram à tona diferentes discussões, inclusive sobre os rumos da infância. Em seu livro *O desaparecimento da infância*, Neil Postman (2012) afirma que a era da televisão teria dissolvido a linha divisória entre crianças e adultos a partir da corrosão da hierarquia das informações, tornando-a acessível a todos. Apontando uma fusão entre a criança e o adulto, Postman falará do mundo da criança-adulto e do adulto-criança explicitando a impossibilidade de delimitação das bordas de diferenciação, uma suposta unidade amorfa que dissolve o tempo da infância.

Argumentos como o de Postman são criativos e interessantes para pensarmos sobre as transformações nesse campo, mas não encontram ressonâncias sólidas com a pluralidade de perspectivas que reafirmam a presença da infância em nossos tempos. Uma presença tão intensa que a torna capaz de mobilizar uma infinidade de pesquisas que se ocupam do tema, problematizam os efeitos e analisam os impactos da participação das crianças na cultura contemporânea, seja na esfera privada das famílias ou na esfera pública da cidade. Estaríamos diante da morte da infância ou da morte de uma forma específica de leitura sobre a infância, que não cabe mais no século XXI? Aqui nos encontramos com os trabalhos de Lucia Rabello de Castro (2002, 2013), concordando que "morre esta infância apenas para dar lugar a outra e outras, que, também por nós inventadas, poderão nos guiar na construção das nossas possibilidades individuais e coletivas" (Castro, 2002, p. 51).

Ao reconhecer o lugar, o valor e o papel das crianças na sociedade e no âmbito de cada família, somos levados a analisar a força das crianças, seus modos de se relacionar com os adultos, com os pares e com a própria cultura. Por isso, insistimos na aposta de que a infância existe e resiste porque falamos e produzimos sentidos sobre ela, o que promove uma realidade e a torna um fato social, um acontecimento (França, 2014). Se, por um lado, a infância pode emergir como crítica do mal-estar cultural promovido tanto pelo distanciamento da relação entre crianças e adultos quanto pela cultura do consumo, como aponta Souza (2000), por outro, podemos pensar numa subversão do lugar delegado às crianças, que, a partir de uma nova posição como sujeito de direitos e com lugar de fala, passam a apresentar uma potência antes impensável.

Não é possível, portanto, analisar a infância e a criança de hoje sem levar em consideração a moral social que nos recobre, pois ela condiciona condutas, mobiliza afetos e cria vias de experimentação sociopolíticas de incidências subjetivas e objetivas. Formas de ser e estar no mundo, sabemos, guardam relação com essas morais sociais que se presentificam, ora inibindo, ora expandindo as potencialidades humanas, o que na infância merece um olhar ainda mais cauteloso. Trata-se de não desconsiderar o mal-estar da nossa época, de reconhecer como as narrativas sociais contribuem para as leituras da subjetividade, mas sem perder de vista a irredutibilidade do que nos seria peculiarmente próprio como humanos: a experiência de sofrer e as formas de nomear e descrever os sintomas. O problema é saber se somos capazes de subverter os determinismos patologizantes e analisar os gestos das crianças como sofrimentos particulares e não necessariamente padronizados, em busca de um outro elemento de incidência universal e imprescindível na formação de uma subjetividade paradoxalmente autônoma e universal. O nosso desafio, portanto, consiste em pensar se haveria uma condição subversiva (necessária), em consonância com o processo civilizatório, cuja participação delineia a vida psíquica da criança sem corresponder a um movimento de simples oposição, mas de criação. Voltaremos a falar disso.

Por ora, gostaríamos de lembrar que, atravessados pela era da internet e das redes sociais, os valores éticos, morais e políticos da vida em sociedade vêm sendo recobertos por novas insígnias e desafios. Mudanças nos modos de ser e estar no mundo nao apenas explicitam essas transformações culturais, como escancaram a complexidade de pensar os fenômenos subjetivos levando em consideração as modelizações das leituras sociológicas, filosóficas e culturais que incidem nos sofrimentos contemporâneos. Para pensar os adoecimentos psíquicos e os modos de constituição do sujeito, é preciso, portanto, não perder de vista como se apresenta o sujeito pós-moderno. Optamos por trazer brevemente alguns apontamentos que podem favorecer uma leitura crítica da infância, valorizando a interface entre o social e o psicológico.

Quando escreveu *O declínio do homem público*, na década de 1970, Richard Sennett (1977/2014) apresentou como as transformações dos domínios público e privado promoveram uma nova cultura no Ocidente. Seu argumento fundamental é de que hoje viveríamos uma tirania da intimidade que "não é a criação forçada, mas o aparecimento de uma crença num padrão de verdade para se medir as complexidades da realidade social". E completa dizendo que seu propósito com esse livro não foi ler a sociedade em termos psicológicos, mas, ao contrário, tentar demonstrar "que passamos a nos preocupar com instituições e acontecimentos apenas quando podemos discernir personalidade funcionando dentro deles ou dando-lhes corpo" (p. 484).

Essa valorização do íntimo em detrimento do público pode explicar por que as questões da infância tendem a ser tomadas como problema privado (das famílias a que pertencem as crianças), o que nos permite compreender as razões do empobrecimento das preocupações públicas. Segundo Sennett, esse declínio nos conduz às "tiranias da intimidade", o que tem transformado o nosso comportamento político e distorcido os propósitos das cidades.

> *A sociedade em que vivemos hoje está sobrecarregada de consequências dessa história: o evanescimento da* res publica *pela crença de que as significações sociais são geradas pelos sentimentos de seres humanos individuais. Essa transformação camuflou duas áreas da vida social. Uma é o âmbito do poder, a outra o âmbito das aglomerações em que vivemos. (p. 485)*

O declínio do homem público, portanto, expõe o distanciamento das práticas e experiências coletivas, produzindo efeitos nas relações privadas e valorização dos sentimentos em detrimento das ações públicas. A obsessão com a motivação, o abandono da crença na solidariedade de classe por uma empatia a um grupo selecionado, além do jogo do narcisismo substituindo a arte de representar em sociedade, seriam ainda alguns dos aspectos que marcam o que Sennett (1977/2014) chamou de "incivilidade" da sociedade nesse processo de transformação. Para o autor, se por um lado a civilidade é a atividade que protege as pessoas umas das outras a partir das "máscaras que permitem a sociabilidade pura, separada das circunstâncias do poder, do mal-estar e do sentimento privado daqueles que as usam" (p. 380), a incivilidade, por sua vez, seria "o sobrecarregar o outro com o eu de alguém. É um descenso de sociabilidade para com os outros criado por essa sobrecarga de personalidade" (p. 381). Essa constatação leva Sennett a concluir que o fim da cultura pública resulta desses processos de valorização de uma motivação narcisista, que promove uma sociedade intimista e favorece o comportamento incivilizado.

> *Em suma, a crença nas relações humanas diretas em escala intimista nos seduz e nos desvia da conversão de nossa compreensão da realidade do poder em guias para nosso próprio comportamento político. O resultado disso é que as forças de dominação ou a iniquidade permanecem intactas. (p. 486)*

Trata-se de considerar o medo da impessoalidade, as mudanças nas relações de poder e o que o autor chamou de uma "retribalização", que explicitam o declínio do homem público ao esfacelar o valor da vida social, ativa e conflitiva que resulta da experiência na cidade. Não resta dúvida, portanto, de que os efeitos dessas modificações na esfera pública se presentificam na família contemporânea e produzem alterações também na vida privada das crianças. Recorremos a essas ideias justamente porque elas demonstram em que medida há uma desvalorização do espaço público da cidade, instituindo-se também um empobrecimento da nossa posição política diante da crença de que a comunidade tende a se tornar uma arma contra a sociedade. Esse viés de análise nos permite apresentar um pouco do cenário que circunscreve a infância hoje, nos encorajando a pensar sobre as potencialidades políticas das crianças a partir de uma análise mais aprofundada dos aspectos psicológicos desse processo de relação *entre* a criança e o mundo ao seu redor.

Num rápido sobrevoo sobre o cenário contemporâneo, destacamos também a leitura de *O culto da performance* de Alain Ehrenberg (2010), livro que acena para a exaltação da transformação política da sociedade numa perspectiva de salvação pessoal e não mais coletiva. A tese central do autor é que a ação de empreender é tomada como a via real do sucesso, o que estaria levando a uma modelização diferente das trajetórias individuais, com repercussões no âmbito sociopolítico. O empreendedor de si, eleito como instrumento para a conquista da alta performance, seria mediado por uma "mitologia esportiva", que elevaria o esporte à posição de ideal de libertação.

> *O centro dessa mitologia que une* performance *e autonomia está nas transformações da* narratividade esportiva*: ela rompeu com a moral disciplinar da submissão a interesses superiores – à pátria, a Deus, ao homem novo. Hoje, o esporte é um aspecto da "galáxia da autonomia": não mais uma obrigação que nos é imposta em nome de qualquer coisa superior a nós, mas*

> *uma liberação que se impõe a si em nome de si mesmo, de sua saúde, de seu estresse, de sua aparência física etc. (p. 23, grifos do original)*

Nesse sentido, o ideal esportivo forneceria os critérios de desempenho necessários à imagem de um indivíduo autônomo, forte e empreendedor de si mesmo. O argumento de Ehrenberg (2010) é de que o esporte e a empresa

> *Tornam-se modelos de ação que sintetizam* rapidez *de adaptação,* mudança *permanente,* flexibilidade *psíquica como corporal, pois eles respondem às dificuldades políticas de governar uma sociedade sujeita à imprevisibilidade do futuro. Eles têm, para efeito de realidade, a formação de uma mentalidade de massa cuja base é o governo de si. (p. 172, grifos do original)*

A lógica do indivíduo-trajetória é exposta assim como recurso para a conquista da autonomia, o que inclui adultos e crianças. A resposta comum, então, tem sido uma busca desenfreada por performances que indiquem a ascensão e a criação de uma postura empreendedora, que, quando não é conquistada, promove uma verdadeira depressão nervosa.

Essa cultura de desempenho não seria também uma das marcas da infância contemporânea? As crianças, baluartes de um futuro promissor da humanidade, são estimuladas a essa visão de empreender a si mesmo desde cedo. Somam-se a isso as novas técnicas de poder provocadas pelo neoliberalismo, que nos trazem ainda outros questionamentos sobre as incidências da lógica do consumo e da própria noção de liberdade.

Ao tornar o sujeito um empreendedor, defende Byung-Chul Han (2018) em seu livro *Psicopolítica: o neoliberalismo e as novas técnicas de poder*, instaura-se uma crise da liberdade.

> *A técnica de poder do regime neoliberal assume uma forma sutil, flexível e inteligente, escapando a qualquer visibilidade. O sujeito submisso não é nunca consciente de sua submissão. O contexto de dominação permanece inacessível a ele. É assim que ele se sente em liberdade. . . . A particularidade da sua eficiência está no fato de que não age através da proibição e da suspensão, mas através do agrado e da satisfação. Em vez de tornar as pessoas* obedientes, *tenta deixá-las* dependentes. *(p. 26, grifos do original)*

Nesse sentido, a dominação se estabilizaria a partir da submissão e da materialização de uma crise da liberdade em decorrência da "ditadura da transparência", colocada a partir dos meios digitais. Isso incidiria, defende o autor, na exploração de si em prol da liberdade, de tal modo que o sujeito passa a travar uma luta consigo mesmo, que gera coação e coerção. Afeitos a essas reflexões, somos levados a considerar que, na infância, a criança encontra-se exposta a uma vulnerabilidade ainda maior, ocasionada pela própria condição de imaturidade. Por isso, o limite dessas imposições externas (vindas da sociedade do desempenho e/ou das influências do cenário digital), além das formas de submissão e obediência, precisa ser questionado e mais bem analisado na infância.

Um bom exemplo dessas mudanças no cenário *brasileiro* nos foi apresentado por Christian Dunker (2015) quando propôs uma articulação entre mal-estar, sintoma e sofrimento a partir da história e da análise do mal-estar no Brasil. Para o autor, a "lógica do condomínio" representa uma ilusão pré-fabricada de segurança e liberdade que corresponderia à "transformação dos problemas relativos à saúde pública, mental e geral, em meros problemas de gestão" (p. 42). A segregação entre os que vivem dentro do condomínio e os que habitam a cidade, extramuros, nos permite fazer aproximações com as ideias descritas anteriormente, justamente por demonstrar mais um exemplo do esfacelamento da vida pública e as coerções decorrentes da supervalorização dos espaços privados.

A criança rica e "bem-nascida" perde a liberdade da rua, mas ganha em proteção, dizem. Ao se reservar (ou se esconder) nos domínios de um entorno supostamente completo como o dos condomínios, as crianças e suas famílias vivem a ilusão de ter tudo à mão, além de experimentarem um sentimento de proteção contra as diferenças (tomadas, sabemos, como problemáticas).

> *A lógica do condomínio tem por premissa justamente excluir o que está fora de seus muros; portanto, no fundo, não há nada para pensar na tensão entre esse local murado e seu exterior. Também não há muito a pensar na tensão intramuros, uma vez que como observamos a única área de real convivência pública é o* playground. *O espaço já é concebido e vivido como falso universal. Por isso, os que vivem fora estão sem lugar, sem terra, sem teto, sem destino. E os que vivem dentro estão demasiadamente implantados em seu espaço, seu lugar e sua posição. (Dunker, 2015, p. 53)*

Vivendo na artificialidade de uma minicidade, as crianças encontram nos condomínios uma liberdade vigiada e as certezas de um mundo falsamente igualitário. Reforça-se com isso a ideia de uma suposta igualdade no credo, na classe social e nos privilégios de proteção sanitária e de seguridade. Esse "falso universal", cuja convivência pública é o *playground*, disfarçaria a segregação e a violência impostas por uma muralha limitadora de horizontes éticos e políticos. Apartadas da realidade, essas crianças crescem com dificuldade de conviver com a vida como ela é, e suas famílias, certas de oferecer o melhor, tendem a fragilizá-las, ao transmitir o horror diante de dificuldades inerentes à vida pública (próprias e dignas de qualquer cidadão). O estado de exceção para essas crianças, não resta dúvida, deixa suas marcas.

Outros estados de exceção, não mencionados aqui, também guardam esse poder de fragilização e esfacelamento da vida social ativa na infância. Falamos das crianças em vulnerabilidade social, à mercê de uma educação problemática no Brasil ou cuja rua tornou-se casa. Para elas, outras formas de segregação e exposição fragilizam aquilo que constitui a dignidade humana, já que enfrentam violências, privações e severas rupturas e prejuízos nos vínculos, o que dificulta, por fim, a assunção das suas próprias potencialidades. Mesmo não pretendendo narrar uma biografia da infância brasileira, tampouco internacional, a formação e a deformação de uma criança passam pela esfera social e cultural que a originou. Encontramos um número significativo de famílias submetidas ao lugar de exceção das crianças na cultura brasileira: de um lado, as crianças excluídas dos espaços públicos e coletivos em nome da segurança dos condomínios, de outro, aquelas que são excluídas das formas básicas de condição de pertencimento, morando nas ruas ou expostas à violência social e à fragilidade da malha educacional pública. Destituídas de direitos mínimos, as crianças pobres brasileiras tendem a ser impactadas de modo intenso pelo esfacelamento da premissa de uma vida digna em sociedade e, por essa e outras razões, nos convocam a estudos mais detalhados sobre as incidências sociais e econômicas no processo de empoderamento e apropriação criativa, tarefa extensa para o momento, mas que não devemos deixar de mencionar.

Numa perspectiva mais geral, outra forma interessante de pensar a infância no Brasil pode ser retirada das ideias de Marcia Neder em *Déspotas mirins: o poder nas novas famílias*. A ascensão dos pequenos tiranos, inspirados no cenário cultural desde o período da escravidão – quando mulheres brancas e negras estavam a serviço dos imperadores –, teria, na hipótese da autora, modificado os modos de relação das famílias. Neder (2012) propõe um "novo" regime, a pedocracia, em que o lugar das crianças é associado ao de déspota mirim:

> *Nascido numa família patriarcal brasileira do século XIX,* nhonhô *já exerce a hegemonia infantil que a modernidade começou a instituir a partir do século XVIII quando o adulto torna-se cativo de Vossa Alteza e a coloca no centro da família. . . . E é assim, coroada, que a criança chega finalmente ao século XX, quando avança o regime da pedocracia. (p. 126)*

A proposição de um novo regime que atravessa as famílias nos permite pensar as famílias brasileiras e a subjetivação das suas crianças como parte dessa fundação histórica escravocrata que ainda se presentifica na vida cotidiana dos brasileiros. Ao ocupar o centro da vida familiar, a criança transforma o cenário social, reprogramando a relação entre pais e filhos, entre crianças e adultos (França, 2014), o que nos permite uma série de reflexões sociais, educacionais e econômicas que respaldam uma posição hegemônica das crianças. Contudo, mais do que suplantar uma potência, observamos que o poder delegado às crianças tem repercutido de modo diferente, nos levando a observar uma tendência de provocar o enfraquecimento das subversividades criativas na infância, ao invés de valorizá-las. Se seguíssemos com a hipótese da autora, não deveríamos reconhecer um estatuto psicológico correspondente, ou seja, crianças empoderadas, mais seguras, mais criativas e menos "adoecidas"? Por que, então, as nossas crianças, contraditoriamente, parecem cada vez mais frágeis emocionalmente?

Concordamos com a preciosa análise realizada por Neder sobre a criança brasileira e o lugar tirânico assumido por ela diante da vassalagem dos pais, mas devemos mencionar os efeitos iatrogênicos de crianças poderosas convivendo com pais enfraquecidos e desvitalizados em suas funções. A clínica psicanalítica diariamente nos mostra que as crianças parecem cada vez mais fragilizadas pelo excesso de informações a que têm acesso e pela busca desenfreada por consumir tudo que lhe parecer necessário (e as "necessidades" se ampliam), além de parecerem desorientadas diante de pais culpados e complacentes. Sintomas como inquietação, ansiedade, déficit de atenção e hiperatividade já são considerados comuns no universo infantil. Comuns também têm sido crianças excessivamente ocupadas, não sendo mais suficiente realizar as tarefas escolares e consideradas produtivas; cada vez mais, o ócio e o elogio à preguiça tendem a ser contraindicados. Estar ocupado, já desde a infância, parece ter se constituído num forte indicativo de busca por sucesso, e isso, por si só, aparece como um esforço de boa criação para algumas famílias e culturas.

Atravessadas pelo culto da performance, as crianças e suas famílias dividem-se entre as atribuições para tornarem seus filhos "empreendedores de si" (Ehrenberg, 2010) e a pressão psicológica imposta pela sociedade do cansaço (Han, 2017), que tende a eliminar o elemento contemplativo em prol do desempenho, mesmo que às custas de duras negociações. As famílias regidas pelo poderio das crianças costumam ser marcadas pelo medo da liberdade de exercício das funções parentais e pelo excesso de explicações patologizantes.

Mesmo reconhecendo as mudanças na infância contemporânea promovidas pelas transformações da família, que vão desde as modificações na intimidade até as imposições tecnológicas dos novos tempos, nos preocupam as tentativas de regulação dos comportamentos pela via dos controles da vida privada e pública. Não resta dúvida dos problemas que a postura de insubordinação de uma criança pode provocar no seio da família, da escola, da clínica ou da sociedade, mas o mais impressionante tem sido depararmos com formas precárias e pouco (ou nada) criativas de analisar a questão. Elas variam, mas nos parecem, muitas vezes, ainda restritivas.

À criança em família, o castigo ou o remédio? À criança em sociedade, adaptação ou isolamento? Qual o futuro da infância? A face e o verso do futuro das crianças ecoam questões extensas e de difícil previsão. O papel das escolas e das políticas públicas e os efeitos da presença das crianças nas cidades nos apresentam *a face* desse complexo cenário que engendra a infância, no qual a ação adulta ainda marca o processo de autonomia e liberdade. *O verso* dessa questão, propomos, reside na constatação de que a via de sustentação para que as experiências de domínio público possam circular e produzir ações está em uma dimensão psíquica também, aquela que concerne às potencialidades psíquicas. Nesse sentido, para assumir o lugar destinado a elas enquanto sujeitos de direito, bem como para participar como atores sociais (na era digital e/ou nas praças públicas, por exemplo), é preciso que uma zona intermediária se forme *entre* o cenário cultural vigente e a condição subjetiva para o exercício dos papéis a serem desempenhados pela criança.

Valorizando o questionamento ético-político que permite subverter o lugar de depositários do desejo adulto de transformações do futuro, a criança passou a ser reconhecida como sujeito de direitos e, enquanto tal, vem assumindo uma posição diferente no campo social e democrático. “Por via da infância”, nos diz Castro (2013), “é possível recuperar o que se perde ao se tornar adulto; é, então, através dela que se pode recuperar a potência inicial da ação criadora e inventiva” (p. 23). Mas de onde vem essa potência?

A interpretação psicanalítica apresenta-se como uma importante ferramenta crítica, com especial destaque à leitura de Donald Winnicott pelo paradoxo que propõe como marca da constituição subjetiva e como elemento de enriquecimento das experiências culturais. Essa noção de ação, experimentada pelo mundo compartilhado, o espaço entre as pessoas, é também o que nos permite considerar a potência da criação subjetiva que resulta do encontro, das relações e trocas vivenciadas ao longo da vida. Ao formular os conceitos de objeto e fenômeno transicionais, Winnicott inaugura uma terceira área na vida dos indivíduos, cuja característica de transicionalidade entre a realidade interna e a externa promove uma zona de “experimentação”, também descrita como o início de um tipo afetuoso de relação de objeto. A reivindicação winnicottiana, portanto, é a de que “existe um estado intermediário entre a incapacidade do bebê em reconhecer e aceitar a realidade, e sua crescente capacidade em fazê-lo” (Winnicott, 1951/2000f, p. 318). Esta zona intermediária, também chamada de espaço potencial, representa a primeira forma de uso da ilusão, introduzindo a diferenciação entre o objeto subjetivamente percebido e a realidade, mantendo as realidades interna e externa separadas e, ao mesmo tempo, relacionadas.

Para entender melhor essas questões, proponho que analisemos agora a dimensão de intersubjetividade que acompanha as referidas teorizações.

Intersubjetividade e desenvolvimento infantil

A reflexão sobre o papel da subjetividade e da intersubjetividade no campo psicanalítico reinstaura o profícuo e polêmico debate sobre as dimensões intersubjetivas num largo espectro que vai da forma como participam da constituição do eu à análise sobre as suas incidências na clínica. Para Nelson Coelho Junior (2012), um dos organizadores do livro *Dimensões da intersubjetividade*, pesquisadores brasileiros e internacionais de diferentes tradições, como Thomas Ogden, André Green e René Roussillon, para citar apenas alguns, têm se dedicado a pensar as suas relações com a corporeidade, a psicopatologia, a constituição do eu e a clínica psicanalítica, movimentando e trazendo questionamentos ao campo teórico. Entretanto, "a inclusão do conceito de intersubjetividade no arsenal psicanalítico", sublinha Coelho Junior, "não ocorreu sem riscos e debates" (p. 8); permanecem as controvérsias sobre a efetivação dele como conceito psicanalítico, mesmo que não seja mais possível negar o seu potencial teórico.

Sem dúvida, por ser um conceito que interroga a origem da disposição e da habilidade para compartilhar as experiências com outros, a complexidade do tema é mais um elemento em questão. Transita entre a filosofia e a biologia, passando pela psicanálise, percorrendo um longo caminho na tentativa de ensejar a noção de sujeito e suas dimensões de alteridade. Essa é a razão pela qual pensamos não ser possível pensar o desenvolvimento infantil sem nos situarmos nessa discussão. Em seu artigo "Subjetividade e intersubjetividade no desenvolvimento infantil", Philippe Rochat (2012) reconhece uma predisposição inata, profundamente enraizada no corpo, que confere ao bebê humano a habilidade para emergência das experiências compartilhadas:

> *Eu defendo aqui que esta intersubjetividade e esta subjetividade "corporificadas" inatas repousam em uma sintonia específica presente desde o nascimento rumo à similaridade (*sameness*), a habilidade particular para ligar características invariantes do ambiente com características invariantes da experiência subjetiva. (p. 150)*

A criança buscará não apenas regularidades no ambiente (as similaridades), como uma ressonância mútua entre o que vê e sente, o que sem dúvida resulta da confiança em um mundo continuamente dinâmico. Haveria, então, uma propensão primária para a intersubjetividade, que contribui para e fundamentaria a nossa propensão para compartilhar experiências e negociar valores com os outros, constituindo-se para Rochat como uma das bases da moralidade e da busca pela filiação social. Assim resume suas ideias:

> *Diversas evidências mostram que, ao invés de um estado de confusão cognitiva, a vida psíquica começa em um estado de unidade feito de correspondências entre diversas experiências sensoriais, que se originam dentro ou fora do corpo. O que os bebês expressam desde o nascimento não é somente a falta de todas as competências que eles eventualmente irão desenvolver, mas mais importante, expressam a habilidade básica que os capacitará a desenvolver tais competências, incluindo linguagem, humor, teorias da mente, pensamentos complexos e até a moralidade. (Rochat, 2012, p. 158)*

Pensar sobre o desenvolvimento infantil a partir desses estudos nos permite adentrar nas contribuições psicanalíticas sobre o conceito de intersubjetividade de modo mais sóbrio, afinal, há ainda um vasto cenário teórico a ser explorado pela filosofia, pela biologia e pela própria psicanálise no que diz respeito à ideia de "outros". Como compreender o desenvolvimento infantil sob o ângulo das relações intersubjetivas? O que estamos chamando de concepção intersubjetiva e quais as repercussões dessa concepção na escuta de crianças? Nelson Coelho Junior e Luís Cláudio Figueiredo (2004) nos trazem um olhar sobre o tema:

> *A noção de intersubjetividade costuma ser definida, em termos psicológicos, como sendo a situação na qual, por suas mútuas relações, numerosos (ou apenas dois) sujeitos formam uma sociedade ou comunidade ou um campo comum e podem dizer: nós. Pode ser definida também como sendo o que é vivido simultaneamente por várias mentes, surgindo então a denominação "experiência intersubjetiva". (p. 13)*

Apesar de abrangente, essa definição acena para a concepção de relações mútuas, que compreende a relação entre duas subjetividades ou o encontro com algo que é exterior a mim. Do ponto de vista psicanalítico, trata-se de uma experiência subjetiva de encontro, sem destaque para uma cena "romântica", mas para uma valorização dos efeitos da mutualidade e da afetação que marcam essas experiências intersubjetivas, dentro ou fora do processo analítico. A proposição deles apresenta um caminho para pensarmos as variações que constituiriam quatro matrizes da intersubjetividade que agiriam como "trilhas simultâneas" na constituição subjetiva: *intersubjetividade trans-subjetiva, intersubjetividade traumática, intersubjetividade interpessoal* e *intersubjetividade intrapsíquica* (Coelho Junior & Figueiredo, 2004).

A primeira, encabeçada por M. Scheler, M. Heidegger e M. Merleau-Ponty e chamada de *intersubjetividade trans-subjetiva*, refere-se "ao campo de uma realidade primordial e 'materna', concebida como continente, e em certa medida como um 'continente engolfante' (anterior à separação entre externo e interno) com relação à experiência subjetiva" (p. 17). Nessa matriz, a subjetividade não emerge em oposição, mas anteriormente à possibilidade de separação entre eu e outro, já que toma a inclusão primordial materna como condição para constituição da alteridade. Na *intersubjetividade traumática*, afirmam, a alteridade irrompe de modo traumático, "porque produz fraturas e exige trabalho em processos permanentes de inadaptação entre eu e outro" (p. 21). O campo da *intersubjetividade interpessoal*, por sua vez, organiza-se em torno do pragmatismo social, do interacionismo simbólico e do estudo das interações precoces empreendidas pela psicanálise. Nessa matriz, valoriza-se o gesto como uma ação incompleta, cuja interação com outro promove a construção de sentido compartilhado. Por fim, a *intersubjetividade intrapsíquica* é reconhecida nos trabalhos de Melanie Klein, Fairbairn e Winnicott, na medida em que "a experiência intersubjetiva comparece através de uma intrincada rede de relações com objetos, vivida no plano intrapsíquico" (p. 23). Nessa matriz, a alteridade resultaria da experiência intersubjetiva de "presença-ausência" do outro.

Recorremos a essa análise dos autores na tentativa de apresentar brevemente onde se situa a noção de *self* em Winnicott e com vistas a pensar de que modo ela permite um olhar paradoxal sobre a constituição psíquica, marcada pela dimensão interpessoal, concordamos, mas sutilmente atravessada também por essa característica trans-subjetiva. A leitura de intersubjetividade que se vê na obra de Winnicott coloca a relação mãe-bebê no plano do sensível, perceptível e corporal. Vejamos um pouco sobre a presença corporal materna, apresentando o plano da sensibilidade na leitura de Winnicott sobre a maternidade: "Direi que a mãe é necessária como pessoa viva. O seu bebê deve estar apto a sentir o calor de sua pele, seu alento, a provar e a ver. Isso é vitalmente importante. Deve existir completo acesso ao *corpo vivo da mãe*" (Winnicott, 1982/2013b, p. 99, grifos do original).

Em outra passagem, mostra os efeitos dessa presença e o início das relações intersubjetivas:

> *Sua técnica é altamente pessoal e é procurada e reconhecida pelo bebê, tal como sua boca, seus olhos, sua cor, seu aroma. Repetidas vezes, a mãe luta com seus humores, angústias e emoções em sua própria vida privada, reservando para o bebê o que pertence ao bebê. Isso fornece uma base em que o bebê pode começar a elaborar uma compreensão dessa coisa extremamente complexa que são as relações entre dois seres humanos. (p. 98)*

Nesse sentido, sua concepção sobre a vida psíquica da criança envolveria não apenas os modos de comunicação que participam da dimensão intersubjetiva, no jogo interpessoal, como o plano inapreensível e móvel da afetação mútua que nos faz lembrar das contribuições de Ferenczi, não apenas pela via das modificações técnicas que promoveu, mas pela ênfase na intersubjetividade na constituição psíquica. Uma amostra disso encontramos nesta passagem, quando Ferenczi (1928/2011a) valoriza o papel do ambiente na formação da criança, antecedendo algumas ideias que foram posteriormente desenvolvidas por Winnicott: "pode haver uma predisposição desde o nascimento, mas sem sombra de dúvida, sua influência pode ser modificada por experiências vividas, após o nascimento ou durante a educação" (p. 7). A marca da relação autêntica com o ambiente é assim resumida por Graña (2007):

> *Em Ferenczi, como em Winnicott, a imagem da estratificação vertical de instâncias psíquicas, ou camadas repressivas, que serve de modelo à metapsicologia freudiana, perde lugar para a ideia de uma ampliação crescente dos círculos de interação do sujeito com o mundo na descoberta progressiva de novas formas de inserção da realidade. (p. 76)*

O deslocamento da ênfase do intrapsíquico para o intersubjetivo, portanto, marca um consenso sobre as influências de Ferenczi na obra de Winnicott, trazendo o papel das relações e das interações que favorecem o processo de maturidade emocional e autonomia. Em "A criança mal-acolhida e sua pulsão de morte", Ferenczi (1929/2011c) continua desenvolvendo o papel desempenhado pela família no favorecimento de uma "imunização progressiva" contra as tentativas de perpetração de ameaças à sua existência, que seria resultado de um acolhimento amoroso e sensível desde o começo. A sua formulação nos ajuda a desenvolver o argumento de que é continuamente necessário que o bebê (e depois a criança) encontre meios para expressão de sua "força vital". Nas palavras dele:

> *A "força vital" que resiste tanto às dificuldades da vida não é, portanto, muito forte no nascimento; segundo parece, ela* só se reforça após a imunização progressiva *contra os atentados físicos e psíquicos, por meio de um tratamento e de uma educação conduzidos com* tato. *(p. 59, grifos nossos)*

O que vem a ser então esse reforço? Ferenczi nos dirige à educação, mas fala especialmente de uma sensibilidade dos pais, que se estende à sensibilidade adulta (no processo analítico ou na escola), nomeada por ele como "tato". A tarefa da criança também é ativa nesse processo de implicação diante do ambiente, pois é esperado que ela possa *se adaptar* aos códigos que lhe são impostos, ao mesmo tempo que se espera dela uma postura de *resistência* diante das experiências traumáticas ou pouco amorosas, caso seja a elas lançada. Mas há também o acento, podemos inferir, a uma resistência à educação repressiva, como se vê nesta passagem:

> *mesmo a educação guiada pelas mais nobres intenções e efetuada nas melhores condições – uma vez que esteja baseada nos princípios errôneos geralmente em vigor – influencia de forma nociva e de múltiplas maneiras o desenvolvimento natural; se continuamos gozando de boa saúde, apesar de tudo, devemo-lo certamente à nossa contribuição psíquica mais robusta, mais resistente. (Ferenczi, 1908/2011h, p. 39)*

O questionamento que o psicanalista húngaro faz sobre o papel desempenhado pela pedagogia como elemento de entrave e/ou inibição das emoções e ideias parece conter uma crítica contundente ao que ele chamou de "cegueira introspectiva". Para Ferenczi, essa cegueira levaria a uma fragilização e uma mutilação consideráveis da capacidade de funcionamento da nossa personalidade. A sua defesa, portanto, consiste numa reflexão sobre a ineficácia dos dogmas e do recalcamento das ideias como estratégia na educação, o que recoloca para nós o papel da potência subversiva que agiria mobilizando *resistência*.

Influenciado pelas ideias de Ferenczi, Winnicott (2011d) segue a mesma trilha quando afirma:

> *não podemos deixar de notar a necessidade humana de ter um círculo cada vez mais largo proporcionando*

> *cuidado ao indivíduo, bem como a necessidade que o indivíduo tem de inserir-se num contexto que possa,* de tempos em tempos, aceitar uma contribuição sua nascida de um impulso de criatividade ou generosidade. *Todos esses círculos, por largos e vastos que sejam, identificam-se ao colo, aos braços e aos cuidados da mãe. (p. 130, grifos nossos)*

A constatação, portanto, de que a condição humana para eles depende do cuidado ambiental recebido passa longe de uma delimitação temporal aos primeiros tempos do bebê, na medida em que a proteção gradativa oferecida pelo ambiente é o que torna resistente a "força vital" (ainda um pouco frágil no nascimento) ao longo de toda a vida. *De tempos em tempos*, como lemos, é preciso que a criança possa encontrar respaldo no ambiente, ampliando seus horizontes criativos espontâneos e desenvolvendo as suas próprias dimensões de alteridade e potência, definitivamente, no encontro com o mundo. *A força vital que resiste* referida por Ferenczi nos acena para um elemento potencialmente presente na criança que, em relação com o ambiente, pode encontrar um modo de resistência criativa, ao seu modo e a cada tempo. Propomos chamar a transformação dessa "força vital" em resistência (visando à alteridade) pelo nome de *potência subversiva do gesto criativo,* a ser mais bem desenvolvida no próximo capítulo.

Defendendo a importância da questão da intersubjetividade para além da fenomenologia e da filosofia, Thamy Ayouch (2012) toma esse debate como "central nas perspectivas da psicanálise e da psicopatologia, já que se trata da constituição da intersubjetividade, uma experiência fundada na memória do infantil e que jamais é adquirida de forma definitiva" (p. 256). A hipótese do autor é que algumas formas da psicopatologia contemporânea estão diretamente ligadas às questões da alteridade e da intersubjetividade. Mais do que isso, ele considera que "a teoria winnicottiana do entorno providencia uma verdadeira genealogia da intersubjetividade apontada por Merleau-Ponty" (p. 262), na medida em que o desenvolvimento afetivo do bebê passa pela corporeidade materna que se aproxima da filosofia da carne proposta pelo filósofo. Para além da questão do narcisismo, ele considera que "a perspectiva de uma clínica contemporânea conduz, ao revés, a questionar esse enquadre e pensar filosoficamente, a partir da questão da intersubjetividade, um relacionamento primeiro precedendo o sujeito e o outro e permitindo que surjam juntos" (p. 269). Reafirma, assim, o papel do relacionamento com o outro na centralidade desse debate.

Não é diferente a leitura de Coelho Junior (2008), que, além de Merleau-Ponty, destaca outros filósofos da fenomenologia, como Heidegger, Scheler e Lévinas, como referência nesses estudos, acenando para o tamanho dessa questão. Afinal, como explica o autor:

> *o conceito de intersubjetividade tem sido usado para designar diferentes processos ou diferentes aspectos de um mesmo processo, sendo muitas vezes usado como equivalente de conceitos como "relação", "inter-relação", "interpenetração", "interdependência", "interjogo", "vínculo", "interação", "mútua constituição", "relacional", "interpessoal" ou "interativo". (p. 125)*

Diante disso, seria no espaço da clínica psicanalítica que essas teorizaçoes sobre a intersubjetividade passam a ganhar maior profundidade, o que nos faz retomar as reflexões e as incidências clínicas sobre as formas intersubjetivas de comunicação. Apostamos que a lógica da *suplementaridade* entre as matrizes, como concluem Coelho Junior e Figueiredo (2004), constitui uma saída prudente para pensar a sutil dimensão da experiência humana, ou, como eles explicam:

> *As quatro matrizes que propomos devem ser concebidas como elementos simultâneos nos diferentes processos de constituição subjetiva. . . . cada dimensão é sempre um apelo de suplemento endereçada ao outro assim como cada dimensão procura no outro a suplência de suas fraquezas ou o controle suplementar de seus excessos. (p. 24)*

Consideramos que essa forma de leitura das figuras da intersubjetividade que eles propõem mostra-se mais sofisticada e favorece a leitura das contribuições paradoxais winnicottianas, contrastando, em certa medida, com a consagrada organização teórica de Greenberg e Mitchell (1994), para quem as contribuições ao pensamento psicanalítico estariam divididas em dois modelos: pulsional ou relacional. Nessa versão, há um modelo baseado no conceito de pulsão e outro pautado nas relações de objeto; nela, Winnicott compreenderia uma matriz relacional, um modelo estrutural-relacional, cujos "processos que levam ao desenvolvimento ou à inibição do *self* são descritos e compreendidos somente no contexto da interação entre a criança e as providências ambientais supridas pelos outros significativos" (Greenberg & Mitchell, 1994, p. 140).

Apesar de ser muito importante e factível essa divisão entre pulsional e relacional, ela pode encobrir a complexidade dos processos de constituição psíquica encontrados na obra de Winnicott, especialmente se consideramos as "trilhas simultâneas" das figuras da intersubjetividade sobre a constituição psíquica (Coelho Junior & Figueiredo, 2004). É o que nos mostra também a leitura de Ayouch (2012) sobre a intersubjetividade em Winnicott, que se aproxima da definição de *intersubjetividade trans-subjetiva*, diante das relações que guarda com o trabalho de Merleau-Ponty. Essas aproximações teriam como ponto de interseção tomar a intersubjetividade a partir do relevo dado ao afeto. No caso de Winnicott, propõe Ayouch, "a figurabilidade do afeto depende do entrelaçamento dos afetos da criança e do entorno, num modo muito parecido à dialética da intersubjetividade teorizada por Maurice Merleau-Ponty" (p. 262).

Se avançarmos nessa construção, caberia também uma análise sobre a *intersubjetividade interpessoal* presente na leitura winnicottiana do gesto, afinal, o gesto do bebê é completado pelos modos de acolhimento do ambiente, o que implica nuances constitutivas como as noções de pertencimento e reconhecimento, sobre as quais não nos debruçaremos aqui, mas que vêm sendo desenvolvidas a partir da obra do psicanalista britânico em interseção com outras leituras filosóficas (Benjamin, 1988/2013; Honneth, 2007; Mizrahi, 2017, 2018).

Por ora, longe de pensar qual o lugar de Winnicott no debate sobre as relações objetais e de avançar nos meandros do debate sobre as teorias intersubjetivistas, consideramos importante não perder de vista a dimensão dialética que envolve o diálogo psicanalítico a respeito do tema, que ganha cada vez mais corpo e espaço na clínica psicanalítica. Resta-nos, então, retornar ao nosso objetivo de estudar como as teorizações do psicanalista britânico podem contribuir para a pesquisa que verse sobre a infância e sobre as potencialidades psíquicas da criança. Pensando nisso, o olhar interpretativo lançado por Thomas Ogden sobre a obra de Winnicott nos parece uma companhia preciosa na análise de determinados conceitos e discussões que exigem maior aprofundamento. Mesmo parecendo um caminho problemático, na medida em que a psicanálise intersubjetivista de Ogden é vista com "a particularidade de reduzir toda a subjetividade a uma postura meramente relacional, negando a existência do pulsional" (Ayouch, 2012, p. 256), Ogden é reconhecido como "o principal autor contemporâneo que tem se dedicado ao estudo da experiência e do conceito de intersubjetividade" (Coelho Junior, 2008, p. 132).

Thomas Ogden se situa entre os psicanalistas que se apoiaram na filosofia para pensar as relações de objeto. Fortemente influenciado pela noção de constituição subjetiva proposta por Hegel, para Ogden (1986/2015), "é esse interjogo dialético entre os nossos conteúdos mentais e o espaço psicológico pessoal e interpessoal onde são vividos que constitui a matriz da mente" (p. 6). Seu argumento se sustenta sob a perspectiva de reconhecer as contribuições paradoxais de Winnicott, que incluem compreender os conteúdos psicológicos do bebê a partir da "matriz psicológica dentro da qual aqueles conteúdos existem" (p. 134), ou seja, a provisão da matriz psicológica materna. Sobre a terminologia, explica:

> *A palavra "matriz" é derivada da palavra latina que define útero. . . . parece-me que* matriz *é uma palavra particularmente adequada para descrever o espaço continente silenciosamente ativo no qual as experiências psicológicas e corporal ocorrem. (p. 150, grifo do original)*

Nesse espaço continente e silenciosamente ativo se organiza a área de criação. Reforçada pelas tramas psicológicas da unidade mãe-bebê e pelo percurso de separação, a teoria do desenvolvimento proposta vai, aos poucos, nos levando a não perder de vista que: "O estudo do desenvolvimento psicológico não é simplesmente o estudo do crescimento da psique do bebê do primitivismo para a maturidade; também é o estudo do desenvolvimento de mãe-bebê em uma mãe e um bebê" (p. 128).

Essa visada de que "os conteúdos mentais existem em um espaço psicológico que é, primeiramente, quase completamente interpessoal, para evoluir mais tarde em um ambiente pessoal interno" (Ogden, 1986/2015, p. 6) reforça o argumento de que há um processo dialético nos fundamentos de uma matriz da mente organizado pela aposta de um espaço potencial, como proposto por Winnicott (1982/2013a):

> *Creio que a mãe poderá obter muito se pensar que todas as coisas que faz em virtude do seu amor pelo bebê entram nele tal qual a comida. O bebê edifica algo a partir de tudo, e não só isso, pois ele tem fases em que usa a mãe e depois a põe de lado, tal como acontece com a alimentação. (p. 83)*

Nesse sentido, os processos de amadurecimento são atravessados por uma moldura intersubjetiva e pelas trocas vividas gradativamente pela díade, já que "o primeiro relacionamento, na explicação de Winnicott, era um relacionamento de reciprocidade, em vez de uma submissão ou um conflito devastador" (Phillips, 2006, p. 26). Será, portanto, a partir dessas vivências iniciais com a mãe e seu entorno que o bebê começa não apenas a se constituir como pessoa, mas a experimentar um sentimento de confiança capaz de promover a disposição para a experiência lúdica e, especialmente, para a brincadeira compartilhada. O início das comunicações com o objeto percebido é resultado de um processo de consolidação das relações objetais, pois gradativamente o objeto deixa de ser um fenômeno subjetivo e passa a ser percebido objetivamente. Vejamos como Winnicott (1963/2007e) explica essa mudança:

> *Relações com os objetos são um fenômeno complexo, e o desenvolvimento de uma capacidade para se relacionar com os objetos de forma alguma é um processo simples no processo de maturação. . . . O objeto,* sendo de início um fenômeno subjetivo, se torna um objeto percebido objetivamente. *Esse processo leva tempo, e meses ou mesmo anos se devem passar antes que as privações e perdas possam ser absorvidas pelo indivíduo sem distorção dos processos essenciais que são básicos para as relações objetais. (p. 164, grifos do original)*

Na chamada teoria da comunicação, Winnicott aposta que a presença do objeto como realidade objetiva impulsiona a comunicação, que era desnecessária quando o objeto ainda era subjetivo. São duas novidades, afirma, "a utilização e apreciação pelo indivíduo dos modos de comunicação, e o eu do indivíduo que não se comunica, ou o núcleo pessoal do eu que é um isolado autêntico" (Winnicott, 1963/2007e, p. 166). A presença da comunicação com o objeto percebido, portanto, não apenas nos leva a pensar os modos de comunicação, como também as implicações ou adoecimentos possíveis diante da não comunicação (ativa ou reativa). Além disso, emerge, ainda nessa passagem, a presença de um elemento fundamental para compreensão da vida psíquica, que é o que ele chamou de "núcleo pessoal isolado autêntico", estudado e nomeado como *self* anônimo por Bulamah (2019):[1]

> *Posto que . . . o isolamento da parte nuclear da personalidade é tão ubíquo quanto a própria divisão subjetiva*

1 Para aprofundamento dessa formulação, recomendamos a leitura da tese de doutorado de Lucas Bulamah (2019): *O sujeito winnicottiano entre o recentramento e o descentramento: considerações ético-políticas a partir da noção de self anônimo.*

> *e, nos casos ditos "saudáveis", advém como um núcleo de retirada dos relacionamentos intersubjetivos, propomos a noção de* self *anônimo como o "correspondente" do verdadeiro* self *nos casos traumatizados, e as próprias identidades, as formas assumidas pelo* self *frente à interpelação alteritária, como correspondentes ao falso* self. *(p. 189)*

Se valorizamos as formas intersubjetivas de comunicação, as comunicações explícitas ou silenciosas, as não comunicações simples ou ativas, bem como o núcleo incomunicável referido, é com o propósito de reafirmar a trama paradoxal que recobre a criança em seu processo de constituição. Falamos aqui do objeto *criado*, que também é *encontrado* pelo bebê para ser criado, mostrando como "a extensão e a elaboração dos temas pertinentes à mais importante das relações vividas pelo indivíduo nos primórdios de sua vida desembocam na autocomunicação do indivíduo, como também na necessidade de um 'não-comunicado', privado e secreto do *self*" (Abram, 2000, p. 73, grifo do original).

Para Winnicott, comunicar-se ou não se comunicar depende dos modos de relação entre o bebê e o mundo, das implicações do processo de mutualidade que acontecem no par mãe-bebê e, sobretudo, da abertura oferecida aos modos de comunicação criativa no campo transicional. O que leva Abram (2000) a concluir que:

> *a habilidade de comunicar-se não está fundada, inicialmente, na aquisição da linguagem, mas sim em uma interação pré-verbal estabelecida por intermédio da "mutualidade". Consequentemente, a habilidade do bebê de brincar e simbolizar* precede *o período em que passa a fazer uso das palavras. (p. 66, grifo do original)*

A mutualidade referida seria justamente a consideração sobre a faceta intersubjetiva que marca o encontro do bebê com a mãe. Inicia-se pela devoção desta para com o filho e mantém-se enquanto apresentação do mundo em pequenas doses até que o bebê possa ser reconhecido com uma pessoa. "A mãe reparte com o seu filhinho", explica Winnicott (1982/2013c),

> *Um fragmento especializado do mundo, conservando esse fragmento suficientemente pequeno para que a criança não se confunda, mas ampliando-o gradualmente, de maneira que a crescente capacidade da criança para desfrutar o mundo seja alimentada. Esta é uma das partes mais importantes da tarefa materna. E a mãe a desempenha com naturalidade. (p. 80)*

A referida tarefa materna, concordamos, mesmo que costume ser desempenhada com naturalidade, não é algo simples, tampouco está dada, pois é justamente nesse encontro dos gestos maternos com os do bebê que se constrói a mutualidade do vínculo inédito[2] entre a mãe e o bebê. O que explicita o desafio da tarefa.

É chegado o momento de fazer uma breve incursão nas bases teóricas paradoxais que fundamentam a teoria winnicottiana, na tentativa de nos aproximarmos ainda mais de nossa questão de pesquisa. As implicações dos paradoxos na compreensão do processo de criação, que incluiria o brincar e suas incidências na criança, discutiremos mais adiante.

Antes de seguir a tarefa de desenvolver essas ideias, caberia circunscrever alguns pontos de tensão que se apresentaram ao

2 Fazemos aqui uma analogia com o termo *vínculo inédito* usado como título de um dos livros de Radmila Zygouris, definindo a invenção freudiana da experiência analítica. Falamos um pouco mais sobre esse termo no Capítulo 4.

longo da escrita da tese com vistas a preparar o campo para o debate conceitual em questão. Esses pontos, que decorrem dos paradoxos da própria teoria psicanalítica, precisam ser considerados como parte fundamental da estruturação do nosso argumento e, por isso, estarão presentes como pano de fundo das formulações que se seguem.

Os paradoxos em questão

Em seu livro *O brincar e a realidade*, Winnicott (1975) define o paradoxo como aquilo que não pode ser solucionado, portanto, assume que este deve ser "aceito, tolerado e respeitado, e não resolvido" (p. 10). Ele se referia, na ocasião, à impossibilidade de dissociar o objeto usado e o uso do objeto, demarcando a complexidade das interações precoces, mas sobretudo a sua percepção de que os paradoxos são parte da condição humana. Não por acaso, portanto, eles fundam e participam do processo de subjetivação, nos intrigam e dão margem à pesquisa. Sob a influência da leitura da obra de Winnicott, partilhamos nossa tendência ao pensamento paradoxal, admitimos o gosto pelas contradições e valorizamos o interesse pela complexidade dos fatos imateriais – definidos como "os estados psicológicos na própria pessoa e nos outros" (Caper, 1990, p. 33).

Em artigo intitulado "A face e o verso da adaptação na infância" (Paixão & Rocha, 2016), iniciamos a problematização dessas questões, quando relacionamos as facetas da adaptação com os paradoxos inerentes ao processo de amadurecimento. A partir da leitura psicanalítica, valorizamos nesse trabalho o reconhecimento de que, para existir na independência, o indivíduo precisa, antes, experimentar a dependência absoluta. A questão envolveria, então, a face e o verso da adaptação, que engloba a valorização para uma abertura criativa e evita o enrijecimento das subjetividades, a partir de padronizações impostas pelo ambiente. Falávamos dos "paradoxos que comportam a constituição psíquica – permanentemente marcada pela oscilação dependência/independência, autonomia/suporte, liberdade/submissão" (p. 386). Ao apresentar os desafios que acompanham a vida psíquica das crianças, esbarramos na tensão (permanente) desses paradoxos na própria condição de vulnerabilidade em que a imaturidade as lança.

No que diz respeito ao interior do campo teórico, a noção de paradoxo corresponde ainda a um argumento de peso na psicanálise. Desde Freud, inaugura-se um novo olhar sobre o humano a partir da dimensão pulsional e conflitiva que nos move, entre desejos e defesas, rumo à economia psíquica e ao mais além do princípio do prazer; mas há um acento especial ao contexto das dinâmicas psíquicas. Segundo Eduardo Rozenthal (2009):

> *convém lembrar a maneira lírica pela qual Freud . . . relata a experiência de amamentação: a criança "se deixa[r] adormecer ao seio materno" . . . Com esta descrição, Freud enquadra a "ação específica" da alimentação no campo* inclusivo *do paradoxo. Com efeito, a criança não estaria simplesmente passiva diante da mãe que a alimenta. O "se deixar" implicaria uma parcela de atividade que caberia à criança, ao mesmo tempo que o estado de passividade em que esta se encontra. A amamentação (os cuidados) promoveria, assim, a partir da* potência do encontro paradoxal, *o agenciamento subjetivo das pulsões ou a convocação do "infante" para o projeto cultural do simbólico. (p. 144, grifos nossos)*

Essa proposição de que há uma *potencialidade no encontro paradoxal* que envolve a mãe e o bebê na experiência de amamentação confere também ao encontro uma potência; isso nos leva à associação do papel desempenhado pelo gesto espontâneo no processo de criação de si e, por conseguinte, de autonomia criativa. Apesar do acento pulsional enfatizado, o autor destaca o paradoxo entre a passividade ("ser afetado") e a atividade ("se deixar"), no potente encontro entre a mãe e o bebê. Esse olhar, pensamos, reafirma a dimensão intersubjetiva outrora discutida e nos aproxima da valorização do espaço potencial que marca a experiência de vitalidade do sujeito. Contribui ainda para pensarmos tanto na constituição de si empreendida pelo bebê na relação com o ambiente quanto no campo transferencial da análise, marcado pelas afetações mútuas.

A lógica paradoxal encontra sua efetividade não apenas no campo teórico, portanto, mas nas incidências éticas na clínica psicanalítica. Valorizando a compreensão paradoxal da experiência que marca a leitura winnicottiana de sujeito, Anthony Elliott grifa as contradições:

> *para Winnicott a emergência de um núcleo estável da subjetividade [*selfhood*] depende do estabelecimento de um tipo de relacionamento que é ao mesmo tempo liberador e suportivo [*supportive*], criativo e dependente, definido e informe [*formless*]" (citado por Bulamah, 2019, p. 30)*

Não é possível, portanto, desconsiderar o papel do paradoxo na obra do psicanalista britânico, que, em suas teorizações, se recusa a soluções breves para problemas complexos, mesmo que o faça em linguagem acessível.

Para Ogden (1996), "o sujeito psicanalítico nunca simplesmente é; o sujeito está sempre *se tornando* por via de um processo de negação criativa de si mesmo" (p. 55, grifos do original). E, por isso, completa o autor, "o desenvolvimento da subjetividade requer experiências de formas específicas de intersubjetividade", que serão mediadas pelas dialéticas psicológicas. Quando institui a reflexividade da dialética do sujeito e do objeto, Winnicott não apenas enfoca a concepção dialética da intersubjetividade, mas afirma o descentramento do sujeito, uma vez que "o sujeito nunca pode estar totalmente separado do objeto e, portanto, nunca pode estar inteiramente centrado nele mesmo" (Ogden, 1996, p. 23).

Assumindo também essa via de análise, René Roussillon, em seu fecundo trabalho *Paradoxos e situações limites da psicanálise*, de 1991, discute a complexidade que comporta uma análise do conceito de paradoxo quando o assunto é subjetividade humana. O desenvolvimento de suas ideias, que parte da reflexão sobre os ditos "casos-limite" ou "psicóticos", é de uma riqueza impressionante pela articulação que realiza entre os aspectos teóricos e seus efeitos clínicos. Roussillon (1991/2006) traz algumas contribuições que gostaríamos de destacar. No encontro com as ideias de Winnicott, afirma que a questão do paradoxo marca de modo decisivo a sua obra e propõe que seja assim sistematizada: haveria (1) os *paradoxos maturacionais* – que incluiriam o paradoxo da transicionalidade e o paradoxo da capacidade de ficar só – e (2) os *paradoxos das defesas paradoxais* – que operam quando há ameaças de aniquilamento e buscam preservar o verdadeiro *self*.

A tese de Roussillon se configura num apurado trabalho de ordenamento das ideias basilares que edificam o pensamento paradoxal em psicanálise, mas traz consigo também um desenvolvimento conceitual que resulta numa reflexão importante sobre os modos de paradoxos que se presentificam na clínica. Nesta longa passagem vemos a importância do tema:

> *Haveria "bons" e "maus" paradoxos? Os que são desestruturantes e os que são criadores? Ou, ainda, segundo a hipótese de P.-C. Recamier, haveria paradoxos "fechados" e paradoxos "abertos"? A experiência analítica habitua o espírito à ideia de fenômenos psíquicos bifaces. Como assinalou fortemente A. Green . . ., os primeiros mecanismos de defesa do aparelho psíquico são também os primeiros mecanismos de estruturação da vida psíquica. Certamente o mesmo ocorre, também, com os funcionamentos psíquicos paradoxais. Mecanismos sobretudo defensivos ou sobretudo estruturantes,* conforme as características do quadro psíquico no interior do qual se inscrevem, conforme o excesso ou a falta de certos componentes econômicos e qualitativos. *(p. 82, grifos nossos)*

Não nos debruçamos aqui nos aspectos defensivos ou desestruturantes, mas destacamos o papel dos *componentes econômicos e qualitativos* que participam do processo de constituição psíquica, lembrando, como faz o autor, que é a partir "das experiências de ruptura que o paradoxo de Winnicott adquire todo o seu sentido" (p. 84). Conceber processos criativos e integrativos, portanto, resulta de uma concepção particular e inteiramente original de Winnicott organizada em torno de um paradoxo central: o paradoxo da transicionalidade. "A adaptação da mãe às necessidades do bebê", diz Winnicott (1975),

> *quando suficientemente boa, dá a este a* ilusão *de que existe uma realidade externa correspondente a sua própria capacidade de criar. Em outras palavras, ocorre uma sobreposição entre o que a mãe supre e o que a criança poderia conceber. . . . Psicologicamente,*

> *o bebê recebe de um seio que faz parte dele e a mãe dá leite a um bebê que é parte dela mesma. (p. 27, grifo do original)*

O paradoxo inicial é que não caberia, portanto, a pergunta se o objeto foi encontrado ou criado pelo bebê. Ao dar forma à área de ilusão (área neutra, que não é inteiramente objetiva nem subjetiva), a mãe oportuniza ao seu bebê experimentar uma onipotência que propiciará a criação do espaço intermediário. Justo pelas significativas implicações desse estudo teórico no modo de compreender a vida psíquica, o fenômeno transicional tornou-se um conceito-chave na obra de Winnicott. Ele não apenas possibilita uma compreensão sobre as relações de objeto, por meio do estudo da primeira possessão não eu, mas oferece uma exposição teórica sobre a criatividade, a localização da experiência cultural e as origens da criatividade. "A natureza humana, na sua vertente cultural", resume Fulgencio (2016, p. 43), "nada mais é do que a expansão desse espaço no qual tem origem o objeto transicional".

Por isso, ao escrever sobre a questão dos fenômenos transicionais, Winnicott (1975) reconhece estar teorizando sobre:

> 1. *A natureza do objeto.*
> 2. *A capacidade do bebê de reconhecer o objeto como "não-eu".*
> 3. *A localização do objeto – fora, dentro, na fronteira.*
> 4. *A capacidade do bebê de criar, imaginar, inventar, originar, produzir um objeto.*
> 5. *O início de um tipo afetuoso de relação de objeto. (p. 14)*

Por meio dessa teorização, as contribuições de Winnicott acabaram incidindo também na leitura sobre o sujeito psicanalítico. Isso explica, então, por que o estudo do fenômeno transicional é um dos fundamentos conceituais mais importantes para pensarmos a lógica paradoxal da obra de Winnicott. Vejamos o que Ogden (1996) pensa sobre isso:

> *o uso por Winnicott da noção de paradoxo, para descrever o espaço no qual a subjetividade é criada, representa uma discreta revolução no pensamento analítico no sentido de que, pela primeira vez, uma concepção dialética da constituição intersubjetiva do sujeito humano* descentrado *é plenamente articulada. (p. 54, grifo nosso)*

A referida articulação sobre a constituição da subjetividade é, não resta dúvida, uma contribuição à natureza humana. Neste *espaço*, as experiências podem ser vividas pelo bebê, que, confiando na mãe, finalmente começa a compreender a diferença entre o interior e o exterior, iniciando a passagem para o simbolismo. "O termo objeto transicional, segundo minha sugestão, abre campo ao processo de tornar-se capaz de aceitar a diferença e similaridade", explica Winnicott (1975, p. 19). E, nesse sentido, os objetos transicionais correspondem a uma abertura à experimentação dos símbolos, variável a depender do estágio de desenvolvimento do bebê, mas que não seria dada desde o começo. Assim explica Abram (2000):

> *Do ponto de vista do observador, o objeto transicional é um símbolo de um aspecto da experiência de ambiente do bebê. No entanto, isso não significa que ao usar um objeto transicional o bebê atinja a capacidade de usar*

> *os símbolos; ao contrário, ele está* prestes *a usar os símbolos. (p. 258, grifo do original)*

Essa passagem para o simbolismo, então, marcaria a transição da relação de objeto para o uso de objeto. Com ela, inicia-se uma outra etapa importante do processo de maturação da criança, que passa a ser capaz de usar objetos, demonstrando que reconhece a externalidade do objeto, que agora passa a ser visto como independente (detalharemos isso mais à frente).

No artigo "Três teses sobre o paradoxo em psicanálise: ressonâncias", Figueiredo (2009a) desenvolve uma sistematização interessante para discutir o paradoxo na psicanálise. Mobilizado pela lógica paradoxal apontada por Winnicott, propõe: (1) a tese do *paradoxo constitutivo* do sujeito psicanalítico, ou seja, o caráter paradoxal do objeto da psicanálise, que destaca a solidão essencial do bebê e sua comunhão absoluta com o seu meio; (2) a tese do paradoxo que precisa existir como lógica e estilo nas teorias psicanalíticas, que permite vê-las como "objeto transicional"; e (3) a tese que trata do paradoxo como dispositivo clínico, respeitando a modalidade paradoxal do analista na transferência. Não abordaremos aqui detalhadamente cada uma delas, cabendo apenas mencionar que, cada uma ao seu modo, incidem na psicanálise e operam consequências "para o pensamento e a prática da psicanálise" (p. 55), como afirma.

Ao final desse trabalho, ainda, Figueiredo faz uma breve descrição daquilo que chamou de *paradoxo tóxico e psicotizante*, discutindo a dimensão traumática das comunicações paradoxais. Nessa argumentação encontramos um caminho para problematizar os riscos que podem acometer a criança pequena, já que, em algumas circunstâncias:

> *em vez de o paradoxo propiciar uma experiência de ambiguidade e, assim, ser uma condição e uma oportunidade para o jogo e para a criatividade, como no chiste baseado no* non-sense, *por exemplo, ele se torna uma* arma de destruição *exercitada no âmago paradoxal do sujeito. (p. 67, grifos nossos)*

A partir das elaborações de Didier Anzieu sobre a comunicação paradoxal, o que Figueiredo nos lembra é que esse tipo de comunicação tem a força de destruir o lúdico e interferir na capacidade de brincar, primordial ao processo de subjetivação da criança. Ele se refere às situações de dominação e exigências que podem levar ao enlouquecimento pela contradição que podem gerar, recolocando a necessidade de pensarmos qual o limite que separa os paradoxos geradores de ambiguidades criadoras daqueles que se transformam em ambiguidades paralisantes e irredutíveis.[3]

Para tentar responder, é preciso lembrar que há diferenças importantes entre a noção de destruição que promove experiências paralisantes, ou, poderíamos dizer, desvitalizantes, e a concepção sobre as raízes da agressividade. Enquanto as raízes da agressividade repousam na teoria winnicottiana no paradoxo do destruído/encontrado, nas comunicações paradoxais mencionadas o paradoxo versaria sobre a comunicação: "a emissão simultânea de ordens mutuamente contraditórias (o *double mind*)" (Figueiredo, 2009a, p. 67). Ao apresentar que a gênese da relação com a realidade externa repousa num paradoxo (do destruído/encontrado), Roussillon (2006) assim resume o evento tal como pensado por Winnicott:

3 Termo proposto por Nelson Coelho Junior, segundo nota de rodapé no texto de Figueiredo (2009a).

> *o objeto é encontrado como objeto externo se ele é destruído (no fantasma), mas sobrevive a essa destrutividade, isto é, mesmo atingido por esta ele continua sendo permanente e estável, o que se manifesta pelo fato de não exercer represálias ao sujeito, nem pelo lado da retorção nem pelo lado da retirada. O objeto, pois, deve ser ao mesmo tempo atingido (destruído) e não destruído . . . eis aí o sentido de sobreviver. (p. 147)*

Isso parece evidenciar a importância dos paradoxos para o processo de subjetivação e, portanto, para a criança – que passa a ser capaz de exercer a sua potencialidade, sem submissões ou adoecimentos. Há uma sutileza que separa esses dois polos, mas a criança entre eles transitará, ora mais autônoma, ora menos; ora com alguns sintomas ou regressões, ora exercitando a sua insubmissão psíquica.

Contrária a essa versão, uma paradoxalidade autoritária e perversa levaria o sujeito a precisar "escolher entre ser-com e ser-só" (p. 67), dilacerando e com tendências a enlouquecer o sujeito. Figueiredo (2009a) conclui que, apesar dos riscos, o paradoxo pode se configurar como a única saída possível e viva, mesmo que incerta ou instável.

Corroborando a tese do autor, gostaríamos de defender que essa posição de instabilidade própria dos fenômenos psicológicos paradoxais deve receber um respeito teórico e clínico do psicanalista, sobretudo diante da infância. Lembrar que esse emaranhado de questões perpassa o processo de constituição subjetiva eleva os dilemas e as descobertas do encontro intersubjetivo e das escutas psicanalíticas do sujeito em questão. A conclusão é que precisamos não apenas aceitar os paradoxos, como dizia Winnicott, mas tomá-los como "única posição possível para o psicanalista: posição instável, porém viva" (Figueiredo, 2009a, p. 67). Parafraseando, poderíamos nos perguntar: não seria essa também a única posição possível para a criança, reconhecer sua condição instável e vulnerável, paradoxalmente dependente e independente, *porém viva* e criativa diante do mundo? Será que podemos propor que o gesto criativo também pode se apresentar como uma posição possível, que impulsiona para a experimentação da potência e se contrapõe às ambiguidades paralisantes?

Nossa hipótese é que, a partir de uma potência subversiva continuamente alimentada pelos gestos e pelas ações no mundo, uma abertura se coloca às crianças como oferta para um novo lugar, sempre. O homem saudável para Winnicott opera por meio de duas razões:

> *[A primeira] eu chamo de razão* paradoxal, *é a razão* psíquica *por excelência, vigente em todas as questões afetivas/sentimentais. Constitui-se na formação do* objeto subjetivo *e, mais adiante, espraia-se por todo o mundo interno, guardando afinidades com a razão heraclitiana. O segundo tipo, que denomino razão* utilitária, *opera por meio do pensamento lógico formal e constitui a razão* mental *propriamente dita, vigorando sempre que o* self *tem de lidar com questões de utilidade prática, envolvendo os códigos sociais e culturais, sendo de grande utilidade na produção da filosofia, da ciência e da técnica. (Naffah Neto, 2010, p. 124, grifos do original)*

O encontro entre essas duas razões, como propõe o autor, se daria justamente no espaço potencial criado entre o mundo subjetivo e o mundo objetivo, marcado pelas incertezas de tradução entre as duas razões. De um lado teríamos a *razão paradoxal*, que ele define como a razão psíquica associada ao mundo interno; de outro, a *razão utilitária*, que, por sua vez, corresponde aos acontecimentos externos. O que novamente concede destaque ao que se produz na área intermediária, no espaço potencial de criação, onde os intercâmbios e as trocas entre as duas razões permitiriam ao *self* encontrar possibilidades de expressão criativa.

No adoecimento, o inverso se daria, não havendo fluidez entre essas razões; o isolamento entre as razões promoveria um desenvolvimento precário do *self*. Essa forma de análise nos permite considerar as variantes e nuances que marcam os paradoxos em questão e suas incidências na vida psíquica das crianças. O nosso intuito, portanto, foi apontar que a própria constituição subjetiva, tal como pensada pela psicanálise, exige como ponto de partida o reconhecimento dos paradoxos da vida. Pensamos que Winnicott teve o mérito de assumir a presença dos paradoxos como um *pressuposto* em suas teorizações.

O mundo da criança

"Isso que chamam de bebê não existe", proferia Winnicott (1950-1955/2000a, p. 165) de modo acalorado à Sociedade Britânica de Psicanálise, explicitando a sua compreensão de que para um bebê existir é preciso que o seu entorno se faça presente, portanto, em relação. Essa interessante mudança de perspectiva, na qual o centro de gravidade do ser se encontra na situação global e não no indivíduo, introduz a noção de uma "dupla amamentante" como uma nova entidade psicológica resultante da soma das partes. Isso amplia a complexidade da compreensão sobre a constituição psíquica na medida em que há uma unidade que se define pelo contexto ambiente-indivíduo, e não formada exclusivamente por um indivíduo.

"Para Freud", resume Adam Phillips (2006), "o homem era o animal ambivalente; para Winnicott, ele seria o animal dependente, para quem o desenvolvimento – a única 'certeza' em sua existência – era a tentativa de se tornar 'separado sem estar isolado'" (p. 29). Por isso podemos afirmar que, ao tomar a relação entre o bebê e a mãe como foco para a compreensão da subjetividade humana, Winnicott apresentou uma leitura própria sobre a criança e seus mundos, o que levou a uma ampliação dos fundamentos conceituais e técnicos da psicanálise com crianças e promoveu uma escuta diferenciada dos modos de adoecimento psíquico e uma releitura das formas de trabalho do psicanalista, que não dedicou a sua intervenção, unicamente, à interpretação. O paradigma da relação mãe-bebê assumiu a dianteira das suas formulações conceituais e trouxe o elemento paradoxal como motor da sua leitura de indivíduo, especialmente porque, para Winnicott, a dependência é vista como condição para a independência.

Em "Teoria do relacionamento paterno-infantil", Winnicott (1960/2007f) apresenta a dependência como a chave de seu estudo, marcando sua formulação sobre a travessia do lactente a partir da *dependência absoluta*, passando pela *dependência relativa*, rumo à *independência*. Para ele, o potencial herdado depende das condições favoráveis (ou não) do cuidado materno dispensado ao bebê, podendo ser por ele facilitado ou distorcido, especialmente dependendo da fase de dependência em que o bebê se encontre. Na infância, portanto, o ambiente de *holding* incidirá de maneira decisiva nos modos de desenvolvimento, uma vez que:

> O holding *inclui especialmente o* holding *físico do lactente, que é uma forma de amar. É possivelmente a única forma em que uma mãe pode demonstrar ao lactente o seu amor. . . . Tudo isso leva a, inclui e coexiste com o estabelecimento das primeiras relações objetais*

> *do lactente e suas primeiras experiências de gratificação instintiva. (p. 49)*

Mas esse percurso não é linear, já que a existência pessoal deriva da facilitação promovida pelo cuidado materno, que, em adaptação viva às necessidades da criança, inclui a subjetividade da mãe e seu entorno, ou seja, não confere garantias predefinidas. Sobre as diferenças entre uma criança que recebeu a provisão do ambiente e aquela que não pôde desfrutar de um ambiente suficientemente bom, Winnicott (1960/2007f) explica:

> *quando as coisas vão bem o lactente não tem meios de saber o que está sendo provido adequadamente e o que está prevenido. Por outro lado, é quando as coisas não vão bem que o lactente se torna perceptivo, não de uma falha do cuidado materno, mas dos resultados, quaisquer que sejam, dessa falha; quer dizer, o lactente se torna consciente de reagir a alguma irritação. (p. 51)*

Note-se que a dimensão de presença experimentada a partir do cuidado não é necessariamente um exercício conscientemente vivido pela unidade mãe-bebê, mas decorre de uma experiência de interdependência, que funda a subjetividade da criança a partir da experiência de cuidados suficientemente bons advindos do ambiente/mãe. Essa etapa inicial, cuja interdependência física e psicológica entre o bebê e a mãe se coloca como fator fundamental do processo de constituição egoica, Winnicott chamou de fase da *preocupação materna primária*, que é responsável por capacitar o bebê "a começar a existir, a ter experiências, a constituir um ego pessoal, a dominar os instintos e a defrontar-se com todas as dificuldades inerentes à vida" (Winnicott, 1956/2000c, p. 404). Talvez isso explique a razão pela qual Fulgencio (2016) afirma que a teoria do desenvolvimento emocional de Winnicott corresponde a uma *teoria da dependência*. Em suas palavras:

> *Se em Freud e Klein a teoria do desenvolvimento é pensada, descrita e classificada pelos modos de relações com os objetos (do desejo), em Winnicott há uma nova maneira de descrever essa teoria, centrada na relação de dependência que o ser humano tem do ambiente que o sustenta e é seu lugar, desde o início. (p. 28)*

Recoloca-se assim o acento no papel do ambiente e, por conseguinte, nas relações de confiança vividas como parte dessa sustentação. Pois, ao mesmo tempo que engendra o ambiente, produzindo uma atmosfera de estabilidade, proteção e confiança, paradoxalmente, a confiança é uma experiência que decorre da presença suficientemente boa da mãe-ambiente, bem como do ambiente-mãe. Esse papel vital exercido pela mãe, capaz de apresentar o mundo em pequenas doses ao bebê, o que vai aos poucos possibilitando a constituição de um clima de autoconfiança, não é uma tarefa cognitiva, mas uma vivência espontânea que respeita o *prazer materno confiável* (Abram, 2000, p. 155) em estar com o bebê.

Noutras palavras, um caminho se abre para a confiança mútua (entre mãe-bebê) e do bebê para com o mundo quando a maternidade pode ser acompanhada também por uma espécie de monotonia prazerosa. "Somente com base na monotonia pode a mãe adicionar riqueza de modo produtivo" (Winnicott, 1945/2000e, p. 228), ou seja, uma mãe capaz de "oferecer algo de si", e não apenas uma mãe que alimenta, cuida e se comunica. Essa espécie de "extração" das coisas da mãe leva o bebê a ser capaz de, paradoxalmente, criar. Assim resume Figueiredo (2014):

> *o campo intrapsíquico, quanto mais bem construído, e neste sentido, mais autônomo, mais se torna capaz de estabelecer boas e fecundas relações com outros sujeitos e com o mundo da cultura, tornando-se assim mais apto à interdependência e menos predisposto a alimentar fantasias de autossuficiência. (p. 15)*

Colocam-se em questão as dimensões de alteridade que engendram a formação da criança, não apenas em sua condição de autonomia, mas naquilo que supomos participar da abertura potencial que marca a vida criativa. Esta é uma das razões pelas quais optamos, neste trabalho, por destacar a leitura winnicottiana da criança: não apenas por ela apresentar um olhar apurado sobre a constituição psíquica, mas, sobretudo, pela ênfase concedida à concepção intersubjetiva em seus argumentos.

Lembramos ainda que, ao longo do seu trabalho, Winnicott "afirma e reafirma que a condição humana só pode ser abordada ... a partir de uma perspectiva epistemológica que contemple o paradoxo" (Safra, 2009, p. 76); isso envolve a concepção de objeto transicional (paradoxo central) e o papel da solitude ou solidão em presença (que será desenvolvido no capítulo seguinte). Essas experiências paradoxais inauguram o sentido de si, destacam a concepção de sujeito intersubjetivo e marcam o papel do ambiente no processo de subjetivação da criança. Devemos ainda lembrar que, para Winnicott (1962/2007i), o início das relações objetais é complexo.

> *O padrão é o seguinte: o bebê desenvolve a expectativa vaga que se origina em uma necessidade não-formulada. A mãe, em se adaptando, apresenta um objeto ou uma manipulação que satisfaz as necessidades do bebê, de modo que o bebê começa a necessitar exatamente o*

> *que a mãe apresenta. Deste modo o bebê começa a se sentir confiante em ser capaz de criar objetos e criar o mundo real. A mãe proporciona ao bebê um breve período em que a* onipotência *é um fato da experiência. (p. 60, grifo nosso)*

Mesmo considerando que é a provisão ambiental que facilita essa condição para a constituição do espaço transicional, Winnicott se mostra cuidadoso em assegurar que a experiência intersubjetiva não define a potência da criança, mesmo que esta seja por aquela fortemente influenciada. Encontramos respaldo para essa afirmação nesta passagem: "Podemos dizer que o ambiente favorável torna possível o progresso continuado dos processos de maturação. *Mas o ambiente não faz a criança.* Na melhor das hipóteses possibilita à criança concretizar seu *potencial*" (Winnicott, 1963/2007g, p. 81, grifos nossos).

Se *o ambiente não faz a criança*, é preciso cautela para que a discussão não seja rapidamente empobrecida e reduzida a uma compreensão essencialista ou a uma tendência de valorização equivocada das relações objetais. Nesses casos, aponta Bulamah (2019), uma leitura conservadora e prescritiva pode ser usada sob a justificativa de corresponder a uma "versão winnicottiana", o que pode ser bem problemático. Diferente dessa faceta, entretanto, um debate fecundo pode ser proposto para pensar, sem determinismos frágeis, qual a origem da potência da criança. De onde ela provém?

No contexto da obra de Winnicott, é possível responder a essa questão apresentando como a *experiência de onipotência* vivida pelo bebê confere um movimento potente para criação do mundo:

> *O seio é criado pelo bebê repetidas vezes, pela capacidade que tem de amar ou (pode-se dizer) pela necessidade. Desenvolve-se nele um fenômeno subjetivo,*

> *que chamamos seio da mãe. A mãe coloca o seio real exatamente onde o bebê está pronto para criá-lo, e no momento exato. (Winnicott, 1975, p. 26)*

A atividade criativa, então, seria inaugurada a partir da criação do seio, como protótipo da criação do mundo empreendida pelo bebê que, na teoria winnicottiana, resulta de uma experiência oferecida inicialmente pela mãe, que, profundamente identificada com o bebê, se esforça para descobrir suas necessidades. A onipotência experimentada pelo recém-nascido é um fato desde que mediada pela presença materna, ou seja, é um atributo resultante de uma experiência intersubjetiva que antecede a dimensão de onipotência narcísica conferida pelos pais à criança, tal como Freud (1914/2011a) descreve. Sobre essa forma de onipotência, ele nos diz:

> *Doença, morte, renúncia à fruição, restrição da própria vontade não devem vigorar para a criança, tanto as leis da natureza como as da sociedade serão revogadas para ela, que novamente será centro e âmago da Criação.* His Majesty the Baby, *como um dia pensamos de nós mesmos. Ela deve concretizar os sonhos não realizados de seus pais, tornar-se um grande homem ou herói no lugar do pai, desposar um príncipe como tardia compensação para a mãe. (p. 25)*

A onipotência da qual Winnicott fala seria mobilizada antes dessa questão reconhecida por Freud como relativa ao narcisismo primário; esta pressupõe um atravessamento das relações entre pais e filhos, quando estes podem dispor de um ego mais delimitado, numa etapa em que poderíamos nos referir ao bebê como pessoa. Isso instaura aspectos relacionais do narcisismo dos pais diferentes daqueles mobilizados antes da constituição egoica e promove modos diferentes, portanto, de participação no processo de subjetivação da criança. O que estamos tentando demarcar é que a onipotência descrita por Winnicott como resultante da ilusão (característica da adaptação suficientemente boa da mãe às necessidades do bebê) envolve um fato da experiência de importância fundamental para a criação de uma área transicional entre as realidades interna e externa, cuja função envolve a constituição psíquica da criança e o seu modo de estar no mundo. O bebê faz uso do objeto transicional para chegar no estágio de dependência relativa, passagem que só é possível quando pode experimentar a ilusão de onipotência e a posterior experiência de desilusão.

Em "O desenvolvimento do sentido de realidade e seus estágios", escrito em 1913, Ferenczi (1913/2011i) apresenta o início dos processos de simbolização a partir de uma explanação sobre as formas de onipotência que acompanham o bebê rumo à enunciação das palavras. Para que seja possível adentrar nessa etapa do desenvolvimento psíquico, a vivência de um sentimento de *onipotência incondicional*, segundo o psicanalista húngaro, já foi experimentada pelo bebê, que agora tenta expandir a sua onipotência a uma realização alucinatória dos seus desejos. Sua hipótese é que a "megalomania da criança" não seria *pura* ilusão, porque corresponde a um resgate da onipotência intrauterina (*incondicional)* que é gradativamente transformada (após o nascimento) em: *onipotência alucinatória mágica*, *onipotência com a ajuda de gestos mágicos* e *período dos pensamentos e palavras mágicos*.

A *onipotência alucinatória mágica* corresponderia a uma etapa de alucinação (representação) em que a criança é capaz de desejar, mas sem precisar modificar nada no mundo para obter a realização desses desejos. Na etapa seguinte, os gestos serão os protagonistas, pois a linguagem gestual ainda sem endereçamento preciso transformará o seu desejo em algo visível para o mundo externo, fazendo a criança continuar sentindo a sua onipotência. As necessidades específicas, expressas por meio de gestos cada vez mais específicos, trazem à criança a vivência da *onipotência com a ajuda de gestos mágicos*. "A criança atravessa um *período animista*", nos diz Ferenczi (1928/2011a), "período em que todas as coisas se lhe apresentam como animadas e em que tenta reencontrar em cada coisa seus próprios órgãos ou seu funcionamento" (p. 54, grifos do original). Com o gradativo aumento das capacidades e das condições maturacionais da criança, os desejos também ficam mais complexos e a linguagem gestual passa a ser substituída pela linguagem verbal. É chegado o *período dos pensamentos e palavras mágicos*, que é assim descrito:

> *É o ponto de partida de um importante avanço: tornam-se inúteis a laboriosa* representação *por imagens e a* encenação *dramática, ainda mais laboriosa; a concepção e a representação dessas séries de fonemas chamadas palavras permitem uma versão muito mais econômica e preciosa dos desejos. Ao mesmo tempo, o simbolismo verbal torna possível o pensamento consciente na medida em que, associando-se aos processos de pensamento, em si mesmo inconscientes, confere-lhes qualidades perceptíveis. (Ferenczi, 1928/2011a, p. 55, grifos do original)*

Tomada como uma espécie de "força motriz", a onipotência seria parte fundamental do processo de subjetivação psíquica humana, atravessando desde a compressão sobre o acesso à linguagem verbal até a palavra e a vivência da potencialidade criativa do humano, que detalharemos adiante quando retomarmos as contribuições winnicottianas. Por ora, gostaríamos ainda de destacar que a possibilidade de analisar a travessia da onipotência da criança rumo à linguagem a partir da leitura de Ferenczi constitui uma forma de lançar uma compreensão sobre o papel da potência do gesto, analisando-a também como abertura para a potência da criatividade.

"A concepção ferencziana é de que a palavra", explica Kupermann (2020),

> *não é apenas um modo de expressão, mas também a expressão de uma experiência de onipotência criadora, nunca totalmente perdida, e de uma potência psicossomática (toda expressão é também corpórea) – a palavra ferencziana resguarda uma relação importante com o gesto, que sobrevive na forma do canto que impregna toda emissão da voz. A palavra-gesto, a palavra-corpo, preserva o poder de afetação do outro e, portanto, o poder de influenciá-lo. (p. 33)*

Essa noção de palavra-gesto como palavra-corpo nos instrumentaliza para pensar como o processo de maturação da criança não pode prescindir da *onipotência criadora* do mundo e da *potência* que emana do corpo infantil. Nesses termos, a onipotência seria a precondição para elementos basilares da constituição psíquica, por instaurar a ilusão necessária à criação e, em seu negativo, por promover a impotência necessária à experiência de desilusão própria da conquista e da recepção do mundo externo pelo bebê.

No capítulo que se seguirá a este, pretendemos avançar em nosso argumento, pensando como se constitui o potencial da criança e lançando o desafio de propor a presença de um gesto subversivo nele. O tema exige detalhamento e, por isso, optamos por apresentá-lo mais à frente. Mas ainda nos resta apresentar os requisitos para a expressão dessa potência no processo de amadurecimento, que estariam ligados a dois aspectos: a presença de um espaço potencial e a condição para o brincar compartilhado.

* * *

Adam Phillips (2006) propõe que, pela obra de Winnicott, um bebê diferente aparece na psicanálise:

> *O bebê, nos relatos de Winnicott, descobre o mundo em primeiro lugar criando, ele nasce um artista e um hedonista. Onde Freud e Klein haviam enfatizado o papel da desilusão, no qual crescer seria um processo de luto, para Winnicott haveria um sentido mais primário em que o desenvolvimento era um processo criativo de colaboração. A desilusão pressupunha ter havido ilusão suficiente. Para o bebê, no início, dado um ambiente de sustentação, o desejo era criativo, mais do que simplesmente voraz. (p. 149)*

Essa mudança de perspectiva, sabemos, transformou a concepção sobre a criatividade humana e ofereceu novos esquemas teóricos, como a noção de fenômenos transicionais, cuja dimensão de intersubjetividade e mutualidade ganhou destaque. As formulações sobre os fenômenos transicionais, portanto, são marcadas pelo que ele nomeou de *teoria da ilusão-desilusão*, que descreve a primeira possessão não eu, engendrada pela presença de pais capazes de oferecer intuitivamente ao bebê uma abertura para emergência do espaço intermediário. Sendo um marco no processo de separação-individuação, "o relacionamento com o objeto transicional é também", esclarece Ogden (2015), "um reflexo importante do desenvolvimento da capacidade de manter um processo psicológico dialético" (p. 160). Essa dialética residiria, entre outras coisas, na possibilidade de o bebê (agora criado como sujeito) ser "o criador e intérprete de seus símbolos", completa.

Para Winnicott, a tarefa de aceitação da realidade nunca é completada porque permanecemos convivendo com uma tensão entre as realidades interna e externa, aliviada pela área intermediária da experiência. "Os objetos transicionais e os fenômenos transicionais", dirá Winnicott (1975),

> *pertencem ao domínio da* ilusão *que está na base do início da experiência. Esse primeiro estádio do desenvolvimento é tornado possível pela capacidade especial, por parte da mãe, de efetuar adaptações às necessidades de seu bebê, permitindo-lhe assim a ilusão de que aquilo que ele cria existe realmente. (p. 30, grifo nosso)*

A área de ilusão surge como uma consequência da disponibilidade materna de se adaptar ao bebê de modo que ele possa sentir-se criando em fantasia a mãe de que ele precisa e a qual encontra. A mãe suficientemente boa seria, então, aquela capaz de aceitar repetidas vezes a onipotência do bebê, o que vai conferir vigor ao ego ainda frágil da criança. A presença de um "outro" em sua vitalidade, portanto, permite a instalação de um ambiente propício para a experiência da brincadeira, *espaço potencial* entre o bebê e a mãe.

> *Esse espaço varia bastante segundo as experiências de vida do bebê em relação à mãe ou figura materna, e eu contrasto esse espaço potencial (a) com o mundo interno (relacionado à parceria psicossomática), e (b) com a realidade concreta ou externa (que possui suas próprias dimensões e pode ser estudada objetivamente, e que, por muito que possa parecer variar, segundo o estado do indivíduo que a está observando, na verdade permanece constante). (Winnicott, 1975, p. 63)*

O espaço potencial permite-nos compreender o inapreensível da dimensão relacional e a abertura que a criação proporciona à vida psíquica. A proposição é de um *espaço* cujo limite corresponde à interseção entre internalidade e externalidade, entre realidade e fantasia, mas que "permanece parcialmente enigmático, devido à dificuldade em desatrelar o significado do conceito do elegante sistema de imagens e metáforas no qual se encontra aninhado", afirma Ogden (2015, p. 153).

Apesar disso, está claro que é nessa área potencial que a brincadeira se dá. "É no brincar", escreve Winnicott (1968/2014), "e talvez apenas no brincar, que a criança ou o adulto é livre para ser criativo" (p. 71). É com essas palavras que o autor inicia o capítulo sobre o brincar como atividade criativa e busca do *self*, explicitando já de partida sua interpretação sobre aquela que seria uma das suas maiores contribuições, o significado do brincar para o indivíduo.

Haveria, então, uma sequência do brincar relativa à condição de amadurecimento da criança, iniciada com um brincar dependente do modo como a mãe apresenta o objeto que se transforma, gradativamente, num brincar junto, como explica Winnicott em 1968 no capítulo "Brincar: uma exposição teórica" do seu célebre livro *O brincar e a realidade*. Classifica a sequência:

A. O bebê e o objeto estão fundidos um no outro.

B. O objeto é repudiado, aceito de novo e objetivamente percebido.

C. O próximo estágio é ficar sozinho na presença de alguém.

D. A criança agora está ficando pronta para o próximo estágio, que é permitir e desfrutar da superposição de duas áreas de brincadeira. (Winnicott, 1971/2014, pp. 63-64)

Ao apresentar a sua exposição teórica sobre o papel da brincadeira na constituição psíquica, Winnicott desenvolve o conceito do espaço potencial concedendo um lugar para o brincar, ao mesmo tempo que teoriza sobre as origens da criatividade e o seu papel na constituição subjetiva. O palco onde se encenam as primeiras brincadeiras entre a mãe e o bebê não está dentro nem fora, não é da mãe, tampouco do bebê. Mas é, sobretudo, um brincar que se localiza no espaço potencial experimentado *entre*, pois decorre da confiança inspirada pela mãe e das brincadeiras que ela cria a partir dos gestos espontâneos do seu bebê, significando-os:

> *A confiança na mãe cria um* playground *intermediário aqui, onde a ideia da magia se origina, uma vez que o bebê, até certo ponto, experimenta onipotência. . . . Chamo isso de* playground *porque a brincadeira começa aqui. O* playground *é um espaço potencial entre a mãe e o bebê, ou que une mãe e bebê. (Winnicott, 1971/2014, p. 63)*

Isso evidencia que a condição de brincar não está dada desde o início, já que um longo e delicado percurso relacional estaria nas origens dessa experiência intersubjetiva, comum à natureza humana. Aos poucos, os interesses voltam-se para a cultura, descatexizando o objeto investido (a mãe) e ampliando os horizontes da criança, que agora se mostra curiosa com o mundo. Ao se perguntar onde se localiza a experiência cultural – definida por ele como tradição herdada –, Winnicott reafirmou a importância do *espaço potencial* como área vital na vida psíquica e destacou os critérios para a sua constituição.

> *Onde há confiança e fidedignidade há também o espaço potencial, espaço que pode tornar-se uma área*

> *infinita de separação, e o bebê, a criança, o adolescente e o adulto podem preenchê-la criativamente com o brincar, que, com o tempo, se transforma na fruição da herança cultural. A característica especial desse lugar em que a brincadeira e a experiência cultural têm uma posição está em que* ele depende, para sua existência, de experiências do viver, *não de tendências herdadas (Winnicott, 1975, p. 150, grifos do original)*

Nesse sentido, ao pensar no papel das experiências do viver, colocamos em destaque a função das famílias, das escolas e da sociedade em geral – o que inclui as dimensões políticas e da ampla cultura. Isso nos leva a considerar o impacto dos processos de imersão nas tradições familiares e culturais, da educação formal, mas, sobretudo, das ressonâncias subjetivas resultantes das relações das crianças com os adultos que participam de sua vida.

Avançando na análise sobre a infância, em "Moral e educação", escrito em 1963, Winnicott propõe que a educação e a obediência também guardam relação com a forma como os cuidados adequados são favorecidos à criança, já que contribuem para o desenvolvimento do senso moral e para a capacidade de se sentir pessoalmente responsável por si. Mais do que isso, nesse trabalho ele aponta o fato de que a "obediência traz recompensas imediatas e os adultos confundem, com excessiva facilidade, obediência com crescimento" (Winnicott, 1963/2007j, p. 96), demonstrando em tom crítico que "se submeter, às custas de seu modo pessoal", seria uma imoralidade para a criança.

Caminhando com essas ideias, nos perguntamos: de que modo a criatividade poderá se expandir respeitando os códigos morais e sociais civilizatórios sem que se configurem prejuízos ao modo particular de expressão livre da criança? Como a criança pequena poderá salvaguardar sua espontaneidade criativa respeitando a moralidade introjetada? Os modos singulares de experimentação das vivências privadas e públicas da criança marcam as primeiras relações, mas também os modos de agir no mundo. Falaremos, então, de formas diretas (provisão do ambiente) e indiretas (espontaneidade do gesto para criação) como aspectos que constituem as origens da potência da criança, um movimento para criação. O que envolve desde a provisão do ambiente, considerando a apresentação contínua do mundo, até a "conciliação entre imitar os pais e *desafiadoramente* estabelecer uma identidade pessoal" (Winnicott, 1963/2007g, p. 87, grifo nosso).

Após essa breve retomada teórica, formulamos: poderíamos defender a presença de uma "potência subversiva do gesto criativo" como elemento insubmisso e necessário como motor para a criança ser capaz de preservar o seu modo pessoal de viver? Parece-nos que o conceito de *espaço potencial* se mostra como um elemento de sustentação dessa hipótese, na medida em que, para experimentar a insubmissão (em fantasia ou realidade), a criança precisa, antes, ter usufruído dessas experiências de confiança e continuidade promovidas por um ambiente suficientemente preparado. Mas, antes de avançarmos, ainda é preciso que nos debrucemos sobre o fenômeno da insubmissão, já que ele evoca os argumentos para a proposição da nossa hipótese de pesquisa.

Consideramos que se faz necessário tentar demonstrar a ideia de que haveria no fenômeno insubmisso não apenas um modo de representação da desobediência positiva, mas um elemento subversivamente criativo e libertário, recolocando, de modo mais intenso, não apenas as dificuldades concernentes aos paradoxos presentes no processo de autonomia, a partir das experiências de ambiguidade vividas pela criança, mas também aqueles que dizem respeito aos limites da subversão criativa. A partir de questões como essas, acreditamos estar construindo um campo de investigação. No capítulo que se segue, apresentamos os argumentos que sustentam a proposição do conceito-hipótese da potência subversiva do gesto criativo.

Parte II

Potência e criação

3. A hipótese da potência subversiva da criatividade

Sejam resolutos em não servir
e vocês serão livres
La Boétie

A clássica concepção freudiana de renúncia ao que emana do mundo externo (Freud, 1930/1969b), ou poderíamos também dizer submissão necessária ao processo civilizatório, atrelou, por oposição, a noção de insubmissão a uma poderosa quota de agressividade decorrente dos impulsos destrutivos. Nessa perspectiva de análise, haveria uma supervalorização dos aspectos educativos e adaptativos necessários à constituição subjetiva, importantes para a formação psíquica, mas pouco representativos no que concerne à complexidade que perpassa o desenvolvimento emocional da criança, sobretudo no que se apresenta por meio da experiência de criação.

No capítulo anterior, discutimos que o tema da agressividade relacionado à noção de insubmissão é um caminho necessário à análise dos processos de subjetivação na infância; mas ponderamos e tentamos argumentar que essa perspectiva de observação não deveria reduzir o ato de não se submeter unicamente ao caráter opositor ou reativo. Seguimos a trilha de Winnicott tomando como base, em especial, a sua concepção de criatividade, por nela encontrarmos um contraponto à via reducionista de interpretação do fenômeno que estamos definindo como insubmissão.

Winnicott (1975), ao afirmar que "a crença de que viver criativamente constitui um estado saudável, e de que a submissão é uma base doentia para a vida" (p. 95), problematizou como os aspectos ambientais podem suplantar os processos criativos e, por conseguinte, sua obra nos oferece um caminho de análise à tendência ativa contida no ato de não submissão saudável. Abre-se, assim, a possibilidade de reforçarmos a nossa hipótese, lançando outra pergunta: uma atitude insubmissa não conteria elementos fundamentais à expressão da atividade criativa da subjetividade?

Neste capítulo pretendemos delinear a estrutura do conceito-hipótese da "potência subversiva da criatividade", trazendo para a discussão como se organiza o núcleo teórico da questão. Para tanto, começaremos definindo as noções de submissão, subversão e transgressão, sobretudo a partir das conexões e possíveis articulações com a hipótese proposta. Em seguida, daremos uma breve leitura de Freud e Winnicott acerca da criatividade e suas relações com a potência, de modo a oferecer um mapeamento inicial do que seria a potência subversiva da criatividade. Por fim, apresentaremos os fundamentos psíquicos para a expressão da criatividade como potência subversiva, a partir de uma análise sobre as relações entre afetos e insubmissão, propondo pensarmos a noção de insubmissão psíquica como aquilo que modula a potência subversiva do gesto criativo.

Submissão, subversão e transgressão: notas gerais

A compreensão das raízes da submissão, bem como a leitura sobre a sujeição precisam ser consideradas na análise da constituição psíquica, especialmente porque o nosso intuito é a posterior compreensão da incidência desses fenômenos na infância. Para tanto, destacamos o reconhecimento de que nós, humanos, guardamos uma atração pela servidão, voluntariamente. Nossa liberdade, portanto, é relativa. No campo subjetivo, a disponibilidade ou não para a servidão a um outro é sempre uma opção tentadora como argumenta La Boétie (1576/2017) no seu *Discurso sobre a servidão voluntária.*

Nesse ensaio escrito no século XVI, La Boétie traz o questionamento sobre a posição de servidão diante de alguém que detém sozinho o poder. Questionando as razões da submissão, que ultrapassa a obediência e esfacela a liberdade, o autor apresenta como a servidão tende a se transformar num costume enraizado de tal maneira que passou a ser vista como natural àqueles que se sujeitam a um tirano. Para ele:

> *o primeiro motivo por trás da servidão voluntária é o costume. Os homens são como os mais leais cavalos, que inicialmente mordem o freio e depois passam a apreciá-lo; que primeiramente escoiceiam e logo exibem altivos o seu arreio, pavoneando-se sob sua barba. (p. 51)*

O mal da sujeição, portanto, ao nos distanciar da liberdade, seria promover ao mesmo tempo mudanças nos modos de subjetivação. Se concordamos que a disposição para a servidão está entranhada no humano, podemos dizer que a disposição para se submeter é também a atitude que se espera de uma criança diante do adulto.

A obediência vista como natural, dentro desta lógica na qual estamos imersos, leva a cultura e as famílias a uma postura absolutamente impaciente diante de crianças insubmissas. Elas tornam-se mais do que um desafio aos que dela se ocupam, provocando uma incansável busca por dispositivos de controle. Esta seria a razão pela qual a insubmissão das crianças tende a ser definitivamente mal interpretada. Crianças que não se submetem às ordens adultas, aos regimentos escolares, aos imperativos de alta performance costumam ser consideradas mais que difíceis, são vistas como doentes. Como diferenciar então o gesto de recusa ao domínio do outro sem tomá-lo por um viés antissocial ou opositor?

Questionando-nos sobre o vício de servir, seguimos ainda com La Boétie (1576/2017) quando apresenta a obediência aos pais como uma "imposição meramente natural" (p. 43). Ele explicita a dimensão natural como algo entranhado ao plano da cultura, ou seja, a obediência aos pais é esperada porque deles a criança depende, porque os ama e a eles deve servir. Contudo, uma contradição se apresentaria: como a servidão, vista como natural aos humanos, a busca pela liberdade também precisa ser tomada como um elemento da nossa natureza.

> *Pois bem, se todos os seres sencientes rapidamente constatam o mal da sujeição e a necessidade de liberdade, e se nem as bestas, mesmo sendo criadas a serviço dos homens, conseguem se acostumar a servir sem manifestar o desejo oposto, que terrível desencontro foi esse que tanto desnaturou o homem, único realmente nascido para viver em liberdade, e o fez perder a lembrança de seu estado original e o desejo de resgatá-lo? (p. 46)*

É sob essa questão que se coloca o conflito entre a amargura da servidão e as delícias da liberdade. Porque, de certo modo, podemos viver a amargura de ser livre, bem como as maravilhas de servir. Esta nuance torna-se ainda mais sutil quando, ao invés de lançar o olhar sobre os tiranos no plano social, deslocamos a servidão para o âmbito dos vínculos amorosos, em especial na infância. Em torno das crianças, poderíamos dizer que se acrescenta a essa dinâmica o elemento da vulnerabilidade biológica e psíquica, o que, por premissa, traz a marca da necessidade do outro cuidadoso. Sob a égide da educação e da transmissão de uma tradição familiar, pais e mães assumem o papel, que lhes é concedido por direito e dever, de direcionar seus filhos à voluntária servidão a sua autoridade, tornando-os subordinados.

As leituras sobre as práticas discursivas nos ajudam a avançar nesse paradoxo. Longe de empreender um estudo minucioso do tema, tarefa hercúlea para o momento, consideramos que a leitura de Michael Foucault e Judith Butler, no que se refere às teorias da sujeição, permite problematizar as incidências na vida psíquica das crianças diante da dominação adulta (seja ela de um só indivíduo ou de um representante institucional, como a escola).

Sobre essas contradições, nos diz Butler (2017):

> *Mas, consoante Foucault, se entendemos o poder também como algo que forma o sujeito, que determina a própria condição de sua existência e a trajetória de seu desejo, o poder não é apenas aquilo a que nos opomos, mas também, e de modo bem marcado, aquilo de que dependemos para existir e que abrigamos e preservamos nos seres que somos. (p. 10)*

Por essa razão, a subordinação é vista como necessária ao processo subjetivo, fundando o sujeito, que se submete ao poder de um outro, o que gradativamente possibilita a constituição de si. Nas palavras de Winnicott (1960/2007d): "há um aspecto submisso do *self* verdadeiro no viver normal, uma habilidade do lactente de se submeter e de não se expor" (p. 136). Essa afirmação se aproxima da proposição de "submissão obrigatória" de Butler (2017), quando ela demarca a condição contínua do vir a ser do sujeito, a saber, a subordinação ao poder. Sobre isso, a autora afirma:

> *Embora a dependência da criança não seja uma subordinação* política *de forma nenhuma, a formação da paixão primária na dependência torna a criança vulnerável à subordinação e à exploração, um assunto que tem preocupado o discurso político recente. . . . Se o sujeito jamais se forma sem o apego apaixonado a quem o subordina, significa que a subordinação é fundamental para o vir a ser do sujeito. (p. 16, grifo do original)*

O reconhecimento deste paradoxo nos permite afirmar que a ação das crianças, sua atitude diante do mundo, confunde-se com as raízes da submissão. Nesse sentido, se depende, de algum modo, do poder do outro para existir, o ato de resistência, compreendido aqui como insubmissão, abriria um campo de possibilidades interpretativas também. Sem negar a submissão obrigatória, tal como descrita, a postura de oposição por parte da criança nos permite questionar como a constituição psíquica é atravessada por essas incidências e de que maneira elas podem impactar, positiva ou negativamente, nos modos de ser e existir. O que nos permite, portanto, pensar a insubmissão, a desobediência e a subversão da criança não apenas como expressões transgressoras, mas também considerá-las como formas de vitalidade.[1]

Em seu livro *Desobedecer*, Frédéric Gros (2018) propõe-se a estudar as raízes da desobediência partindo do que chamou de raízes da obediência. O seu argumento reforça nossa tese de que a insubmissão – nas palavras dele, a desobediência – nos humaniza. Para o filósofo, a desobediência deve ser estudada "na perspectiva de uma ética do político. Falo aqui de ética, e não de moral" (p. 33). Sua empreitada destina-se, então, a transpor retratos psicológicos, relativizando no plano da cultura a obediência e a desobediência. "Por submissão entendo uma obediência de pura coerção: obedecemos àquele que tem nas mãos a arma ou o chicote, a força de decisão sobre a carreira e mesmo sobre a vida e a morte" (p. 38).

Assim, obedecer é um ato naturalizado diante do poder exercido por um outro que nos é superior, ou seja, é o reconhecimento da autoridade e a subordinação a ela. Aproximando-se das ideias de La Boétie, o autor também defende a obediência como um ato voluntário de servidão. E, para ilustrar o que chamou de estilo de obediência, lança mão da criança, presenteando-nos com esta passagem:

> *Obediência natural, ancorada nessa comunidade imanente, diríamos biologicamente constituída, da família. . . . Obedecer, então, não é mais sujeitar-se a uma imposição que obriga a suportar o insuportável, mas conformar-se docemente a essa ordem que põe cada um em seu lugar, é situar-se na vertical de uma harmonia*

1 Tomamos aqui emprestado de Ogden (2013) a palavra "vitalidade" (*aliveness*) como sinônimo de liberdade e espontaneidade criativa. Ele propõe que tanto a escrita analítica quanto a sessão analítica devam considerar o "esforço de criação *na* linguagem da experiência de vitalidade humana" (p. 23).

> *que traz felicidade. Agostinho chama essa ordem de* concordia ordinata. *Obedecer é encontrar seu verdadeiro lugar, lá se ordenar, lá se sentir bem. (p. 68)*

À criança restaria a doce obediência aos pais, por gratidão e deferência. Não se trata aqui de lançarmos um questionamento moral, posto que seria uma visão reducionista, tratando-se, então, de levar em consideração que a criação dos filhos é perpassada por estes valores enraizados e impostos à humanidade, para além do âmbito da vida privada. Se concordamos, não caberia tomar a atitude das famílias com suas crianças como incorreta ou de imposição equivocada, mas reconhecer que essa é uma ordem naturalmente prevista: os filhos devem obediência àqueles que a eles deram a vida. Mas seria essa obediência irrestrita? Como então relativizar a submissão das crianças, tomá-la numa perspectiva positiva e necessária, mas insuficiente? Como atribuir sentido valorativo no processo de subjetivação das crianças a uma atitude de desobediência à ordem, de insubmissão ao estabelecido?

Nosso argumento parte dessas questões para interrogar a insubmissão da criança enquanto ato voluntário e saudável, tanto de resistência quanto de subversão. O que nos permite formular a hipótese da existência de uma "potência subversiva do gesto criativo" como uma possibilidade de explicação da atitude insubmissa que decorre de um processo saudável de criação do *self*, diferente de uma rebeldia com feições de um funcionamento delinquente.

A proposição de considerar uma suposta potência de subversão do gesto criativo na infância ancora-se, portanto, na compreensão de que a vida psíquica das crianças é marcada por uma "potência de ação" (Charbonnier, citado por Castro, 2013, p. 23). Ela ganha vigor quando assumimos a herança winnicottiana de que a subjetividade infantil é marcada pela transicionalidade da experiência humana, cuja área de experimentação (Winnicott, 1975) é afetada mutuamente pela realidade interna (psíquica) e pela realidade externa (sociocultural), destacando a noção de criatividade primária. E a complexidade do tema se confirma ao admitirmos que o ato de subverter pode ser analisado a partir de duas vertentes interpretativas: uma que toma (1) a subversão sobretudo pela *via transgressiva* e outra que considera (2) a subversão como *ação*. Interessa-nos, em particular, essa segunda vertente de interpretação, porque ela possibilita uma abertura teórica para pensar a criatividade como potência subversiva, que decorreria da construção gradativa do modo de agir e de reivindicar a vida da criança saudável, ou seja, poderia ser tomada como parte do seu processo de amadurecimento.

A noção de subversão confunde-se em sua definição com a insubordinação a uma autoridade enquanto perturbação da ordem. Aquele que subverte, portanto, altera o estabelecido, por uma via destrutiva ou criativa. Diante dessa definição, encontramos os pontos de interseção entre a noção de subversão e o conceito de transgressão em psicanálise, que vão do reconhecimento da multiplicidade do próprio conceito à aproximação com os campos da estética e da ética.

> *O conceito de transgressão pode ser entendido como um movimento de rejeição da ordem existente e de criação do novo. Mas evoca também, na tradição psicanalítica, a transgressão da lei estruturante, associada ao conceito de perversão. . . . Em sua acepção mais ampla, transgressão significa violação da lei. . . . Esse sentido, como se sabe, não é alheio à teoria psicanalítica, porém não é o único que o conceito adquire nela. (Plastino, 2002, p. 13)*

Ao considerar a multiplicidade de interpretações para o conceito de transgressão em psicanálise, devemos incluir a problemática da normatividade que a circunscreve, já que a relação entre o registro da dinâmica psíquica e o registro da vida social é indissociável e fundamental para pensarmos os efeitos subversivos das ações. É nessa via que a crítica da normatividade enquanto instrumento de dominação deve ser pensada como forma de "deflacionar o peso teórico da transgressão, redefinindo-a como uma das características do ato ético" (Plastino, 2002, p. 14). Além disso, em psicanálise, subverter contempla ainda uma discussão sobre o sujeito que interroga as versões da filosofia e das ciências humanas. Não abordaremos essa discussão no momento, cabendo, entretanto, lembrar que:

> *o sentido da subversão do sujeito promovido pela psicanálise permite apontar para o problema que ela pretende tratar: ser uma clínica do fracasso dos processos identificatórios que serviriam de orientação no registro dos problemas éticos. (Calazans, 2004, p. 7)*

O reencontro com a dimensão ética na análise da subjetividade, portanto, é o aspecto que nos interessa no modo subversivo como a psicanálise trata as questões, especialmente por não pretender soluções, deixando em aberto o campo dos paradoxos.

Françoise Dolto (1985/2005), em seu livro *A causa das crianças*, aborda o que chama de autêntica subversão do discurso sobre a criança ao apontar que, apesar da importante relação entre pais e filhos, os pais não teriam nenhum direito sobre as crianças, mesmo que, paradoxalmente, tenham muitos deveres para com elas. Dolto acredita que há um combate particular que as crianças devem empreender em busca da saúde psíquica, uma luta contra as possibilidades de adoecimento, por falta ou excesso de cuidado dos pais. Nisso residiria, critica ela, a noção de infância alienada, protegida ao extremo. Para a psicanalista francesa, haveria uma força no grupo familiar e social que a criança sustenta: "Essa força, essa esperança de renovação vital que a criança representa, diríamos que os adultos recusam reconhecê-las, e que o que ela lhes lembra é subversivo" (p. 133). Nesse sentido, subverter corresponderia a essa forma de renovação vital promovida pelas crianças.

A fragilidade das crianças, enquanto seres em desenvolvimento, pode ser entendida como justificativa da subordinação, mas também como disposição para subverter. Subversão aqui entendida como disponibilidade psíquica para testar os acordos, interrogar pressupostos culturais, esgarçar limites pretendidos pelos pais ou mesmo agir na contramão da obediência irrestrita, criando espaço para existir.

De volta à problematização sobre a concepção de subversão que forja a interpretação do comportamento das crianças, devemos considerar que os caminhos de análise do fenômeno da insubmissão vão da leitura sobre a via destrutiva à via criativa da insubordinação. Um longo percurso apresenta-se na busca das raízes da insubmissão, portanto. Para iniciar essa trajetória, analisamos o fenômeno da insubmissão pelos seus efeitos: ataques às normas promovendo esfacelamentos de ligações e/ou ato de resistir, fazer oposição aos imperativos familiares e culturais. A análise do ato insubmisso na infância, que iniciamos no capítulo anterior, aproxima o debate conceitual do tema às teorizações sobre o viés transgressivo das ações, nos convocando a novas elaborações.

Pensada como polo criativo, de rejeição da norma, ou como expressão da perversão, a dimensão transgressiva tem sido tema de investigações teóricas no campo psicanalítico. Da proposição de uma genealogia da transgressão (Birman, 2008) à discussão sobre a transgressão criadora (Costa, 2002; Sousa, 2014), um vasto campo de pesquisa apresenta-se sobre o tema tanto na psicanálise quanto em outros saberes. O nosso desafio reside, aqui, em associar algumas dessas investigações psicanalíticas ao campo da pesquisa na infância, problematizando-as diante da nossa questão central.

Seguindo a lógica dos controles nas esferas privada e pública, cabe um breve levantamento sobre essa vertente interpretativa da insubmissão. É a partir da compreensão dos fundamentos dos comportamentos transgressivos que podemos assumir uma leitura de referência ou de contraponto ao que estamos chamando aqui para pensar a subversão da criança.

Ao apresentar os fundamentos para uma *genealogia da transgressão*, Birman (2008) parte da ideia comum de que transgredir diz respeito a ir de encontro a uma regra social. Para ele, as origens da transgressão não poderiam ser resumidas à noção de infração, precisando ser compreendida dentro da história ocidental. A partir das leituras de Foucault, para quem a morte de Deus transformou as relações com a lei simbólica, Birman, neste trabalho, faz uma breve trajetória sócio-histórica do conceito apontando o fato de que a perda da lei simbólica trouxe a exigência da criação de normas sociais, que incidiram tanto no discurso das ciências humanas quanto no das ciências naturais.

> *Estaria aqui então o duplo impasse teórico para conceber a problemática da transgressão como estando fundada numa suposta lei transcendental e ahistórica. Nessa perspectiva de leitura, o que se perde efetivamente são as marcas evidentes da normalização que estão presentes nas formas de subjetivação e nos seus critérios de verdade. (p. 94)*

O autor acena, assim, para o que chamou de impasse de se considerar a perspectiva transcendental e a-histórica relativa a uma lei, na medida em que ela se torna restrita às possibilidades de leitura dos diferentes processos de subjetivação.

Em outro trabalho, intitulado "Nas bordas da transgressão", Birman (2002) chamou de *potência da transgressão* aquilo que marca e delimita o funcionamento psíquico, tomando como referência dois polos: um transgressor e outro normativo. Para o autor, esta seria a proposição freudiana da subjetividade, ao mesmo tempo fragmentada e permeada por essa potência. Em suas palavras: "a psicanálise criou um paradigma de sujeito fundamentado na transgressão" (p. 53). Nessa leitura, o ato de transgredir não poderia nem deveria ser unicamente associado à esfera social e normativa, precisando ser tomado em sua dimensão constitutiva do psiquismo. A lógica do desejo e o encontro com as poderosas defesas do eu, quando associadas às exigências de normalização social, lançam a subjetividade num registro ético, cujos desdobramentos se mostram nos atos e nos gestos pelos quais se apresentam as subjetividades hoje.

> *O que está em pauta é uma ética com desdobramentos estéticos, sem implicações morais. O gesto transgressivo, portanto, é um ato ético propriamente dito, pelo qual a subjetividade, como diferença e singularidade, enuncia-se e materializa-se no mundo. (Birman, 2002, p. 60)*

Isso nos leva a reconhecer que as noções de subjetividade, ética e transgressão se atam num nó de possibilidades de análises à luz da psicanálise, reforçando a necessidade de tentar separar, pelo menos como esforço metodológico, o que estamos chamando aqui de transgressão. Seguindo a trilha do autor, acenamos para o fundamento transgressivo do psiquismo, que lança o sujeito desamparado na imprevisibilidade do desejo. Mas caberia ainda, na compreensão de Birman (2002), considerar que o gesto transgressivo também corresponde a uma busca de abolição, ainda que momentânea, do sistema normativo. Nesse sentido, o que resta ao analista diante desse paradoxo entre a servidão e a transgressão? Para o autor, o acolhimento dessa potência.

> *Em nome de quê? Para que a subjetividade possa se enunciar e se fazer presença concreta no mundo, em um estilo marcado pela diferença e pela singularidade, rompendo as amarras do sistema normativo e procurando se deslocar da posição de servidão. (p. 61)*

Essa dimensão paradoxal da subjetividade convoca a levarmos em consideração a perspectiva ética desse debate. Em "Criatividade, transgressão e ética", Jurandir Freire Costa (2002) propõe uma diferenciação entre *transgressão moral ética* e *transgressão moral não ética*, marcada, fundamentalmente, pelos efeitos que delas decorrem: produzir algo novo para o sujeito ou reproduzir o instituído. Destacando o elo, em princípio, indissociável entre ética e transgressão, o autor revisita textos de Freud e de Winnicott na tentativa de apresentar um breve percurso das relações teóricas entre o ato criador e a transgressão. Aponta como Freud apresenta a matriz da criação relacionando-a à concepção de fantasia e aproximando-a de uma função de barreira ao excedente pulsional. Em contrapartida, mostra como a leitura winnicottiana da criatividade promove uma nova perspectiva de análise das relações entre criação e transgressão, cuja teorização recusa a obrigatoriedade deste entrelaçamento. "Se em Freud o brincar e a obra de arte são meios de defesa contra as irrupções dos impulsos parricidas e incestuosos, em Winnicott são a condição *sine qua non* do interesse pela vida e do sentido de viver" (p. 72).

Compartilhando dessas ideias, reafirmamos as razões pelas quais o nosso argumento depende de uma teorização capaz de relativizar, à luz da psicanálise, a tomada de posição de que o ato transgressivo resulta, sobretudo, de uma expressão das defesas em termos pulsionais. Sem negar o reconhecimento dessa interpretação, assumimos filiação à obra de Winnicott, onde encontramos uma leitura que responde às ações transgressivas também pelo viés de uma discussão sobre a vida criativa, complexificando o processo de constituição psíquica e o consequente desdobramento das ações na infância.

Se, por um lado, Costa (2002) considera que as relações entre criatividade, transgressão e ética permanecem em aberto, por outro, autores como Plastino (2014) e Mizrahi (2010) apontam como a obra de Winnicott possibilita uma nova visão de liberdade e da ética como potencialidade, respectivamente. A experiência criativa, portanto, respeita a liberdade do *gesto espontâneo*, raiz do sentimento de ser livre. Por sua vez, o desenvolvimento da moralidade estaria associado à capacidade que o indivíduo adquire para confiar no ambiente, o que favorece também o desenvolvimento do senso ético.

Novamente as relações com o ambiente tomam a dianteira de mais um aspecto da vida infantil, exigindo, portanto, dos responsáveis uma atitude mais reflexiva sobre o agir das crianças. Para além da função egoica, que compreende uma eficácia específica na constituição da subjetividade, ao considerarmos que todo gesto (espontâneo) é portador de uma significação, voltamos nossa atenção ao papel da expressão criativa (gesto) na consolidação da experiência de constituição psíquica. Não estamos descartando que o gesto seja, em princípio, uma conduta estéril, contudo, devemos considerar que ele não é indissociável de sua intenção, tampouco desprovido de um alcance. Se assim for, para a compreensão do fenômeno subversivo na infância, devemos considerar mais do que o manifesto. Galard (2008) nos ajuda a esclarecer essa ideia quando afirma que:

> *a natureza particular do gesto subversivo requer um princípio específico de apreciação, levando em conta a novidade e a simplicidade dos meios empregados, a desproporção entre a iniciativa e suas repercussões, a desorientação e a anarquia resultante desse desequilíbrio, abrindo assim uma dimensão que não é redutível... (p. 63)*

Em psicanálise, considerar o não redutível implicaria levar em conta a dimensão inconsciente, que deve ser pensada em sua complexidade subversiva considerando o papel que desempenha na vida psíquica. Para Safra (2005), "o fundamento da criatividade humana se encontra na capacidade de agir" (p. 97), o que reafirma a necessidade de considerarmos a ação, seja ela subversiva ou não, como parte importante da fundação do *self* e da vida desejante. Nesse sentido, a face estética do *self*, tal como pensada por ele, vincula o ser no mundo à capacidade do indivíduo de se organizar e se constituir a partir das experiências vividas e sentidas.

Esta é também a compreensão de Rozenthal (2014) ao discutir um modelo de subjetividade conjugada no gerúndio. Descrevendo os obstáculos à constituição de si, o autor defende a noção de "modos de subjetivação", como pensada por Foucault, e a problematiza mostrando a abertura que o analista contemporâneo deve ter à sensibilidade dos afetos e às pequenas percepções. A importância da dimensão estética da clínica psicanalítica, portanto, implica dar destaque à noção de potência de si, favorecendo o argumento de que o estudo do tema traz importantes contribuições à psicanálise. Como nos lembra o autor: "Não há nenhuma identidade ou fundamento universal externo ou a-histórico que preceda o psiquismo e que detenha a potência de sua produção" (Rozenthal, 2014, p. 39).

Nossa hipótese reside na consideração de que a sua expressão tangencia a ideia de subversão, mas não se reduziria a ela. Nesse sentido, poderíamos dizer que toda subversão guarda uma potência, mas nem toda potência é, necessariamente, subversiva. Ela pode ser potência de vida, força vital, tendência à saúde, mas não necessariamente potencialmente subversiva. Aquilo que estamos tomando como potência subversiva resulta da consideração do que Winnicott chamou de "espaço potencial"; nos convoca a esclarecer que a suposição de uma potência subversiva precisaria ser pensada como contida na criatividade.

Para melhor apresentar os fundamentos de nossa ideia, faremos uma breve retomada das principais contribuições que referenciam nosso argumento a partir de Freud e Winnicott. Na sequência, apresentaremos o papel dos afetos na constituição de uma *insubmissão psíquica*.

Potência e criação: contribuições de Freud e Winnicott

A definição de criatividade nos parece, à primeira vista, tarefa comum e acessível. Seja na arte, na literatura ou mesmo no campo da clínica psicanalítica, diz-se que ser criativo é inovar, é ter atitudes de expressão rica; corresponderia à condição de originalidade ou ainda à capacidade de inspirar espírito inventivo. Tomado em sua dimensão positiva, portanto, o ato criativo costuma ser associado à habilidade de um indivíduo ou grupo de produzir efeitos de transformação no plano subjetivo e/ou na cena cultural em questão.

Sabemos que a psicanálise forjou um fértil terreno à pesquisa sobre o tema, especialmente quando destacou a complexidade do fenômeno criativo e o atrelou ao processo de subjetivação. Assim, problematizou a criatividade discutindo suas relações com o campo das fantasias, do brincar infantil e, sobretudo, com uma dimensão da experiência vivida, nos oferecendo uma nova leitura sobre os fundamentos da constituição psíquica e da própria experiência cultural. Longe de desenvolver uma genealogia da noção de criatividade no campo psicanalítico, aqui pretendemos apresentar as relações entre criação e potência com o propósito de esclarecer o conceito-hipótese que tentamos formular. Remarcando nossa filiação teórica no campo psicanalítico, as obras de Freud e Winnicott circunscrevem nossas referências para essa interlocução.

Para além dos impasses e contrapontos relativos aos conceitos de sublimação e criatividade, tomamos como ponto de partida a consideração de que, guardadas as devidas diferenças, tanto Freud quanto Winnicott se debruçam sobre a problemática da inserção do sujeito na ordem da cultura (Birman, 2008). Esse enunciado baseia-se no reconhecimento de que haveria duas proposições formuladas por Freud sobre a sublimação: uma primeira leitura que a define como saída pulsional (dessexualizada) aos imperativos civilizatórios, e uma segunda em que a sublimação deixaria de estar relacionada ao recalque. Birman (2008) resume:

> *enquanto na versão inicial a sublimação possuía uma caracterização ostensivamente negativa, pelas crescentes e disseminadas perturbações psíquicas que promovia nas individualidades em decorrência dos obstáculos impostos pelas exigências de civilidade à livre expansão*

> *da sexualidade, na versão final ela assume uma marca ostensivamente positiva, pois passa a promover a vida/civilidade em conjunto com o erotismo e em oposição ao movimento rumo à morte. (p. 20)*

Para o autor, o grande desafio desta transição teórica na obra freudiana teria sido desatrelar o processo sublimatório do recalque. A título de tornar mais sólida essa argumentação, citamos ainda três artigos de Freud cujas proposições consideramos contribuir para o reconhecimento dessas relações entre sublimação e cultura. Trata-se dos ensaios "O poeta e o fantasiar" (1908), "Leonardo da Vinci e uma lembrança da sua infância" (1910) e "Além do princípio do prazer" (1920), que, por razões diferentes, contêm definições freudianas sobre o ato criativo e permitem ler sobre o seu papel de inserir o sujeito na experiência cultural.

Em "O poeta e o fantasiar", traduzido anteriormente como "Escritores criativos e devaneios", Freud (1908/2018a) elabora uma exposição interessante sobre as relações entre a brincadeira, a fantasia e o devaneio. Ao analisar os fatores que conduziriam à formação de um escritor criativo, Freud se aproxima da ocupação favorita das crianças, o brinquedo e os jogos, formulando que toda criança se comportaria como um escritor criativo na medida em que a brincadeira emerge como uma criação própria, um mundo em que cabem todos os desejos infantis, mas que preserva a exterioridade da realidade. A fantasia levada a sério comporta uma relação opositiva com a realidade, apesar de guardar ligação com o mundo real. Ao fantasiar, o prazer estaria justamente em considerar a irrealidade do mundo; demarca-se, assim, a renúncia da atividade de brincar (difícil de ser mantida na experiência da vida adulta) e abre-se o campo do devaneio. O devaneio, ou o ato de fantasiar em segredo, é um deleite individual que substitui os jogos das crianças.

Essas formulações preparam o terreno para o relevo final do ensaio, quando, além de apontar os efeitos estéticos da literatura, Freud relaciona o brincar da criança como expressão da potência dos traços imaginativos. Em suas palavras: "a criação literária, como um sonho diurno, é uma continuação e uma substituição, a uma só vez, das brincadeiras infantis" (Freud, 1908/2018a, p. 63). Pode-se dizer, além disso, que neste texto Freud apresenta uma formulação de como a ação criativa pode resultar de uma oposição à cultura, correspondendo, portanto, a uma ação secundária. "Sou de opinião", continua Freud, "de que todo prazer estético, criado pelo artista para nós, contém o caráter desse prazer preliminar e que a verdadeira fruição da obra poética surge da liberação das tensões da nossa psique" (p. 64). Isso nos leva a ponderações sobre a criação como efeito secundário, e não como primária à constituição subjetiva.

Escrito em 1910, "Leonardo da Vinci e uma lembrança da sua infância" compreende uma tentativa de leitura da obra de um grande artista a partir sobretudo da sua vida emocional. Nesse ensaio, Freud também empreende um minucioso trabalho de investigação sobre a gênese da experiência de criação e suas relações com a infância, além de discutir as relações entre sexualidade, sublimação e o impulso dominante para a pesquisa. Segundo Kupermann (2003), a partir desse texto Freud assume o paradigma estético da criação artística ao:

> *conceituar a sublimação não mais como dessexualização pulsional, porém como um processo erótico que tem raízes nas experiências sexuais infantis, e que está referido sobretudo às vicissitudes encontradas pelas pulsões de ver e de saber no processo de desenvolvimento psíquico do sujeito. (p. 79)*

O que permite a Freud afirmar que na busca por conhecimento, na pesquisa, haveria um esforço sublimatório, portanto. Interessa-nos, ao citar essa passagem, o reconhecimento do caráter secundário do processo criativo na teorização freudiana.

Porém, é apenas em 1920, quando Freud escreve "Além do princípio do prazer", que ficará mais clara a economia psíquica envolvida no processo sublimatório. O ganho de prazer vinculado à repetição, bem como a natureza de processamento psíquico do ato de brincar participam da sua explicação. Pode-se dizer que aqui a brincadeira infantil alcança o estatuto de uma aquisição cultural, mediante uma criação inventiva sem definição de uma procedência única. Nas palavras de Freud (1920/2006): "Para estimular o valor afetivo desta brincadeira, é naturalmente indiferente saber se a criança mesma a inventou ou se foi estimulada para tal" (p. 142). O caminho à cultura estaria aberto, pois brincar pressupõe uma relação, uma renúncia à satisfação imediata. Pressupõe o compartilhamento de signos (afetivos, sociais, linguísticos).

Essa última citação de Freud, se pinçada, poderia ser tomada como o ponto de partida da transformação que Winnicott realizará sobre a concepção de criatividade aos olhos atentos da psicanálise. Sabemos da extensão das diferenças que se apresentam, mas explicamos: onde Freud diz que "é indiferente saber se a criança inventou ou foi estimulada para tal", Winnicott (1975) dirá "nunca formularemos a pergunta: 'Você concebeu isso ou lhe foi apresentado a partir do exterior?'" (p. 28). Freud não desenvolve essa afirmação, mas Winnicott parece extrair dessa ideia o fundamento da experiência criativa, aquilo que definiu como fenômeno transicional e a área de ilusão que a partir dele se forma.

Essa é uma das maiores contribuições do psicanalista britânico. Em sua obra a concepção de criatividade ganha novos contornos, na medida em que Winnicott extrapola a leitura do ato criativo propriamente dito e convoca-nos a reconhecê-la como uma condição para a experiência de existir. A primeira possessão não eu do bebê, o objeto transicional, representa a originalidade de sua hipótese principal: uma primeira criação do bebê, o seio imaginado.

Ao tomar o espaço transicional como potencial, o relevo da proposição winnicottiana passa a ser possibilidade de uma existência decorrente da experiência transicional: *entre* a mãe e o bebê, *entre* o interior e o exterior, *entre* o objetivamente percebido e o subjetivamente concebido. *Entre* o autoerotismo e a escolha de objeto, Winnicott considera a existência de uma área intermediária que contribui tanto à realidade interna quanto à externa. O bebê, cuja inabilidade inicial o aproxima daquilo que é objetivamente percebido, aos poucos encontra no estado intermediário a possibilidade de, pela ilusão de onipotência, constituir e controlar o seio, o que Winnicott chama de um "fenômeno subjetivo". Em suas palavras: "a mãe coloca o seio real exatamente onde o bebê está pronto para criá-lo, e no momento exato" (Winnicott, 1975, p. 26). Para ele, o centro do viver criativo tem origem com a ilusão do bebê. A origem da experiência cultural, localizada no espaço potencial, depende da experiência que conduz à confiança. O gesto criativo do bebê, fruto de um ambiente suficientemente bom, corresponde à constituição de um espaço potencial que possibilita a construção de uma área de ilusão e experimentação onde se localiza a brincadeira da criança.

O axioma winnicottiano é contundente:

> *Seja qual for a definição a que cheguemos, ela deve incluir a ideia de que a vida vale a pena – ou não – ser vivida, a ponto de a criatividade ser – ou não – uma parte da experiência de vida de cada um. . . . a criatividade é o fazer que, gerado a partir do ser, indica que*

> *aquele que* é está vivo. *Pode ser que o impulso esteja em repouso; mas, quando a palavra "fazer" pode ser usada com propriedade, já existe criatividade. (Winnicott, 1970/2011b, p. 23, grifos do original)*

Assim, para ele a criatividade traz um colorido particular à constituição psíquica, correspondendo a uma expressão inata e universal. Sua hipótese fundamental sobre o gesto criativo guarda relação direta com o que chamou de *maternagem suficientemente boa* oferecida pela mãe ao bebê, em outras palavras, com a função estruturante do cuidado. *Grosso modo,* diríamos que, mediante a provisão do ambiente, a criatividade primária alçaria voo diante da inscrição do sujeito na experiência cultural. O que significa dizer que o processo de subjetivação da criança guarda relações diretas com a experiência criativa, vivenciada já nas primeiras brincadeiras da díade mãe-bebê.

Por outro lado, em sua tentativa de localizar a experiência cultural, o psicanalista formulará a noção de espaço potencial como área intermediária entre o indivíduo e o meio ambiente. A mãe e o bebê veem-se numa encruzilhada entre o que é objetivamente percebido (seio da mãe) e aquilo que foi subjetivamente concebido (seio magicamente introjetado) (Winnicott, 1975), constituindo-se, então, o fenômeno transicional. Como escreve Ogden (1986/2015):

> *o conceito de espaço potencial de Winnicott é discutido em termos de uma série de relacionamentos dialéticos entre realidade e fantasia, eu e não-eu, símbolo e simbolizado, etc., sendo que cada polo cria, preserva e nega o seu oposto. Esse conceito talvez seja a contribuição mais importante de Winnicott à psicanálise e, ao mesmo tempo, sua ideia mais inatingível. (p. 5)*

Para o autor, o conceito permanece em parte enigmático diante da dificuldade de separar o significado de espaço potencial do sistema de metáforas fixadas a ele, o que o leva a propor que seja considerado o processo dialético como um paradigma para sua compreensão. Para Ogden (1986/2015), Winnicott propôs: "um espaço potencial entre mãe e bebê, que seja sempre potencial (nunca real) porque é preenchido com o estado da mente que incorpora o paradoxo nunca-desafiado: *O bebê e a mãe são um, e o bebê e a mãe são dois* (p. 159, grifos nossos).

É muito pertinente essa forma de leitura do psicanalista americano, pois não apenas nos oferece um olhar esclarecedor sobre essa noção tão fundamental ao processo dialético e seus paradoxos, como imprime uma marca diferencial daquilo que ele chamou de "unicidade invisível" da unidade mãe-bebê para a trindade mãe-e-bebê (como objetos simbólicos) e o bebê (como sujeito intérprete). Em suas palavras, explica que "o bebê é agora o criador e o intérprete de seus símbolos" (Ogden, 1986/2015, p. 160).

Além disso, sabemos que o "adubo natural" da criatividade faz florescer o brincar, que gradativamente se transforma em um brincar compartilhado, cujas experiências culturais vão promovendo mudanças psicológicas. Por essa razão, Winnicott afirmará que "o brincar conduz naturalmente à experiência cultural e, na verdade, constituiu seu fundamento" (Winnicott, 1975, p. 147). A ação criativa, sua evidência, é sinal de que algo novo se oferece ao sujeito em sua relação com o mundo, na medida em que lhe confere um sentido de existência. Esta pode ser vista como a consideração final das contribuições de Winnicott à questão da criatividade.

Nessa proposição, a criatividade pode ser entendida como uma condição de emergência para as fantasias, que se transformarão em ilusão, representando a experiência de onipotência. É a partir da díade mãe-bebê que os fundamentos dessas experiências se constituirão, pois os cuidados reais dispensados pela mãe nos primeiros anos são importantíssimos para a expressão do fenômeno transicional. Para Winnicott, sabemos, os fenômenos e os objetos transicionais são decorrentes do desenvolvimento da ilusão-desilusão, correspondendo a uma área intermediária entre os mundos interno e externo. Por isso, essa área define a primeira possessão não eu e tem a função de inaugurar a experiência de brincar (Winnicott, 1975).

A inscrição na cultura está posta. Independentemente da consideração de que a criatividade para Freud e Winnicott teriam origens diferentes – para o primeiro uma origem secundária (decorrente da renúncia imposta pela realidade) e para o segundo uma origem primária (inata) –, a entrada do sujeito na cultura parece inegável. O percurso que Winnicott empreende sobre a problemática da criação encontra conexão importante com o estatuto da potência, sobretudo tomando como referência essa formulação sobre o objeto transicional. Seguindo a trilha das suas ideias, compreendemos que:

> *se existe um verdadeiro potencial criativo, podemos esperar encontrá-lo em conjunto com a projeção de detalhes introjetados em todos os esforços produtivos, e devemos reconhecer a criatividade potencial não tanto pela originalidade de sua produção, mas pela sensação individual de realidade da experiência e do objeto. (Winnicott, 1990, p. 130)*

Na busca por uma definição do conceito de "potência" que favoreça nossa leitura, a inspiração em Winnicott nos encaminha para a noção de criatividade por ele formulada. Contudo, para nos debruçarmos sobre a constituição de uma potência subversiva do gesto criativo, ainda há questões a serem mais bem discutidas, especialmente aquelas que dizem respeito aos seus fundamentos subjetivos. Avançando nessa aposta, faz-se necessário, então, analisar o papel dos afetos na conquista da expressão insubmissa da criança e discutir como eles interferem, favorecendo ou dificultando, nos jogos de poder e negociação entre pais e filhos.

Fundamentos psíquicos: o papel dos afetos

Pretendemos pensar a potencialidade subversiva das crianças problematizando os pontos de articulação entre afetos, insubmissão e infância com ênfase no contexto da *constituição psíquica*. Não se trata, porém, de revisitar a concepção psicanalítica do afeto, tampouco de seguir pelo viés filosófico tomando como referência os chamados afetos e corpos políticos (Safatle, 2019), tarefas hercúleas para o momento, mas de analisar os afetos que participam da vida psíquica e a incrementam, constituindo as bases para uma potencialidade subversiva do gesto criativo.

Podemos iniciar essa reflexão nos perguntando o que há de novo nessa proposição, já que sabemos que os afetos (conscientes e inconscientes) são presença indispensável à constituição dos vínculos que nos fundam. Arriscaríamos responder que a novidade reside na análise do papel político da insubmissão da criança, ou seja, na tentativa de discutir a dimensão política dos afetos que participam do processo de amadurecimento, exatamente a partir dessa expressão infantil de resistência.

Para tanto, por um critério especulativo, elegemos o *amor*, o *ódio*, a *confiança*, a *capacidade de estar só*,[2] a *amizade* e o *humor* para essa discussão. Essa escolha justifica-se por considerarmos

2 Termo definido por Winnicott em artigo de 1958, intitulado "A capacidade de

que eles participam de maneira significativa dos rumos das ações insubmissas e podem oferecer um caminho para a análise pretendida. Para compor um conjunto de análise, chamaremos de afetos (ou estados afetivos) esses sentimentos (e emoções), aqui uniformizados pela disposição para promover ligação ou desligamento no contexto das relações infantis. Temos clareza de que essa opção pode parecer grosseira pelo amplo espectro de considerações que diferenciam os afetos (amor, ódio, confiança e "capacidade de estar só") das expressões afetivas (amizade, humor) resultantes do efeito da relação com o mundo. Mas apostamos que, ao agrupá-los pelo nome de *afeto*, estamos circunscrevendo a condição de agente modificador das relações que os define. A nossa justificativa, portanto, consiste em pensar a dimensão de *afetação* vivenciada pela criança a partir desses sentimentos e experiências.

Dos modos de recepção da família às diferentes maneiras de experimentação protagonizadas pelas crianças, um mundo de possibilidades se apresenta na infância como recurso diante da trajetória rumo à independência. Nesse processo, o cuidado é fundamento da subjetividade, promove espaço para a criação do sentido de existência e, ao longo da vida, define a condição de saúde psíquica. Fica evidente, então, o papel dos afetos como mola propulsora da constituição dos vínculos, permeando a vida das crianças como argamassa que sustenta a sua existência e molda as negociações de poder dentro das famílias e demais instituições.

Gostaríamos de propor que, se por um lado reconhecemos afetos que são alicerce para a constituição dessa potência a que nos referimos, cujo papel residiria em delinear uma moldura íntima na criança, por outro temos afetos que conferem uma disposição para o exercício público da potência subversiva do gesto

---

estar só", definido como "um dos sinais mais importantes do amadurecimento do desenvolvimento emocional" (Winnicott, 1958/2007a, p. 31).

criativo, uma espécie de efeito compartilhado. Por esforço metodológico, decidimos apresentar essas diferenças de papéis organizando os afetos listados em dois grupos intercambiáveis. Um grupo seria formado pelos *afetos de alicerce subjetivo,* encabeçados por amor, ódio e confiança. O outro corresponderia ao grupo dos *afetos mundanos*, representados pela "capacidade de estar só", pela amizade e pelo humor. Não pretendemos engessar essa divisão, tampouco tomar as emoções a partir de uma categorização normativa definitiva enquanto privadas ou públicas, porque não prescindimos da prerrogativa de que os afetos sejam capazes de circular livremente nessas duas esferas da vida. Esse caminho, portanto, consiste numa tentativa de valorizar as incidências afetivas no processo de amadurecimento, reconhecendo a sua importância na tonalidade da vida criativa.

Partindo do princípio de que as formas afetivas listadas exercem um papel de destaque na consolidação da potência subversiva do gesto criativo ao participarem da constituição do eu, defendemos que a vivência desses seis afetos (ou modos de afetação) repercute diretamente nos caminhos de assunção da potencialidade, oferecendo ou não à criança abertura para a subversão, a depender dos estilos de cuidado que ela recebe. Tentaremos apresentar nosso argumento.

Os diferentes modos de experimentação e fundação de um exercício livre da potencialidade subversiva da criança dependem da sua idade cronológica, do arsenal psíquico desenvolvido até então, bem como dos lugares e das pessoas com quem a criança compartilha sua potencialidade. Cabe mencionar ainda que, além dos processos de vitalização, os afetos podem provocar processos de desvitalização dos modos de ser (Ogden, 2013). Nessas ocasiões, em excesso ou escassez, a vivência de alguns afetos resulta numa experiência traumática, sobretudo quando dissociados de sentidos ou desmentidos. Não nos debruçaremos nessas formas de adoecimento, cabendo, mesmo assim, mencioná-las.

Afetos de alicerce subjetivo

Começaremos apresentando o primeiro grupo, formado por *amor, ódio e confiança*. Chamados aqui de *afetos de alicerce subjetivo*, eles são responsáveis por imprimir marcas profundas nas primeiras relações do bebê e da criança e, por essa razão, seus efeitos os elevam a uma posição de base na compreensão da potencialidade do gesto criativo. Para elucidar a presença da subversividade como potência, esses afetos despontam como atores importantes na constituição dos elementos necessários ao processo de subjetivação. Eles participam tanto da fundação de uma unidade (como uma espécie de argamassa psíquica) quanto da instauração gradativa da ambivalência já nos primeiros meses de vida do bebê, como observado no processo de elaboração da *posição depressiva* descrita por Winnicott (1954-1955/2000b). São afetos que contribuem para a formação de um caixilho subjetivo e favorecem modulações afetivas gradativas no psiquismo, como a conquista da ambivalência fundamental no processo de maturidade psíquica.

Tomado como afeto de fundação para o psiquismo, o amor é responsável por traduzir os gestos e as sensações do bebê, promovendo o início das relações intersubjetivas genuinamente conectadas. Não é difícil, então, descrever a sua importância enquanto afeto de *alicerce subjetivo* que participa da constituição de uma existência criativa. Decorrente da presença (física, percebida e/ou sentida), o amor experimentado no tempo primevo é responsável por promover uma atitude empática, capaz de inaugurar uma aura de confiança relacional. Seguindo a hipótese de "amor primário" elaborada por Balint (2014), podemos tomar o amor como uma "mescla harmoniosa interpenetrante" que torna a situação biológica do bebê uma condição psicológica, "uma mistura complicadamente interpenetrável de feto e 'entorno-mãe'" (p. 81). Configura-se, então, como um terreno fértil para as vivências genuínas dos agentes de cuidado com o bebê, e seus efeitos podem ser observados, por exemplo, na loucura materna primária (Winnicott, 1956/2000c), bem como nas demais formas de cuidado, experimentadas a cada nova idade da criança. Quando os gestos deixam de ser unicamente percebidos, passando a ser significados nas primeiras relações entre a mãe e o bebê, transformam-se em ações que oferecerão, por sua vez, um terreno para a experimentação dos afetos vindouros.

Como não está dado, o amor acontece às custas de um estado psicológico de dedicação extrema às exigências do bebê, uma disposição chamada por Winnicott (1956/2000c) de "preocupação materna primária". Portanto, é preciso que lembremos que esse estado especial materno, supostamente natural, não acontece sem que um contexto o possibilite, subjetiva e objetivamente falando. Isso nos remete à tese do "mito do amor materno", proposto por Élisabeth Badinter (1985), para quem:

> *Esse sentimento pode existir ou não existir; ser e desaparecer. Mostrar-se forte ou frágil. Preferir um filho ou entregar-se a todos. Tudo depende da mãe, de sua história e da História. Não, não há uma lei universal nessa matéria, que escapa ao determinismo natural. O amor materno não é inerente às mulheres. É "adicional". (p. 365)*

Nesse sentido, reafirma-se que a conquista do amor na relação mãe-bebê não obedeceria à lógica natural, posto que esta não existe sem a experiência cultural e social da mulher. Como psicanalistas, somos convocados a não incorrer no equívoco de naturalizar a sua realidade, portanto.

Lembramos ainda que a presença do amor não nega a existência do ódio na constituição psíquica, afeto cuja trama é complexa e paradoxal. Compartilhamos, portanto, da tese de Neuma Barros (2013), para quem o ódio pode agir em sua face destrutiva ou assumir uma versão de protagonista na constituição do psiquismo e na afirmação do sujeito. Se o ódio exerce tensão nas ilusões e incertezas dos vínculos que se iniciam, além de participar ativamente das origens da agressividade, ele também agiria como um motor para a busca de uma diferenciação diante da dependência avassaladora (inicial e permanente) do amor. Estaríamos diante de mais um *afeto de alicerce subjetivo.*

A força do ódio e sua posterior abertura para uma atuação como potência a subverter podem ser inferidas a partir do reconhecimento da condição impiedosa do bebê diante da mãe e da subsequente tentativa de confirmar que, mesmo sendo capaz de odiar genuinamente, esta não costuma retaliar. Nas palavras de Winnicott (1947/2000d), "ao que parece, a criança poderá acreditar que é amada somente depois que conseguir sentir-se odiada" (p. 283), ou seja, o ódio pode ser tão estruturante quanto a própria presença do amor; com a diferença de que os sentimentos mobilizados pelo ódio devem, apesar de provocar emoções intensas, levar a uma reação de não retaliação por parte do adulto. Não se trata, portanto, de negar o ódio, mas justamente de poder afirmá-lo, sem vinganças ou expectativa de recompensas, para assim conferir as bases para uma constituição psíquica integrada.

No que tange ao fenômeno insubmisso, o ódio pode ser descrito como um afeto de tração permanente, que promove ambivalências nas relações, mas que também expõe de forma preciosa a força dos afetos negativos. Isso nos leva a supor, considerando essa proposição sobre o papel do ódio, que outros estados emocionais que também desencadeiam ódio nas relações criança-adulto podem ser analisados a partir de sua referência. Seriam eles a teimosia, a desobediência e o comportamento de insubmissão, por exemplo. Seguindo esse caminho, então, apostamos que a criação e a integração do ódio e de estados emocionais negativos podem promover na criança, ao encontrar um ambiente suficientemente capaz de suportar sua expressão, uma genuína relação com os seus afetos e relacionamentos, o que solidifica a condição de integração de si. Essa, então, nos parece mais uma defesa em torno do papel criativo das ações insubmissas na infância.

Outro afeto de *alicerce subjetivo* que merece a nossa atenção é a confiança. Apesar de ser fruto das experiências amorosas iniciais da criança, a confiança não se resume a elas. Sua construção tem início num movimento interno do bebê, mas modela seu ritmo no tempo e no espaço, dependendo das oscilações do entorno e do próprio processo de amadurecimento da criança. A confiança, portanto, traz sentido e horizonte para os que dela desfrutam, confere contorno para a integração inicial do bebê e favorece a apropriação corporal como unidade à medida que as conquistas subjetivas vão se processando. Para Winnicott (1954-1955/2000b), a unidade egoica depende, desde o começo, "da simplicidade estável e confiável do ambiente" (p. 360), o que nos faz lembrar que não há uma forma única de confiar, assim como não há como definir confiança senão a partir do reconhecimento da pluralidade de formas que ela pode se apresentar e ser experimentada nas relações.

Analisando as condições sociais e psíquicas para *confiar* a partir das contribuições de Balint, Winnicott e Green, no campo da clínica psicanalítica, e de A. Giddens, no campo da sociologia, Figueiredo (2007) propõe que poderíamos considerar a existência de três modalidades de confiança. Definiu como *confiança primordial* a preconcepção vazia pela expectativa de encontro com o objeto suficientemente bom; chamou de *confiança primária* a preconcepção que se realiza pela vivência da internalização desse objeto; enquanto a *confiança madura* corresponderia à capacidade de manter essa função (objetalizante) mesmo diante da ausência de objetos confiáveis. Essas três formas de confiar, nos diz o autor, Anthony Giddens denominou *segurança ontológica* (Figueiredo, 2007, p. 82). Para além das ricas contribuições dessa leitura, a conclusão do artigo é que não podemos falar em confianças sem considerar as desconfianças que elas presentificam e, sobretudo, se não pudermos ainda reconhecer o campo das incertezas, diante da dialética confiar-desconfiar, tão necessária para uma existência não idealizada. Nisso reside, pensamos, a complexidade desse afeto.

Apesar de o amor colorir os vínculos de confiança, não traz garantias, nem certezas. Amar não é garantia para confiar, tampouco a confiança é atributo unicamente do amor, o que nos permite dizer que para amar é preciso certa dose de confiança e para confiar, paradoxalmente, é preciso receber o gesto amoroso das relações e do ambiente. Se, por um lado, o amor pode resultar de uma capacidade empática, por outro, ele não é necessariamente decorrente de um sentimento grandioso de zelo pelo outro. Nesse sentido, pensamos poder afirmar que, para expressar sua potência de subversão, a criança precisa experimentar uma confiança em si, gradativamente apurada na infância. Como resume Winnicott (1968/2011c): "a palavra-chave no que tange ao lado ambiental (correspondendo à palavra 'dependência') é 'confiabilidade' – confiabilidade humana e não mecânica" (p. 49).

O paradoxo, lembramos, é que a conquista dessa etapa resulta de um estabelecimento mínimo da confiança anterior, uma confiança de alicerce, mediada pelas relações intersubjetivas e pelo entorno do bebê, cuja potência criativa encontra-se ainda sob certa reserva, isto é, a conhecemos a partir de alguns gestos do bebê, mas não em sua maior expressividade. Essa reserva, observada em alguns sinais do bebê, é difícil de ser notada por completo justamente porque depende da maturidade motora e dos investimentos psíquicos que ele receberá a cada dia; depende ainda do amor que recebe, da segurança, do ritmo que o ambiente imprime e, sobretudo, da sobrevivência dos objetos amados aos ataques odientos do bebê. Por essa razão, a potencialidade subversiva do gesto criativo *do bebê* jamais poderá se expressar da mesma maneira que a potencialidade subversiva do gesto criativo *de uma criança*. Elas apresentam diferenças relativas à condição de maturidade psíquica, variável não apenas de acordo com a idade cronológica, mas em termos dos recursos psíquicos de que cada criança dispõe. Isso nos leva a reafirmar que a potencialidade política da criança, em sua versão pública, guardará a mesma lógica, ou seja, a criança reivindicará voz, lugar social e poder de negociação nas relações íntimas e/ou sociais de acordo com a sua idade e do arsenal psíquico que contém.

Assim, podemos dizer que a potencialidade subversiva a que nos referimos resulta das experiências de segurança desenvolvidas a partir dos afetos de *alicerce subjetivo*, mas, aos poucos, ganha contornos cada vez mais complexos. A confiança é a base para uma apropriação do sentido de existência por parte do bebê, cujo sentido de si corresponde à condição de sentir-se real, mas tende a ser remodelada assumindo também um papel de sustentação processual. Essa ideia de uma base fixa, com características de modelação processual, será fundamental para que a potência subversiva do gesto criativo encontre um caminho para sua expressão. Esquematicamente, diríamos que, a partir da gradativa integração psíquica, segue-se uma força de expressão criativa, que, por sua vez, produz uma abertura à consolidação da potência subversiva – ainda indefinida, mas presente em reserva. Ela vai se configurando como um esforço contínuo para exercer uma resistência ativa ao assujeitamento do outro, depois das famílias e do mundo.

Em nossa compreensão, podemos dizer que, com o tempo, a confiança tende a ultrapassar a função de *afeto de alicerce da subjetividade* e se apresenta como elemento de sustentação da potência subversiva da criança, ou seja, assume a função de incidir enquanto suporte para a apropriação de uma posição afirmativa de si e de uma experimentação da realidade tal como ela é, sem que isso provoque a desintegração psíquica para a criança. Estaríamos diante do que Figueiredo (2007) chamou de *confiança madura*, que:

> *comporta a capacidade de avaliação de riscos e perdas motivados pelus insuficiências dos objetos e pelas inaptidões do sujeito. Ou seja . . . supõe a ultrapassagem das posições esquizo-paranóide e depressiva em que as desconfianças correspondentes afloram com facilidade. (p. 81)*

Seguindo caminhos diferentes, em circunstâncias de desintegração psíquica ou experiências profundamente traumáticas, acreditamos que a potência subversiva do gesto criativo tende a mostrar-se frágil ou inibida, resultando em pobreza e aparente inexistência de ação insubmissa. Não discutiremos aqui os pormenores, restando-nos afirmar que a completa ausência da potencialidade, nesses casos, é algo a ser descartado, pois fere a concepção de criatividade que nos norteia.

O reconhecimento de uma potencialidade subversiva do gesto criativo atuado, como tentamos demonstrar, pela insubmissão da criança nos leva a constatar que tanto as formas de negociação constituídas pelos adultos que exercem autoridade na vida da criança quanto os modos de exercer poder sobre elas tendem a ser sobredeterminados pelo manejo dos afetos que circulam. Aqui entra em cena o outro grupo de afetos, que nomeamos de *afetos mundanos*, na medida em que não se restringem aos vínculos experimentados nas relações íntimas do bebê. Esses afetos, então, reafirmariam a condição subversiva da potência do gesto criativo, acenando para sua interface entre o público e o privado. Com isso queremos dizer que, ao pensar na infância, com suas demandas e seus desafios próprios, precisamos levar em consideração o papel dos afetos no governo ou desgoverno das crianças. Isso inclui as relações de submissão e insubmissão que circulam entre pais, filhos, avós, educadores e sociedade em geral. Vejamos agora o outro grupo de afetos que participa desse processo.

Afetos mundanos

Designamos *afetos mundanos* os sentimentos e as disposições afetivas que resultam de uma conquista psíquica dentro do processo de amadurecimento da criança e que têm como função, entre outras, favorecer a experiência criativa e ativa diante do mundo. Para discutir os fundamentos afetivos que podemos destacar nas negociações e nos jogos de poder na infância, apresentamos a ideia de que é por meio desses afetos, sobretudo da "*capacidade de ficar só*", da *amizade* e do *humor*, que podemos encontrar um destino para os investimentos relacionais que se desdobram *na* ou *pela* insubmissão. Pensamos que a subversão consiste aqui na própria criação que, quando introjetada pela criança, desabrocha como efeito nas experiências com o mundo.

Cunhamos o termo *mundano* em referência à ideia de que os afetos que se apresentam nesse momento guardam relação com as disposições de mundo que o bebê conquista, especialmente, a partir da elaboração da posição depressiva. Aos poucos, essa condição de separação materna também confere espaço para afetos diferentes circularem, participando do processo de subjetivação da criança e nos levando a reconhecer neles uma função importante na formação da potência subversiva do gesto criativo. Vejamos.

Como ponto de partida para explicar a nossa ideia, tomamos a noção winnicottiana de solidão acompanhada – definida como "capacidade de ficar só" (Winnicott, 1958/2007a) –, porque nela encontramos uma das mais importantes conquistas da criança para a consolidação de sua autonomia e sua liberdade. Para o psicanalista britânico, a criança que já é capaz de brincar sozinha na presença do outro conquistou um amadurecimento que representa uma ruptura criativa do elo fusional do início, sem absolutamente negar o papel da dimensão intersubjetiva para essa apropriação de si. No momento em que a criança é capaz de se desconectar de quem dela cuida sem se desorganizar (psiquicamente falando), podemos supor que há uma confiança básica constituída. Para transformar gestos espontâneos em criação, subjetiva e objetivamente falando, é preciso que a criança tenha ultrapassado a dependência absoluta e suporte brincar com a presença-ausência adulta, sem angústias avassaladoras. "A capacidade de ficar só é um fenômeno altamente sofisticado e tem muitos fatores contribuintes. Está intimamente relacionada com a maturidade emocional", como explica Winnicott (1958/2007a, p. 37), e é uma das mais ricas conquistas do processo de amadurecimento emocional do indivíduo. A ideia por ele apresentada mostra-se ao mesmo tempo interessante e paradoxal na medida em que, para ser alcançada, depende de um suporte real concedido pelo ambiente. A afirmação "eu estou só", nos dirá Winnicott, aponta a integração egoica, o que representa não apenas unidade, mas a organização de uma personalidade e de um sentido de existência.

Essa concepção, segundo Mizrahi (2010), apresenta uma proposição peculiar no que diz respeito à constituição da autonomia e da liberdade, uma vez que a separação do indivíduo em relação ao meio se daria "em ligação". Nas palavras da autora: "A autonomia libertadora do indivíduo em relação ao social não nasceria assim por oposição à sua ligação com este, mas, ao contrário, a partir de sua firme ancoragem em contextos que lhe ofereçam os suportes necessários" (p. 102).

A tarefa envolve, portanto, integração psíquica (condição para a brincadeira), apropriação subjetiva, criação de si e, especialmente, uso de sua potencialidade para subversão, praticamente nessa ordem, mas sem linearidade rígida. "Estar só na presença do outro" é a primeira ação política de subversão que denota toda a potência do gesto criativo. Pensamos poder afirmar que essa ação é uma das primeiras formas de insubmissão da criança e sua força política reside, justamente, em apresentar ao adulto uma abertura desejante para o exercício da liberdade por parte do bebê e, na sequência, da criança. "Embora o sujeito possa ter internalizado um bom cuidado ambiental a partir de suas primeiras relações", propõem Mizrahi e Garcia (2007),

> *essa conquista precisa continuar sendo alimentada por objetos que, mesmo na maturidade, não o ameacem quando são repudiados. Podemos, então, pensar na necessidade de um suporte social consistente, que permita uma manifestação segura desse ódio potencialmente criativo na esfera coletiva e no trabalho, sem que isso implique uma ameaça permanente de abandono e ruptura nas relações. (p. 276)*

A capacidade de ficar só, portanto, é resultado de uma experiência bem-sucedida de cuidados e de confiança nas relações com o mundo, mas não pode ser reduzida a elas. Para as autoras, essa noção winnicottiana mostra-se como um contraponto ao ideal contemporâneo de autonomia absoluta na medida em que torna visível a condição de transicionalidade entre a dimensão subjetiva e os espaços coletivos. Nesse sentido, a autonomia não seria cerceada, mas facilitada pelas proteções do ambiente, uma vez que os modos de liberdade pessoal estariam significativamente relacionados ao suporte social que condiciona a autonomia. Se "a liberdade individual não contradiz mas, ao contrário, depende da força dos vínculos" (Mizrahi & Garcia, 2007, p. 272), o papel das amizades, especialmente na infância, demonstraria a complementaridade entre indivíduo e sociedade.

Iniciados na comunicação afetiva íntima com a mãe (verbal e não verbal), os laços de confiança tendem a se alargar, extrapolando a cena privada e adentrando nas relações mundanas da criança. Configura-se, assim, uma abertura para novos modos de vinculação afetiva e modulação dos laços sociais, nos remetendo imediatamente a relativizar as formas de autonomia idealizada. A independência, que nunca se faz definitiva, corresponderia à capacidade "de se defrontar com o mundo e todas as suas complexidades, por ver aí, cada vez mais, o que já está presente dentro de si própria" (Winnicott, 1963/2007g, p. 87). Esse alargamento da vida social da criança é, sabemos, permeado pelas experiências de amizade, que agora entram no bojo de nossas considerações e nos fazem pensar os seus efeitos no processo de subjetivação da criança ao longo de seu percurso rumo à independência.

Tomada aqui como outro exemplo do que estamos propondo como *afeto mundano*, que expressa a potencialidade política da criança, propomos pensar a noção de amizade na infância. Esse tema poderia nos render muitas páginas pela sua profundidade conceitual e filosófica, mas, sem perder de vista a importância dessas elaborações, nos restringiremos a discutir seguindo uma linha de análise em defesa da nossa proposição de que a amizade se configura como um elemento interessante para analisar a experiência de liberdade na infância.

Para nós, a condição de usufruir da própria potência subversiva do gesto criativo em prol da sobrevivência psíquica e de uma existência livremente criativa resulta também de uma conquista decorrente das experiências de amizade entre as crianças. Não negamos o papel da autoridade familiar na formação infantil, mas pretendemos destacar que a possibilidade de subverter o adulto, seja ele autoritário ou não, atesta a importância de analisar os modos de contestação encontrados pela criança e sinaliza uma abertura para a insubmissão nos termos que estamos definindo. Resistir a um adulto autoritário, entretanto, por mais doloroso que possa parecer, pode ser mais aceitável para algumas crianças do que o próprio silêncio. Pensamos que é nessa brecha que separa a criança do adulto, espaço que ratifica a assimetria entre eles, que a amizade ganha fôlego para sua expressão criativa, seja a partir das amizades intrafamiliares, como no caso dos irmãos, seja nas relações extramuros (de casa), como os primos, os amigos da escola, da rua, do mundo. Segundo Montaigne (1987):

> *Nas relações entre pais e filhos é mais o respeito que domina. A amizade nutre-se de comunicação, a qual não pode estabelecer-se nesse domínio, em virtude da grande diferença que entre eles existe, de todos os pontos de vista; e esse intercâmbio de ideias e emoções poderia, por vezes, chocar os deveres recíprocos que a natureza lhes impôs, pois se todos os pensamentos íntimos dos pais se comunicassem aos filhos, ocorreriam entre eles familiaridades inconvenientes. Mais ainda: não podem os filhos dar conselhos ou formular censuras a seus pais, o que é, entretanto, uma das primeiras obrigações da amizade. (p. 243)*

Nessa perspectiva, a condição para ter amigos corresponde a um novo formato de circulação afetiva para as relações intersubjetivas já desde a infância; as amizades ultrapassam a interação inicial do núcleo familiar, sem aniquilar os afetos dirigidos aos pais. A amizade, então, oferece a opção de um compartilhamento horizontal dos afetos, ao mesmo tempo que promove um deslizamento das experiências amorosas que começam a se ampliar. Nessa ampliação reside o núcleo da nossa ideia de que, sendo modelo para liberdade, a amizade ensejaria a força da potência criativa, subvertendo a lógica hierárquica que fundamenta as relações autoritárias e promovendo uma abertura para diferentes formas de vinculação por meio da horizontalidade (pretendida) nas relações entre amigos.

A aposta de Francisco Ortega (2002) ao propor uma *genealogia da amizade* é que "talvez seja o momento de apostar em outras formas de sociabilidade, tal como a amizade, que, não substituindo a família, possam coexistir com ela, e fornecer um apoio material, emocional e cognitivo que permita uma superação solidária dos riscos" (p. 161). Podemos dizer, portanto, que a criança lançaria mão das amizades também para se constituir criativamente, seguir na busca de novos modelos identificatórios e exercitar (de maneira simétrica, assim se espera) os jogos de poder com as crianças de seu convívio. Ao assumir outras formas de relacionamento para além da família, a criança pode encontrar nos amigos o vínculo social que ampliará seus laços com o mundo. É o início de uma longa e rica jornada de negociações que começa pela brincadeira e segue pela construção de encontros em condomínios ou ruas, grêmios, equipes do esporte preferido, excursões e passeios escolares. Pensamos poder definir uma potencialidade política das crianças advinda desses vínculos, especialmente por concordarmos que, "intensificando nossas redes de amizades, podemos reinventar o político" (Ortega, 2002, p. 162).

E, por fim, gostaríamos de propor o humor como uma vertente mundanamente criativa que parece arrematar a apresentação dos afetos que contribuem para a consolidação da potência do gesto criativo na infância em sua forma política, nos fazendo tomá-lo emprestado para essa argumentação. A nossa inspiração para a formulação de que o humor apresenta uma disposição para a rebeldia e uma crítica à idealização tem sua origem no texto "O humor", em que Freud (1927/2018b) defende que, além de um ganho de prazer, o humor corresponde a uma postura psíquica com características de liberdade:

> *O humor não contém apenas algo de libertador, como no chiste [*Witz*] e no cômico [*Komik*], mas também algo de extraordinário e elevado, cujos traços não são encontrados nos dois outros tipos de ganho de prazer a partir de uma atividade intelectual. O extraordinário está ligado, claramente, ao triunfo do narcisismo, à afirmação vitoriosa da invulnerabilidade do eu. (p. 275)*

A possibilidade, portanto, de tomar o humor como uma saída vitoriosa diante da vulnerabilidade que nos é peculiar acena não apenas para a potência humana criativa, como para o papel sofisticado dessa criação, que envolve, *grosso modo*, o afastamento dos afetos geradores de sofrimentos. Essa citação fala ainda da atividade intelectual favorecendo essa condição humorística e, sabemos, a atividade intelectual é também uma conquista no processo de subjetivação da criança, restando-nos aqui apontar o elemento libertador, destacado por Freud. Este nos parece ser um excelente argumento para a proposição de que o humor, já na infância, resulta de uma apropriação do eu (da própria potencialidade subversiva do gesto) enquanto criação.

Ao ser tomado como "triunfo do eu" ou, mais precisamente, do supereu, o humor é colocado como uma postura resultante dos modos de organização psíquica; para uns um dom, para outros nem tanto. Se "o Super-eu, ao provocar a atitude humorística, está efetivamente rejeitando a realidade e servindo a uma ilusão", como nos diz Freud (1927/1969c, p. 268), somos então levados a pensar que há um processamento que se efetua para conquista da postura humorística, que, por sua vez, será consolidada a depender dos modos de relação afetiva na infância.

A leitura de Winnicott (2011d), por sua vez, reconhece que "pode-se detectar um senso de humor na saúde mental como parte da capacidade de brincar, sendo o senso de humor uma espécie de jogo de cintura na área de organização das defesas" (p. 240). Para ele, então, o humor aproxima-se, em características e função, da brincadeira infantil, já que ambos mobilizam um jogo criativo intermediado pelo espaço formado entre duas pessoas. Seus efeitos trazem a marca de uma retirada da experiência real a partir da ilusão que costuma proteger aquele que brinca ou ri (faz piada) dos sofrimentos que lhe assolam. No clima de "tudo pode na brincadeira" ou "é apenas uma piada", vemos a criança exercitando uma face de sua potência subversiva, a partir da recusa aos imperativos idealizados e da experimentação de desobediência a normas, regras ou interdições.

Voltando ao texto de Freud (1927/1969c), lemos que, por sua característica "não resignada, mas rebelde"[3] (p. 191), o humor

3 Na tradução de Ernani Chaves do texto freudiano, a palavra *trotzing* (*Der Humor is nicht resigniert, er ist trotzing* – escrita original dessa frase) não foi traduzida como "rebelde", mas como "consolador", o que inicialmente parece modificar significativamente o sentido aqui apresentado: "O humor não é resignado, é consolador..." (Freud, 1927/2018b, p. 275). Contudo, também traduz o sentido inicial de Freud, por se aproximar mais do significado habitual da palavra alemã, na medida em que rir de si mesmo é também um consolo.

permite ousar. Nas crianças, entretanto, a apresentação do humor, sobretudo no início, não se faz de modo tão claro como para os jovens e os adultos. Pela própria imaturidade psíquica e intelectual, os ditos e gestos infantis que provocam riso costumam decorrer de uma postura ousada ou insubmissa da criança diante da autoridade, que elas insistem em desafiar. A ousadia, aqui também tomada como elemento representativo da potencialidade subversiva do gesto criativo, implica a possibilidade de (re)criação a partir de um gesto insubmisso que resiste ao sofrimento, tal como a definição freudiana do humor. A rebeldia firme da criança, que tende a ser risível, posto que contém uma ousadia ou resistência precoce, apresenta-se inicialmente sem intencionalidade, sendo apenas a partir do encontro com a resposta externa de riso (contido ou não) que a criança parece encontrar mais uma via para sua experimentação rebelde. Seria exatamente pela resposta inesperada de riso, por parte do adulto, que a criança, aos poucos, vai se tornando capaz de ousar rir e fazer rir, passando a uma apropriação gradativa de si por meio do humor. Noutras palavras, gesto espontâneo e humor selariam uma abertura para uma face do brincar, fazendo-nos supor que há uma potência subversiva no recurso do riso, que se apresentaria como mais uma via para a criança se afirmar.

A ousadia do riso é tema do importante trabalho de Kupermann (2003) sobre humor e criação em psicanálise. Nele, o autor retoma a obra freudiana ampliando as teorizações sobre a

---

Por sua vez, vale destacar que o uso da palavra "rebelde" na tradução citada aqui tende a valorizar outra possibilidade semântica, quando o adjetivo alemão *trotzing* é utilizado para, por exemplo, falar de uma criança que "não aceita uma ordem" ou é "cabeça-dura". Isso enfatiza a conotação "rebelde" (ou insubmissa) delas, reafirmando o humor como uma disposição afetiva que participa da conquista de um gesto criativo e autônomo. Agradeço a Gabriel Loureiro pela tradução do original em alemão e pela demonstração das sutilezas semânticas da palavra utilizada por Freud; sem isso, não teria sido possível destacar a complexidade e a riqueza da frase em questão.

sublimação e a criação, a partir de uma minuciosa discussão da metapsicologia do humor que considera suas dimensões éticas, estéticas e políticas. Interessa-nos, em particular, a apresentação sobre o papel do entusiasmo na política do humor, quando Kupermann relaciona o prazer coletivo como prazer político (uma vez que produz um afeto que precisa ser partilhado), discutindo algumas das formulações sobre o "esclarecimento" (*Aufklärung*) em Kant e retomadas por Foucault. Citando-o por extenso:

> *O entusiasmo revolucionário, entendido como a disposição coletiva de não mais se sujeitar aos imperativos ditados pela figura divinizada do rei representa, portanto, a dimensão política do processo de esclarecimento que se contrapõe à menoridade; ousar saber é também ousar poder – e, claro, ousar rir. Por outro lado, o equivalente sócio-político da menoridade do indivíduo (Kant) ou do masoquismo feminino e moral (Freud) é exatamente a modalidade de laço grupal que depende, para a sua coesão, do empobrecimento do sujeito alienado na ilusão do amor equânime por parte de uma figura idealizada do líder (rei,* Führer *etc.), ou seja, o grupo e a massa escrutinados por Freud . . . (Kupermann, 2003, p. 156)*

A noção de esclarecimento kantiano nos é apresentada aqui como uma possibilidade de interpretação para as relações entre a ousadia, a razão e a menoridade. Se associarmos a revolução, ou desejo de revolução, às expressões insubmissas da criança, somos levados a nos perguntar se a face positiva da rebeldia não decorreria justamente de um entusiasmo revolucionário da criança. Essa "vontade de revolução inerente à condição do sujeito moderno" (Kupermann, 2003) não poderia também explicar por que a ousadia se apresenta como um desejo autêntico da criança de questionar as lideranças, começando pela disposição insubmissa à autoridade parental e seguindo vida afora?

Para Kant, esta faculdade está diretamente associada ao conhecimento, o que imprime um valor diferente aos aspectos educativo e moral na conquista da autonomia, como podemos ler no início do seu texto "Resposta à pergunta: que é 'esclarecimento'?": "Esclarecimento ('Aufklärung') *é a saída do homem de sua minoridade, da qual ele próprio é culpado.* A *menoridade* é a incapacidade de fazer uso de seu entendimento sem a direção de outro indivíduo" (Kant, 1783/1985, p. 100, grifos do original).

A dimensão de menoridade por ele formulada é marcada por uma crítica ao assujeitamento pelo viés da educação e do desenvolvimento da moralidade. Mesmo abrindo espaço para a dimensão paradoxal dessa condição de liberdade obediente, que nos parece preciosa, na leitura de Kant há uma dimensão desejante e inconsciente do humano que não parece ser considerada enquanto tal. Quando eleva a educação ao papel principal, não estaria tirando de cena o papel afetivo da potência criativa que se processa por meio dos laços amorosos? Se isso se confirmar, talvez possamos explicar a dificuldade de lançar um olhar livre, por exemplo, sobre a insubmissão da criança, posto que o sentido de minoridade kantiano estaria diretamente relacionado à razão, a uma atribuição adulta de valor ao esclarecimento.

A condição da criança, sabemos, imprime por princípio a necessidade da experiência de tutela, cuja responsabilidade adulta facilita ou não a autonomia. Mesmo reconhecendo a menoridade de sua condição, consideramos que a criança mantém o paradoxo entre liberdade e assujeitamento ao outro, ao mesmo tempo que conserva a capacidade de se rebelar. A própria dependência infantil atesta isso: ela é necessária como motor das ilusões constitutivas, mas torna-se um entrave ao amadurecimento quando não pode ser dissolvida das relações com a criança ao longo de sua maturidade. Do nosso ponto de vista, entretanto, isso não nega a dimensão de potência subversiva do gesto criativo, que pensamos também poder tomar como *força vital para liberdade*, porque a tutela (que distancia o indivíduo da autonomia e se apresenta como uma confirmação da passividade), paradoxalmente, também comportaria uma dimensão pretensamente rebelde.

Mas, há uma dimensão de público e privado proposta por Kant nesse texto que nos permite, por analogia, discutir uma face interessante da potência política observada no comportamento insubmisso da criança. Vamos a sua proposição:

> *seria muito prejudicial se um oficial, a quem seu superior deu uma ordem, quisesse pôr-se a raciocinar em voz alta sobre no serviço a respeito da conveniência ou da utilidade dessa ordem. Deve obedecer. Mas, razoavelmente, não se lhe pode impedir, enquanto homem versado no assunto, fazer observações sobre os erros no serviço militar e expor essas observações ao seu público, para que as julgue. (Kant, 1783/1985, p. 106)*

Ora, o que ele esclarece aqui é como a diferença de lugar e função do oficial resulta em diferenças em seu modo de ser e agir nos espaços público e privado, sugerindo que a esfera pública oferece uma liberdade sob o crivo da razão, ele fala por si, enquanto no âmbito privado, onde as amarras da submissão parecem mais contidas, resta-lhe a obediência. Não seria essa, questionamos, a marca da potencialidade política do gesto criativo da criança? A ampliação do alcance que se encontra no campo público não depende da oferta do ambiente para sua expressão?

Uma criança que tenta recusar as exigências familiares e com facilidade cede à obediência respeitosa ao adulto (guardadas as exceções, repetimos) pode assumir um papel exuberantemente marcante quando responde de um lugar de fala no espaço público. É o caso, por exemplo, de crianças que apresentam um papel de liderança (para o bem ou para o mal) representando um lugar de destaque entre os colegas, mas que, incapazes de se sentirem acolhidas em sua vida privada, agem de modo completamente diferente em casa. São também as crianças que muitos pais referem não reconhecer quando estão entre os amigos ou quando ouvem, por intermédio de outros adultos, sobre o comportamento rebelde em espaços como a rua ou a escola. Uma das explicações, pensamos, reside nos modos de recepção do gesto criativo, que consolidam ou desfazem o desejo infantil de permanecer dependente. Nesse sentido, poderíamos inferir que ele seria proporcionalmente desfeito na medida em que a criança se torna "dona de si".

Após essa pequena digressão, voltemos então ao humor. Em que consiste uma criança que ri de si ou faz rir? Em que medida o humor na infância, mesmo que ainda não tão bem estruturado, acenaria para uma versão criativa da sua potência para subverter a opressão (intra- ou extrafamiliar) ou simplesmente subverter a si criando? Mais do que uma revisão sobre o tema, lançamos aqui uma abertura para investigações futuras mais aprofundadas, restando-nos, por fim, resumir nossa proposição. Creditamos ao humor um papel de mobilização nas relações intersubjetivas vividas pela criança também pelo viés da insubmissão, seja como ponto de partida (a criança que faz rir como gesto criativo para barrar a opressão) ou efeito (quando a criança lança mão do humor para subverter o que dela se espera). Diferente de uma intencionalidade bem-humorada, podemos dizer que o riso provocado no adulto é, inicialmente, aquilo que significará o gesto insubmisso como bem-humorado, posto que em princípio pode ser pura experimentação. Quando os efeitos do gracejo são vistos no riso adulto, a criança, então, reconhece que o humor pode ser um caminho para brincar, se comunicar e expressar a sua existência, também como resistência.

Mas há ainda um outro aspecto ligado ao humor na infância que gostaríamos de mencionar; refere-se às relações entre humor e alegria. Para além dos elementos subjetivos que definem a felicidade, uma criança alegre poderia ser descrita como aquela capaz de transformar o que está fixo em algo móvel, alguém capaz de viver a sua normatividade, exercendo e experimentando a brincadeira. A criança alegre, para além do campo das idealizações, seria aquela capaz de manter-se criando mesmo num ambiente de falhas e descontinuidades típicas e, sobretudo, que se esforça para fabricar uma experiência de si mantendo a tensão (ou recusa) contra o assujeitamento completo. Se o entorno lhe é hostil, as dificuldades tendem a ser maiores; mas, se o ambiente demonstra empatia, a possibilidade de a criança experimentar alegria e desenvolver a capacidade de brincar, de rir de si mesma e do outro, de fazer amigos e ficar bem sozinha, tudo isso, possivelmente, favorece a consolidação de uma realidade psíquica mais rica e saudável.

Sobre a insubmissão psíquica

Como tentamos demonstrar até agora, o ambiente conferirá as nuances e os determinantes dos jogos de poder e negociação na infância. Por serem múltiplas e variáveis, as diferentes versões desses jogos incidem tanto nas experiências relacionais da criança em sua vida íntima como participam dos modos de inserção da criança na vida pública, introduzindo a necessidade de refletirmos sobre o papel dos afetos infantis na cena política. Se partilhamos da concepção de que há uma condição de assujeitamento nas entrelinhas de todas as relações entre pais e filhos, uma espécie de servidão voluntária, não podemos deixar de destacar também a presença de uma corporeidade infantil que pressiona e recusa a supremacia adulta, cuja intensidade assume a marca de uma potência para subverter.

A proposição de Butler (2017) sobre a teoria da sujeição nos permite refletir sobre as ambivalências e os paradoxos que definem as relações entre a sujeição e a autonomia constituídas pela criança. Para a autora, "se a submissão produz o sujeito e o sujeito é a precondição da ação, então a sujeição é o motivo de o sujeito se tornar garantidor de sua própria resistência e oposição" (p. 23). Isso demarca, segundo Butler, a dificuldade de elaborar uma teoria da sujeição e, em contrapartida, imprime o mesmo dilema (supomos) na proposição sobre aquilo que estamos chamando de *insubmissão psíquica*, porque em ambas o sujeito seria a condição do exercício de poder. Uma vez que "o sujeito surge contra si mesmo para, paradoxalmente, ser para si" (p. 37), discutir sobre os meandros da vida psíquica torna-se parte importante do debate. Supomos que o mesmo se colocaria diante da ideia de uma não sujeição (ou insubmissão, preferimos aqui): nesses casos, a vida psíquica também tomaria a cena.

Como sabemos, os sentidos de autonomia são variados, contendo desde as acepções sociológica, política e filosófica a um significado psicológico. Define-se por: (1) aptidão ou competência para gerir a própria vida, valendo-se dos próprios meios, vontades e/ou princípios; (2) liberdade moral ou intelectual do indivíduo; independência pessoal; direito de tomar decisões livremente; (3) liberdade do homem que, pelo esforço de sua própria reflexão, dá a si mesmo os seus princípios de ação, não vivendo sem regras, mas obedecendo às que escolheu depois de examiná-las; (4) preservação da integridade do eu (Michaelis, s.d.).

Por si só, o verbete já traduz o tamanho da questão. Interessa-nos, para o momento, destacar a relação entre independência e integridade do eu, o que exige, além de um processamento psíquico, uma atitude diante das contingências históricas dos encontros. Sennett (2001), ao discutir a noção de autoridade, lembra que a definição de autonomia exerce fascínio quando relacionada ao autocontrole. "O autodomínio é raro e impõe respeito. Mas a pessoa com autocontrole faz mais do que despertar respeito. Quem parece senhor de si tem uma força que intimida os outros" (p. 117). O autor destaca ainda que, antes associada a bens materiais, a autonomia assumiu depois as posses de uma qualificação, uma estrutura de caráter.

Ao complexificar as possibilidades de significação do conceito, adentramos não apenas nos elementos internos, constitutivos do ponto de vista psíquico, mas também nos externos, aqueles que dizem respeito às relações de poder e às demandas de amor e reconhecimento. Para Sennett (2001), a autonomia e o reconhecimento mútuo andam juntos; o que recoloca, no âmbito da infância, o importante papel do ambiente - exercendo poder, gratificando, punindo ou influenciando.

Referidas todas essas perspectivas, cabe-nos para esta pesquisa aquela que toma a autonomia como expressão de si mesmo, e não a da abnegação disciplinar. Assim desdobra-se a questão: como as crianças constituem uma expressão autônoma? Na concepção psicanalítica, ser autônomo traz a marca da independência. Uma criança expressa autonomia de maneira objetiva (na marcha, na higiene, na comunicação, por exemplo), bem como de maneira subjetiva (autonomia, liberdade). De um lado temos as aquisições objetivas; elas decorrem do amadurecimento corporal e da adaptação da criança às mudanças processuais do desenvolvimento fisiológico, que conta também, sabemos, com o contexto de estimulação emocional e aporte suficientemente bom. Por sua vez, as aquisições subjetivas são mais sofisticadas, resultam de uma conquista da trajetória, empreendida pelo bebê desde muito cedo, rumo à independência.

Escrevendo sobre a literatura brasileira e o instinto de nacionalidade, Machado de Assis defende que uma literatura independente se faz muito mais a partir de um sentimento íntimo do escritor do que de qualquer artifício definidor de escrita nacional. Para ele, "o que se deve exigir do escritor antes de tudo é certo sentimento íntimo, que o torne homem de seu tempo e de seu país, ainda quando se trate de assuntos remotos no tempo e no espaço" (Assis, 1962, p. 804). Essa concepção de *sentimento íntimo* nos parece preciosa diante daquilo que intencionamos formular. Tomada de empréstimo, como analogia, nos perguntamos se não seria justamente o sentimento íntimo de insubmissão aquilo que se presentifica na criança quando ela insiste em se fazer independente. Nesse sentido, a criança, mesmo fazendo parte do seu tempo, de uma cultura e de todas as incidências e tradições de uma família, não fica impedida de experimentar uma forma de *insubmissão íntima*, cuja definição primordial residiria no desejo de autonomia criativa.

Se assim for, estamos analisando e apostando na constituição gradativa de um *sentimento íntimo* de insubmissão, um sentimento que contribuiria para uma apropriação subjetiva da criança, que gradativamente tende a se apresentar como insubmissão também no seu comportamento. Em outras palavras, ao reconhecer esse sentimento de insubmissão íntima, psíquica, estamos considerando que houve (ou está em processo) a integração subjetiva de uma condição potencial para subverter, que pode ser usada ou não, com maior ou menor intensidade, pela criança.

Essa ideia de pensar a insubmissão como um sentimento íntimo nos parece um simples recurso para explicar o que aqui estamos nomeando como *insubmissão psíquica*. Falaríamos, então, em *insubmissão psíquica* como a condição da potência para subverter e em *insubmissão propriamente dita* como o uso que a criança faz dela. Nesse sentido, a expressão insubmissa enquanto ação no mundo já seria um desdobramento daquilo que se processou como intimidade na criança, de seu sentimento de apropriação da confiança (em si), ou seja, para agir de modo insubmisso, uma operação psíquica de integração do *self* teria ocorrido antes. Esclarecemos ainda que, ao adjetivar a insubmissão como *psíquica,* pretendemos apenas chamar a atenção para o processamento psíquico que antecede (e, de certo modo, inaugura) o comportamento insubmisso da criança, ou seja, a *disposição para* a insubmissão (ação), o que não nega o processamento psíquico contínuo da criança. Assim, a insubmissão psíquica seria uma condição que facilita a potência subversiva do seu gesto criativo, uma espécie de requisito para que a insubmissão possa também se expressar como palavra, ação ou intenção da criança.

Seria, portanto, de posse de bases psíquicas consolidadas que, consideramos, a criança vai se colocando diante do exercício de resistir ao assujeitamento, mediante o uso que faz da potência como possibilidade subversiva (mesmo que sem consciência, inicialmente). Há, então, um contraste entre o que é observável (no gesto da criança) e o que não é observável (como disposição de mente); uma espécie de dança pela qual a criança apresenta sua corporeidade, faz circular os afetos e mobiliza a presença externa de acordo com a música, embalada pelo ritmo de quem dança. A criança, ora exercendo sua insubmissão, ora mantendo-a ainda em reserva, segue o baile...

Do ponto de vista dos vínculos e das relações de poder, persiste a busca pelo equilíbrio entre a confiança cega nos pais e a recusa ao assujeitamento completo. As crianças são capazes de desenvolver modos de resistência que reafirmam a sua potência criativa e exaltam os afetos na modulação dos laços sociais. Assim, desejo e criação darão forma à criança, constituindo uma força que faz tração diante das incidências de proteção e/ou intrusão engolfantes, ao mesmo tempo que se instaura uma tensão permanente entre a criança e o mundo. Propomos que, ao ser tomada como uma forma de afeto libertário, a insubmissão psíquica assume ares de partícipe no processo de insubordinação, tão necessário quanto a subordinação, na busca por uma existência genuína. Parafraseando Butler (2017), para quem "a subordinação fornece a condição de possibilidade contínua do sujeito" (p. 16), sugerimos que a *insubmissão psíquica* forneceria a condição de possibilidade contínua da apropriação de si.

À criança, sujeitada ao amor dos pais e às necessidades de cuidado, resta ainda um longo percurso para a conquista de sua vitalidade, do seu livre exercício de criatividade, com vistas à conquista de sua autonomia. Nesse percurso, a insubmissão psíquica oferece à criança a abertura necessária para resistir à sujeição, oposição suficiente para travar negociações mais equilibradas e força para constituir um espaço para a vida criativa. Na consolidação dos limites necessários e possíveis para a sua expressão, permanece a possibilidade de analisar a insubmissão psíquica como uma forma de afeto político a ser mais bem investigado.

Por ora, resta-nos dizer que, quando a potência subversiva do gesto criativo pode ser experimentada como *insubmissão*, a partir dela se formaria uma tendência libertária na criança, expressa por meio de suas criações, sejam elas de que ordem forem. Reafirmamos o papel do entorno, em especial da família, como catalisador dessas experimentações e recriações, sobretudo nos primeiros anos de vida, pois será a partir dessas relações que uma tendência à vitalidade e à liberdade como potência para (re)criações de si e vivências no mundo poderá se desenvolver na criança.

Concluímos destacando que as pesquisas psicanalíticas e o debate filosófico se entrelaçam a partir das dimensões estética, ética e política, o que amplia e aprofunda a necessidade de análise dessa problemática entre a potência e o estatuto de criação. De modo algum pretendemos esgotar essa discussão, mas pensamos que um bom caminho para discutir a hipótese que lançamos aqui é propor a criatividade como um modo de expressão da potencialidade subversiva da criança, que tem incidências no campo da política dos afetos e participa do processo de amadurecimento.

4. A criatividade como potencialidade política da criança

Recusando submeter-se terá a
vantagem de preservar sua dignidade
Leon Tolstói

No capítulo que se inicia pretendemos analisar o papel da insubmissão na constituição da potencialidade subjetiva das crianças. Nosso propósito é apresentar as ressonâncias e os entrelaçamentos entre a constituição subjetiva e as experiências culturais, a partir da observação das crianças e da nossa memória clínica, enquanto pesquisadora-analista. Nosso objetivo último é fomentar o debate sobre as rebeldias insubmissas que se apresentam no universo infantil e as suas repercussões na vida psíquica da criança.

Lançamos agora os holofotes sobre o dispositivo clínico da psicanálise, pensando a função do *setting*, o papel do analista e a atmosfera clínica como elementos de favorecimento para emergência da potencialidade subversiva do gesto criativo das crianças. A observação livre e a memória do psicanalista foram os recursos utilizados para viabilizar esses exemplos, o que, portanto, confere a marca de uma narrativa ficcional aos casos citados. Os aspectos clínico-descritivos da criança insubmissa serão mencionados pela escuta no consultório, quando ela fala por si ou é falada pelo outro, pais ou responsáveis. Ainda em analogia com a epígrafe que introduz o capítulo, gostaríamos de interrogar se a criança analisanda usufrui da potencialidade subversiva do gesto criativo para fazer mover a engrenagem do processo de amadurecimento, não apenas no mundo, mas também diante do analista. Falaremos sobre alguns modos de resistência das crianças às lógicas normativas, abrindo o caminho para pensar o que estamos chamando aqui de potencialidade política da criança.

Começaremos (1) definindo o campo da política que enseja a nossa leitura, que enlaça a dimensão política dos jogos de poder e negociação, especialmente no que diz respeito à esfera da vida privada e ao agir da criança. Em seguida, (2) convidamos os rebeldes a apresentar os seus gestos insubmissos no mundo, exemplificados em quatro fragmentos clínicos e um exemplo do cotidiano. Por fim, (3) pretendemos discutir o papel do dispositivo clínico da psicanálise na construção e/ou consolidação da expressão de potencialidade subversiva do gesto criativo. Essa discussão será mediada pela reflexão do manejo e da técnica na clínica psicanalítica de crianças.

As potencialidades políticas das crianças

Nessa parte, pretendemos analisar como a discussão sobre a potência subversiva da criatividade das crianças é perpassada pela articulação com o espaço político por elas ocupado. Caberia colocarmos em questão não apenas o lugar da criança na esfera pública, propriamente, mas trazer à reflexão de que modo o efeito subversivo pode ser tomado como gesto de expressão política, capaz de promover repercussões também no campo social e cultural. Para apresentar a potencialidade política da criança, então, é preciso dizer que estamos tomando um recorte bem específico do termo política, aqui circunscrito aos elementos subjetivos nos jogos de poder.

Ao apresentar os argumentos centrais de sua formulação sobre o político, Chantal Mouffe (2015) critica o desaparecimento da dimensão antagônica do político em detrimento de uma discussão em termos morais; para ela, "no lugar do conflito entre 'direita e esquerda', vemo-nos diante do conflito entre 'certo e errado'" (p. 5). Ela aposta no desafio de manter o antagonismo como parte da condição do político e, no que tange à psicanálise, somos levados a concordar que não deveríamos perder de vista essa dimensão antagônica e conflituosa do político, que, não se prestando a moralismos (Mouffe, 2015), permitiria apostar na construção de espaços de liberdade a partir de possibilidades éticas e estéticas ofertadas pela psicanálise. Sob essa ótica, não caberia aqui analisar a esfera moral do comportamento insubmisso das crianças, tampouco as responsabilidades dos tipos de educação social e familiar que favorecem ou dificultam a sua expressão – tarefa importante, com elevado acento político, mas distante dos nossos propósitos. Trata-se, portanto, de lançar um olhar psicanalítico acerca dos comportamentos insubmissos na infância tomados como "inadequados", promovendo uma escuta atenta sobre as motivações conscientes e inconscientes que norteiam a insubmissão da criança, especialmente a partir do reconhecimento da potencialidade subversiva do gesto.

Consideramos que as ações das crianças, nesse viés, se fazem políticas não apenas pelos efeitos sociais e pelas conquistas advindos de sua posição no espaço público, mas porque decorrem das lutas travadas diariamente por elas para expressar a potencialidade subversiva como marca da sua própria criação. Vamos aos argumentos.

Ao falar sobre a maneira como nos singularizamos, momento em que o indivíduo é capaz de criar o seu modo de ser e agir, Safra (2004) defende que o "gesto se faz necessariamente político" (p. 83) porque é acontecimento, promove rupturas no que está estabelecido e tem o poder de reiniciar a história. Ele defende que, ao mesmo tempo que se singulariza, encontrando um modo de existência, a criança também cria sentidos e "insere o inédito, decorrente de sua forma de ser, na história humana" (p. 83). Em princípio, o gesto é abertura e liberdade, mas gradativamente se torna representante de algum afeto, ganhando novos significados. Enseja a presença corporal, a intenção prevista e mobiliza afetos, que, associados à subjetividade que os expressa (tornando-se um gesto com corporeidade), se fazem políticos e vivos enquanto ação. Por sua vez, a ação convida a uma normatividade, mas também reconhece uma performatividade, já que apresenta as expectativas em torno de um dado lugar normativo, ao mesmo tempo que compreende uma dimensão de espera e esperança quanto ao futuro de um bebê ou de uma criança. O conjunto dessas ações, experimentadas e partilhadas com a família e com o mundo, produz existência psíquica e transforma a experiência relacional, conferindo um corpo político já desde esses primeiros momentos de vida.

Assim, ao empreender um estudo que tangencie o político na infância, devemos considerar onde as crianças vivem e em que condições; a que família pertencem, quem elas são; o que consomem, onde estudam (e se estudam), o que falam e tantas outras perguntas que recobrem os modos de ser, agir e estar no mundo. Submetidas às normas sociais e àquelas que nos universalizam, as imposições que tendem a classificar subjetividades ressaltam a profundidade do debate que recobre os questionamentos clínico-políticos em psicanálise. Não por acaso, portanto, psicanalistas como Ferenczi, reconhecido como um autor que teoriza sobre a clínica de modo menos normativo (Gondar, 2020), tornam-se indispensáveis nessa discussão. Tendo sido capaz de destrinchar as relações entre os jogos de poder tanto na clínica psicanalítica quanto nas relações assimétricas entre adultos e crianças, Ferenczi jamais perdeu de vista a importância da presença do ambiente.

> *Para Ferenczi, uma situação traumática não é resultado apenas de perturbações na economia psíquica; ela é sempre da ordem da relação, e numa relação as questões referidas ao poder e aos modos de afetar/ser afetado estão sempre presentes. (Gondar, 2020, p. 212)*

Ao valorizar o intenso efeito traumático que a "confusão de línguas" produz entre gerações, o psicanalista húngaro teria destacado o papel dos afetos e das dimensões políticas na compreensão da subjetividade. Esse argumento apresenta-se também no texto "Ferenczi como pensador político", em que Gondar (2012) explica porque "este modelo não privilegia personagens, e sim relações. Relações de poder, de dependência, de desvalorização, de desrespeito; em suma, relações políticas" (p. 196).

Mas, afinal, como se expressa a potencialidade política do gesto criativo das crianças? Se tomarmos como ponto de partida a aposta de que a condição de oposição da criança seria precursora da sua atitude insubmissa (enquanto potência), caberia apresentar os critérios e as condições que nos levam a essa afirmação. Para começar, é preciso destacar que os efeitos psíquicos e as incidências públicas do evento insubmisso nos remetem (1) às formas de vínculos das crianças, com os pares e com os adultos de seu convívio, bem como possibilitam analisar (2) o conteúdo afetivo do gesto criativo da criança que subverte. Nessa dupla faceta, parecem se presentificar as repercussões políticas das expressões infantis. Explicamos.

A articulação entre essas duas esferas, psíquica e coletiva, modulam uma versão política da criança, composta por dois momentos que atuam de forma contínua e concomitante: a *singularização* e o *posicionamento no mundo* (chamaremos assim). Quando a criança se singulariza ao construir sua identidade, seu temperamento e sua forma de ser e agir, ela vai ocupando e constituindo um lugar no mundo que, mesmo sendo transitório, vai moldando a sua existência enquanto corpo biopolítico, definindo bioidentidades (Ortega, 2003). Por essa razão, para pensar as repercussões políticas das expressões infantis, foi preciso considerar o que participa do processo de subjetivação (sua face singular) e aquilo que perpassa a vida coletiva de uma criança, ou seja, sua ocupação no mundo. Por isso, cabe dar destaque tanto ao papel dos afetos (privados e públicos) quanto ao das instituições formativas na infância, como a família e a escola.

O percurso para *singularização* é parte do processo de subjetivação, que segue a trajetória rumo à indiferenciação e à independência psíquica sem deixar de enfrentar o seu paradoxo basilar: para existir como unidade e ter independência, a criança precisa se submeter ao adulto e receber dele o seu próprio reconhecimento. Assim, a dimensão potencialmente política da criança compreende parte desse paradoxo da existência psíquica singular, pois considera a busca por diferenciação subjetiva e a ação de insubmissão psíquica ao desejo do outro para a criação do singular, o que inclui um outro plural e presente, em doses suficientemente boas, de preferência.

A "política da boa vizinhança" entre o adulto e o bebê (e depois com a criança crescida) implica, inicialmente, o enfrentamento dos tempos da fusão, passando por imitação e introjeção (que resultam de uma forma de submissão), para que, enfim, as bases confiáveis até então oferecidas possam fazer pulsar o gesto criativo como potência subversiva, promovendo a insubmissão psíquica. A singularidade necessária à expressão do corpo político da criança, nessa compreensão, se inicia com o gesto criativo espontâneo do bebê e ganha novo formato com a conquista gradativa de um poder de negociação por parte da criança. Assim, à medida que a criança amadurece confiante de si, sua existência e o exercício da potencialidade política da sua criatividade avançam para novos contextos relacionais. Ao extrapolar a cena familiar (ou o núcleo de sustentação íntima) e ultrapassar as bordas por ela delimitadas, a criança tende a consolidar o singular, mas também a fortalecer a sua condição de oposição, necessária à insubmissão.

Por sua vez, a segunda parte da versão política que se apresenta na infância, que corresponderia à tomada de *posição do mundo*, será responsável por conferir ao pequeno rebento um lugar para existir. A condição de pertencimento será uma decorrência do lugar onde se localiza a experiência de si e costuma resultar da condição de adaptação da família à criança, como defende Ferenczi (1928/2011a). Os afetos envolvidos nas primeiras experiências, somados à condição de hospitalidade do ambiente de recepção, darão o tom inicial do sentimento de pertencimento do bebê e da criança. A localização da criança no mundo, então, é um pressuposto para sua existência política. E do lugar em que ela se encontra, que diz do modo como a família e a cultura a reconhecem, podemos ver o início das suas açoes e incursões no coletivo; uma via permanentemente retroalimentada pelas experiências singulares. Nesse sentido, quando falamos de uma criança insubmissa é preciso considerar onde se localiza a potencialidade subversiva do seu gesto criativo e quais os efeitos mundanos resultantes da forma como ela se faz vista.

Assim como "a experiência cultural está localizada no espaço potencial existente entre o indivíduo e o meio ambiente" (Winnicott, 1975, p. 139), a insubmissão da criança também costuma promover uma área de experimentação que não é completamente interna, tampouco externa a ela. Falaríamos de um gesto localizado numa área potencial, que é interna e externa porque está relacionada ao pertencimento e à liberdade de ação dos gestos da criança. Ambos, senso de pertencimento e sentido de liberdade, estão atrelados à política dos corpos infantis e às políticas afetivas em que estão envolvidas. O que explicita um nó de possibilidades, que vão desde a oferta do instrumental para formação do pequeno cidadão até o estabelecimento da qualidade das ações da criança diante do adulto, com maior ou menor grau de assujeitamento.

Diferente do que ocorre na vida adulta, o desejo da criança (sobretudo nos primeiros anos de vida) confunde-se e mostra-se intercambiado com o desejo do outro, demandando um longo e delicado trabalho de lapidação, subjetiva e objetivamente falando, para se transformar em realidade. Nesse sentido, as relações entre pais e filhos ganham destaque e os afetos conduzem a vivências importantes, que incluem a concepção de autoridade e as tradições e desordens da família (Roudinesco, 2003), bem como as transformações que se apresentam na relação entre pais e filhos hoje (Mizrahi, 2004). Nesse contexto, pensamos poder afirmar que uma forma de analisar a política dos afetos consiste em tomá-la como elemento intrínseco ao processo de subjetivação da criança e que se desdobra produzindo efeitos, seja enquanto forma de cuidado (ou não cuidado), seja enquanto transmissão de valores éticos e códigos morais. Ao adulto caberá oferecer, antes por empatia e depois por identificação, os princípios fundamentais para expressar uma ética do cuidado diante da criança, dando o tom para a relação que se inicia.

Nesse sentido, consideramos que a fundação e a preservação do corpo político das crianças consistem, antes, nos afetos que elas mobilizam e, depois, na presença cada vez mais visível delas em sociedade. Visibilidade essa que não se restringe a tomá-las como consumidores ou sujeitos de direitos, mas inclui reconhecê-las como parte da engrenagem social que, gradativamente, as torna reconhecidas e respeitadas. Se nos fundamentamos no pressuposto de que a condição humana é pautada na ação, somos levados, então, a nos debruçar um pouco mais sobre o gesto criativo (plural e singular) da criança também a partir desse viés político.

Com o intuito de explorar essas questões, nosso argumento inspira-se na compreensão de que o ser humano é constituído pela ação, como propõe Arendt (1958/2014), mas encontra sustentação na leitura de Winnicott (1975) sobre a criatividade relacionada ao estar vivo. Mas não se trata aqui de promover um diálogo entre os referidos autores, tampouco de examinar minuciosamente a noção filosófica de ação ou de política; trata-se tão somente de extrair deles fundamentos que norteiem nossos ideais.

A ação que liga os indivíduos promovendo relações e fundamentando a atividade política por excelência recobre-se da ideia de que o poder depende da ação coletiva. Segundo Arendt (1958/2014), "o único fator material indispensável para a geração do poder é a convivência entre os homens" (p. 249). E completa:

> *Se o poder fosse algo mais que essa potencialidade no estar junto, se pudesse ser possuído como o vigor ou aplicado como a força, ao invés de depender do acordo frágil e temporário de muitas vontades e intenções, a onipotência seria uma possibilidade humana. Porque o poder, como a ação, é ilimitado; ao contrário do vigor, não encontra limitação física na natureza humana, na*

> *existência corpórea do homem. Sua única limitação é a existência de outras pessoas, limitação que não é acidental, pois o poder humano corresponde, antes de tudo, à condição humana da pluralidade. (p. 249)*

Compartilhamos da crença arendtiana de que a ação não é possível no isolamento, bem como reconhecemos o papel da convivência *entre* os homens como parte fundamental do processo de subjetivação e potência humana. É também no espaço *entre* que Winnicott (1975) encontra as raízes de um espaço potencial subjetivo, pelo qual é possível experimentar a ilusão de onipotência e dar lugar ao objeto transicional. O espaço intermediário (que é potencial) não é dentro, nem fora, é um *entre*. O que isso nos faz pensar? Que o retorno à discussão sobre a experiência transicional, no que tange ao processo de constituição subjetiva criativa, como vimos, é não apenas parte importante da compreensão sobre o fenômeno insubmisso, mas um modo interessante de análise sobre as relações: *entre* a criança submissa e a insubmissa; *entre* o psíquico e o social; *entre* ação e reação; *entre* sujeição e poder, na vida de crianças e adultos.

Castro (2013) nos lembra que o estudo da infância ficou afastado do campo da política por muito tempo e que "a política da, ou para, a infância nomeia o quadro de diferenças e tensões resultantes da forma como os diferentes países entendem e implementam os direitos das crianças do ponto de vista da legislação internacional" (p. 85). Além disso, devemos lembrar que essa recente articulação entre infância e a teoria política é marcada pela grande diversidade de interesses nacionais e costuma ser modelada também pelos diferentes olhares sobre ser criança, sendo responsável por políticas públicas em conformidade com a concepção política a cada tempo e lugar.

Vê-se, é certo, uma notável ampliação da visibilidade e da atenção à posição ocupada pelas crianças na sociedade. Quando elas começam a ganhar voz, aos poucos passam a assumir um lugar de ator social (e não apenas de assujeitamento ao adulto como no passado), o que gerou transformações como novas formas de ser e agir, aponta Castro (2013). Os efeitos são percebidos no domínio das políticas públicas – cada vez mais dedicadas a pensar minuciosamente "o melhor para as crianças" (França, 2014) –, mas também nos modos de participação das crianças nas cidades, nas escolas. Mas há ainda as exigências colocadas pelas diferenças geracionais, que destinam aos pais e demais adultos a tarefa de refletir sobre o lugar das crianças hoje e no futuro, acenando para a urgência dessa discussão diante das rápidas transformações culturais resultantes do lugar de fala aberto para a criança. Somos, portanto, convocados a novos estudos para expandir a compreensão sobre a infância hoje.

Sabemos da importância de pesquisas que fazem a interlocução entre teoria política e infância, especialmente aquelas que discutem a noção de representatividade das crianças na esfera pública (Castro, 2007), bem como da importância do debate sobre as políticas públicas brasileiras atuais destinadas à infância. Contudo, nossa proposta é explorar as articulações entre o singular da criança insubmissa e o plural do gesto, enquanto ato e efeito no social. Nossa reflexão sobre os afetos envolvidos entre pais e filhos, sobre os laços e os vínculos que a criança faz (ou desfaz) em casa ou na rua, consiste em analisar as saídas criativas para uma subversão delas. Noutras palavras, consideramos que se processam efeitos políticos quando a criança se recusa ao assujeitamento às demandas (necessárias ou não) do adulto.

As práticas de assujeitamento, portanto, recobrem as negociações sociais e afetivas da vida pública e privada das crianças no seu processo de constituição psíquica. Isso explica por que as normas, os valores e o contexto conflituoso que marcam as relações assimétricas entre pais e filhos, adultos e crianças, dão o tom desse debate e delineiam o campo de análise das normatividades destinadas às crianças. Nesse contexto, então, é possível entender uma das razões pelas quais a constituição psíquica tem sido lançada no bojo da discussão política. Entrelaçar a psicanálise no debate filosófico contemporâneo, por exemplo, a partir das noções de reconhecimento e normatividade, que vêm sendo desenvolvidas por Axel Honneth (2007) e Judith Butler (2003), respectivamente, dá provas dessa intenção. Sem esmiuçar esses conceitos aqui, entretanto, consideramos importante mencioná-los na tentativa de explicitar as dimensões e as ressonâncias dos elementos constitutivos da vida infantil nos debates hoje. Citamos as pesquisas sobre as patologias sociais e do campo filosófico, que produzem sofrimento de indeterminação e crises narcísicas hoje, apenas a título de contornar o acento político que a essa ideia se presta. Mesmo reconhecendo o adoecimento da cultura e seus efeitos nos modos de subjetivação, que obviamente incidem nas crianças, decidimos nos restringir ao caminho psicanalítico como diretriz da leitura de subjetividade aqui proposta.

Propomos que a dimensão política dos jogos de poder e a negociação na vida familiar e social são o lugar da criação subjetiva e, ao mesmo tempo, palco para a expressão da ação que versa como potência subversiva do gesto criativo. Ao assumir que a criança desenvolve uma potencialidade política a partir dos modos de se relacionar, não podemos deixar de considerar que as incidências dessas experiências resultam, antes, de uma apropriação subjetiva mínima dos elementos que a fundamentam, como tentamos demonstrar no capítulo anterior.

Mas, ao descrever a potencialidade política da criança como expressão daquilo que estamos chamando de potência subversiva do gesto criativo, faz-se necessário dizer que só podemos pensar o seu desenvolvimento se levarmos em consideração a constituição psíquica e todas as dimensões que participam desta: o ambiente, a vida social e a cultura. A condição política dessa potência, portanto, refere-se à pluralidade da condição humana e à primazia das relações de interdependência entre a mãe e o bebê, o homem e a cultura, como elementos de compreensão do laço social. Essa leitura vem contribuindo para pensar a constituição da eticidade, da solidariedade e da democracia:

> *Esse reconhecimento recíproco torna-se peça chave para o futuro estabelecimento do laço social solidário . . . A evolução dessa forma de amor implica, necessariamente, uma tensão entre o abandono simbiótico e a auto-afirmação, que será replicad[a], posteriormente, no convívio social cívico. Trata-se, a meu ver, de uma aposta política no amor.* (Estarque, 2017, p. 95)

Aspectos como esse apontam novos modos de interpretação dos movimentos políticos, cujo estudo não pode mais prescindir das contribuições psicanalíticas nesse debate. A condição política da criança e suas potencialidades não correspondem apenas a uma temporalidade cronológica (que é relativa), mas respondem à lógica da vida psíquica, inapreensível e atemporal. Essa relatividade justificaria, por exemplo, as diferenças de possibilidades subversivas a depender do tempo de maturação da criança e da sua forma de se presentificar na cena pública.

Ao produzir afetos que participam positiva ou negativamente da vida familiar, a criança extrapola os muros da intimidade do lar e ganha a rua. "A rua", para Zygouris (2012), "é a metáfora onde se mistura o político e o sexual, onde as pulsões são solicitadas e se lançam numa desordem amorosa" (p. 4). O que nos leva a pensar que as experiências comuns ao coletivo e que se lançam em certa desordem, por vezes difíceis de serem analisadas, guardam sua importância no processo de constituição psíquica e devem ser consideradas por nós, analistas. Se na rua nos encontramos, nos reunimos e ficamos juntos, algo nela se processa. O que explica por que a cidade assume um papel na vida subjetiva de crianças e adultos.

A rua, nos lembra a autora, é um espaço entre um lugar e outro, liga a cidade e nos leva a diferentes caminhos, o que ressalta sua potência enquanto lugar de entrecruzamentos dos mundos interno e externo. A criança transita entre esses espaços de entrecruzamentos, vivencia os seus afetos (que se fazem políticos aos poucos) ao mesmo tempo que amadurece. Nesse sentido, o exercício da resistência delas ao assujeitamento adulto tende a ser concomitante a um intenso processo de constituição psíquica, entremeado por toda a sua complexidade e suas incertezas.

A metáfora da rua, retirada da leitura de Zygouris (2012), nos parece um bom modo de discutir as relações entre infância, política e potência em psicanálise porque nos remete à existência de um lugar no mundo que é, em sua própria condição, *entre*cruzado por destinos, liberdades, perigos, afetos, autonomias e riscos. Mas é preciso destacar que a presença da criança na rua difere dos demais atores sociais; ela resulta, antes de tudo, de uma autorização de saída inicial, pois a abertura para que bebês e crianças possam circular no espaço público depende dos adultos. Essa constatação óbvia, mas necessária, recoloca a condição de dependência e/ou autonomia relativa das crianças, que torna a mediação do adulto uma questão que persiste na infância. Será preciso um longo tempo para que a criança possa reivindicar o seu desejo de pôr o "pé na rua" quando bem quiser. Ir para a casa dos avós, dos amiguinhos, ir ao parque, descer no prédio, ir ao mercado sozinho, tudo isso levará o tempo relativo ao processo de amadurecimento da criança, guardando também relação com a sua forma de fazer uso da independência e, sobretudo, com o seu contexto socioeconômico.[1]

Nas ruas ou, podemos dizer, no mundo, muitos caminhos se fazem possibilidade, muitas condições estão em pauta e diversos formatos de circulação atravessam a criança. Há, desde o início, uma dimensão externa ao espaço de expressão pública da criança que, novamente, decorre das incidências socioeconômicas e políticas que envolvem a cidade, uma vez que a rua não é uniforme, ela apresenta variações a depender dos moradores dos frequentadores e de sua localização. O que nos leva a propor que, ao analisar o espaço *potencial* que se forma entre a internalidade (condição psíquica) e a externalidade da criança (metáfora da rua), é preciso levar em consideração a incidência política de seus corpos, gestos e falas, em suas origens e efeitos. Isso quer dizer que há algo mais a ser considerado sobre as formas de organização e presença da criança nas cidades, pois seu trânsito (restrito ou não) entre o núcleo familiar e a vida pública é fundamental para a compreensão da presença delas no mundo.

Ser ator social ou agente de fala, alguns dos elementos de análise do gesto criativo da criança, deve ser visto também como construção inacabada e contínua. No caso das crianças, isso ainda se soma à difícil constatação de que essas construções ocorrem ao mesmo tempo que um sofisticado processo de amadurecimento se põe em curso. Sendo (sem ainda saber) corpo político que possui potencialidade criativa, o bebê e a criança (que passa a saber de si ao longo da maturidade) seguem criando sua existência particular, mas ainda sob efeito maciço da presença adulta da comunidade (família e sociedade) à qual pertencem. A potencialidade

1 Sabemos das particularidades que incidem nas "crianças de rua", que, como o próprio nome diz, são tomadas em outra discursividade, impondo maiores estudos sobre as nuances que dizem respeito a elas nesse debate.

política da criança mostra-se, portanto, como mais um paradoxo a ser destacado, porque a própria existência corporal de ações e gestos espontâneos da criança resulta de sua dependência absoluta (e depois relativa) dos adultos que se fazem presentes (ou mesmo de suas ausências presentificadas).

Se a criança é invadida por cuidados excessivos ou experimenta descuidos que interrompem a aura de confiança do ambiente de sua intimidade familiar, a sua experiência criativa também não poderá se expressar de forma espontânea. Nesses casos, a condição de potência subversiva da sua criatividade é atravessada pela inconsistência de uma subjetividade de falso *self* ou cindida na submersão em um caos interno produtor de angústias avassaladoras. Quando há ausência de referência do adulto, a constituição desta proposição insubmissa pode ser comprometida diante da possível fragilidade que marca a sua força criativa. Mas, quando se faz presente, o adulto confere, gradativamente, sentidos aos gestos a partir de suas percepções das intenções do bebê (que aos poucos se farão presentes) e da sua própria (do adulto) percepção afetiva da experiência.

Para fazer uso de sua potencialidade política, a criança precisa ultrapassar a sua própria vulnerabilidade, que permanecerá presente enquanto condição humana, mas não mais como definição de seu modo de existir. À medida que a criança se desenvolve, a presença adulta precisará se fazer sensível às demandas da criança, afinal, o terreno necessário à consolidação de sua apropriação será mediado pelas relações com o mundo ao seu redor. Relações de grande carga afetiva que se dão na partilha, no *entre*: crianças *entre* si e *entre* adultos e crianças.

Em resumo, o poder das crianças reside justamente na sua experiência de liberdade. Nesse sentido, tendemos a concordar com Han (2018) quando afirma que "ser livre, portanto, não significa nada mais do que *se realizar conjuntamente*. Liberdade é sinônimo de comunidade bem-sucedida" (p. 12). Para nós, isso demarca o valor fundamental *de estar junto*, da necessidade humana de encontrar nos espaços de partilha o sentido de existência e a razão de uma vida que valha a pena ser vivida.

Que venham os rebeldes!

Analisaremos aqui o *modus operandi* da manifestação insubmissa a partir da escuta clínica de crianças no consultório. Além dos fragmentos da clínica, optamos ainda por citar uma observação cotidiana aleatória, que nos oferece um exemplo de como pensar o tema extramuros do consultório. Enquanto psicanalista, pensamos poder postular as formas mais "comuns" do fenômeno da insubmissão das crianças visando tão somente discutir alguns modos de apresentação da insubmissão: temos certeza de que há muitos outros. Nas vinhetas clínicas que se seguem, tentaremos ilustrar de que maneira a insubmissão pode expressar a dinâmica da potência subversiva do gesto criativo e discutiremos os propósitos a que serviu na constituição subjetiva da criança analisada, em conformidade com uma interpretação que preza por desvelar um *sentido potencial*, como propõe Roussillon (citado em Ciccone, 2000): "deixar que se desenvolva um sentido potencial pressupõe estar aberto e receptivo a esta potencialidade, não decidir antecipadamente sobre o sentido ou não de um acontecimento" (p. 122).

Em nova tentativa esquemática, optamos agora por aprofundar a análise sobre a *insubmissão como autonomia*,[2] que costuma ser o pano de fundo que mobiliza a *rebeldia por insubmissão*.[3] Conside-

2 Tomar como referência a sistematização feita no Capítulo 2; ver p. 64.

3 Lembramos aqui a diferenciação feita no Capítulo 2 (p. 74) entre a rebeldia insubmissa e a rebeldia delinquente.

ramos que nesse momento subjetivo – que é virtual e cujo espaço psíquico se expressa, sobretudo, pela capacidade de estar só e pelo sentimento de reconhecimento mútuo – podemos encontrar o maior número de exemplos que ensejam a potência subversiva do gesto criativo, expressa por um viés insubmisso. A rebeldia que decorre da *insubmissão psíquica*, categoria que pensamos estar relacionada à atitude de amadurecimento da criança em sua apropriação do mundo, não deve ser considerada como uma expressão única e padronizada. Por essa razão, lançamos nosso olhar sobre aquelas situações em que a criança recorre à insubmissão para movimentar e constituir sua independência, abrindo o caminho para autonomia e apropriação de si.

Reafirmamos que não estamos propondo um manual de reconhecimento das insubmissões expressas pelas crianças, tampouco discutiremos detalhadamente o viés paradoxal[4] que essas experiências promovem nas relações entre a criança e o seu mundo, mas pensaremos a potencialidade subversiva contida no gesto da criança, tomando como referência o trajeto percorrido por elas para a constituição do seu idioma pessoal (Safra, 2004).

Na clínica com crianças, o cenário de insubmissão pode ser rapidamente transformado em adoecimento, seja pela tentativa de direcionamento do ódio por parte da família, seja como saída defensiva pelo viés de desresponsabilização por parte das crianças. O fato é que a narrativa que perpassa a constatação da insubmissão tende a ser contaminada pelos atravessamentos afetivos e complexificada pelas demandas sociais de alta performance dirigidas

4 O viés paradoxal das experiências de insubmissão refere-se ao reconhecimento da impossibilidade de destrinchar por completo as razões, intenções e funções do gesto da criança numa perspectiva de causalidade, que não nos interessa, restando-nos garantir os paradoxos da insubmissão como potência criativa, sem perder de vista sua dimensão de agressividade destrutiva.

às crianças. Teríamos então dois polos de análise: (1) via *sentido normativo* – quando a insubmissão pode ser interpretada como sintoma; (2) via *sentido constitutivo* – quando a insubmissão, em face do processo de amadurecimento da criança, é tomada como expressão da criatividade no exercício da potência subversiva.

Sob a ótica normativa, corremos o risco de esbarrar na tendência à patologização do sofrimento psíquico das crianças (França, 2014) e oferecer uma escuta enviesada, talvez interventiva, mas pouco acolhedora, da potencialidade dos fenômenos negativos que favorecem a constituição subjetiva da criança. Isso nos parece uma leitura a ser evitada e reforça o nosso intuito de tomar como polo de análise aqui o *sentido constitutivo* da insubmissão como elemento de participação no processo de amadurecimento da criança. Ao assumir esse viés de análise, retomamos nossa hipótese de que as *resistências criativas*, somadas a outros aspectos da vida, tendem a promover liberdade para consolidação de uma existência genuína, caracterizada pela potência para subverter.

Assim, reconhecemos dois caminhos de análise da insubmissão na clínica, que são fundamentalmente importantes e não excludentes. Um caminho que toma a insubmissão como sintoma, analisando o sentido do fenômeno e o impacto que as expressões insubmissas das crianças provocam, especialmente por flertar com situações de difícil contenção, exigindo intervenções mais imediatas. E outro, entretanto, que considera uma positividade presente na ação insubmissa, nos moldes que estamos propondo aqui. Nessa última leitura, pela qual pretendemos discutir as vinhetas clínicas, reafirmamos a potência da criação subjetiva, destacando o valor da escuta em prol do não assujeitamento, e não apenas interpretando-a como produção sintomática. Para contemplar a complexidade dessas versões, mantemos a convicção de que "a figura do analista deve acolher essa potência de transgressão e abrir-lhe as portas para sua inscrição no mundo" (Birman, 2002, p. 59). A transgressão contida no ato de insubmissão, portanto, quando analisada sem reducionismo, tende a ampliar a dimensão ética da escuta da criança.

Um esclarecimento metodológico nos parece oportuno. Os exemplos que se seguem foram colhidos de observações clínicas de crianças em análise e de situações comuns, extraídas do cotidiano das crianças. Uma aparente contradição, poderíamos ouvir, já que as vinhetas clínicas, colhidas de crianças submetidas a um processo psicanalítico, guardariam consigo uma leitura marcada pelo viés de uma lógica interventiva do fenômeno insubmisso, diferente do olhar atento de um observador que recolheu espontaneamente o que viu e tentou significá-lo. Antecipando esse questionamento do leitor, propomos duas razões a serem consideradas. A primeira, uma razão simples, refere-se à tentativa de estabelecimento de um critério mínimo de observação que não reduzisse todo e qualquer comportamento arredio da criança a um exemplo de potência subversiva da sua criatividade. Isso se justifica porque pensamos que a quantidade de situações não é elemento fundamental na análise do debate que propomos, mas sim o seu modo de apresentação e nossas especulações em torno delas. A segunda, uma razão mais complexa, decorre da concepção de clínica psicanalítica com crianças que norteia a psicanalista-pesquisadora.

Essas razões, pensamos, justificam a proposição de que os casos clínicos citados foram analisados como ficções necessárias à legitimação das hipóteses aqui propostas (Roudinesco, citada por Telles, 2012). Longe de enfatizar a patologização do sofrimento psíquico das crianças, a escuta psicanalítica é o nosso ponto de ancoragem. Embasadas por uma escuta polifônica, como propõe Figueiredo (2014), a técnica e a ética devem se apresentar na clínica como "disposição de mente" do analista. Na clínica com crianças, essa "brincadeira séria que transforma as pessoas" (Dunker &

Thebas, 2019, p. 24) resulta não apenas de uma escuta empática, mas de uma escuta lúdica.

> *Escutar com qualidade é algo que se aprende. Depende de alguma técnica e exercício, mas também, e principalmente, de abertura e experimentação. . . . Palhaços e psicanalistas concordam que a arte da escuta do outro começa pela possibilidade de escutar a si mesmo. (Dunker & Thebas, 2019, p. 25)*

O que reafirma as condições de aprendiz (sua técnica) e de escutador responsável (sua ética) do analista como elementos exigidos no exercício de seu trabalho. Em defesa dos fragmentos clínicos citados, portanto, destacamos a ética do cuidado como linha de condução para a análise das questões que serão discutidas, o que inclui a dimensão empática e responsável de escutar as crianças, seus sintomas e também as suas potencialidades. Segundo Minerbo (2015), "essa exigência corresponde a uma posição ética peculiar, afinal, não escutamos apenas com nossas orelhas, mas com o corpo todo – com nosso inconsciente" (p. 222).

No que tange ao exemplo retirado da observação, buscamos uma análise que pretendeu potencializar a realidade psíquica da criança, valorizando o desvelar de um sentido potencial sem decidir antecipadamente sobre ele, como descreve Ciccone (2000) ao discutir a observação clínica. Consideramos essa observação como uma *observação clínica* na medida em que foi perpassada pelo olhar e pela subjetividade da psicanalista-pesquisadora e que, mesmo não sendo uma observação retirada (necessariamente) de um processo psicanalítico, resguarda os elementos que a modelizam (os olhos e ouvidos da psicanalista).

Quando Marcela provoca

Tô na sua cadeirinha, lá, lá, lá, lá...

Com Marcela[5] aprendi uma outra forma de insubmissão das crianças: a provocação. Na saída do primo da cadeirinha de segurança do carro, Marcela pediu para seguir viagem nela. Não satisfeita com a conquista do lugar, provocou o primo de 1 ano e 8 meses que saía do carro: "tô na sua cadeirinha, lá, lá, lá...".

Atrevidamente, Marcela o desafiava a suportar compartilhar algo seu com ela, mas, sobretudo, a suportar sua irreverência. Sabemos o quão difícil pode ser para uma criança nessa idade ter de dividir seus pertences, especialmente se parecerem desejados por outra criança. É comum, então, que a provocação convoque à disputa, irrite e desestabilize a criança provocada, instaurando um clima de rivalidade e levando a brigas.

Desconheço na literatura alguma relação direta entre a insubmissão e a provocação no campo da infância, mas essa cena que presenciei me levou a fazer essa associação. No alto dos seus 2 anos e 9 meses, Marcela encontrava, na relação com o primo, um modo de explorar sua rebeldia. Eu me perguntava o que comunica uma criança que "provoca" outra, que "provoca" os pais, que "provoca" o professor, por exemplo. Afinal, se há uma desobediência aos códigos "da boa conduta", atuada pela criança provocadora a partir da ironia, da brincadeira jocosa, ou mesmo da hostilidade de algumas brincadeiras infantis, talvez pudéssemos pensar que há também um movimento de rebeldia na ação de provocar. Especialmente

5 Visando à fluidez do texto e para facilitar a discussão, decidimos usar nomes fictícios para as crianças que ensejam as ações citadas nos fragmentos clínicos e na livre observação. As modificações pretendem ainda atender à necessidade de sigilo e preservação da privacidade dos pacientes. A escrita em primeira pessoa nos relatos pretende clarear a descrição.

porque, como a relação entre subordinado e insubordinado, a ação de provocar implica um outro e sugere um ambiente interno em franco movimento, que geralmente é mobilizado por ansiedades. A insubmissão expressa pela provocação nos leva a considerar que ela contém o ímpeto de agressividade, mas também poderíamos identificar um desejo de reconhecimento. Dito de modo mais sintético, um desejo de ser visto que se sustente em um ambiente de confiabilidade tende a favorecer a constituição da independência da criança.

Os atos de irritar o outro, de "cansar e entediar estão claramente relacionados como técnicas de lidar com o *stress* interno", explica Kahn (1991, p. 3). Para ele, nesses casos a criança "tenta manter o controle onipotente sobre sua realidade interna através de um controle obsessivo da linguagem e dos objetos" (p. 3). Vale ressaltar, contudo, que, apesar de essa tentativa de controle produzir efeitos nas relações afetivas e, em algumas circunstâncias, sintomas que podem gerar quadros psicológicos preocupantes, como a tendência antissocial, há também um elemento processual se dando com a criança. Em outras palavras, podemos dizer que a atitude provocativa guarda características insubmissas que correspondem ao processo de amadurecimento saudável da criança, um modo de ela *ocupar* os pais e todos aqueles que estão no seu entorno. Uma demanda, portanto, de cuidado.

Contudo, é preciso mencionar e reconhecer ainda um modo de provocação na infância que se presta à destrutividade, com traços de crueldade, como no chamado *bullying* – um tipo de agressão realizada entre crianças ou adolescentes cuja vítima é hostilizada e desqualificada de modo recorrente, produzindo um mal-estar significativo. A condução e a interpretação em casos como esse se aproximam da leitura da tendência antissocial, mas não serão detalhadas aqui. Resta-nos, contudo, reafirmar nossa posição de que não desconsideramos os impactos negativos da intensidade das insubmissões, mas pretendemos problematizar um tipo de leitura enviesada que fixa como interpretação da insubordinação infantil exclusivamente um cenário a ser evitado.

Nessa perspectiva, a atitude provocativa da criança (seja ela jocosa ou não) é um exemplo da insubmissão que expressa a potencialidade subversiva do gesto criativo. Ela pode ser agressiva, mas não se presta necessariamente à destruição (objetivamente). Ela pode ser cruel ou hostil, mas não pretende fatalmente destruir o objeto a que se dirige. O que nos faz pensar que, na infância, a provocação pode se apresentar como uma tentativa de experimentar a insubmissão como um exercício de rivalidade fraterna ou testar o lugar de poder do adulto. Especulamos, então, que há uma forma de expressão da atitude provocativa na infância que decorreria de uma postura insubmissa, destinada não apenas a fazer oposição ao vínculo, mas à criação de uma condição para a constituição de si. Noutras palavras, o gesto criativo, quando expresso pela provocação, pode caracterizar uma forma de vitalidade insubmissa que expressa a potência das tensões na constituição da subjetividade.

O silêncio de Joana

Eu não quero que ela entre no meu quarto!

Explicava Joana a razão pela qual havia fixado na porta do seu quarto um papel com os seguintes dizeres: “NÃO ENTRE”. Aos 11 anos, essa era uma das poucas exigências que Joana fazia à mãe: que tivesse a possibilidade de manter sua reserva silenciosa. Dirigido à irmã mais nova, que, segundo ela, mexia em tudo, o imperativo em questão era uma amostra de sua necessidade de ficar sozinha, de não ser invadida em suas dificuldades pré-adolescentes, tampouco de ser questionada a todo momento, como costumava fazer sua mãe.

Respostas curtas, muitos desentendimentos com a irmã, intolerância com a mãe, desvalorização irônica dos acordos e das exigências dos pais tornavam o comportamento de Joana um exemplo de chatice e insubmissão, diziam eles, usando outras palavras. Havia um silêncio rodeado de uma atitude belicosa por parte da criança, fazendo-nos pensar que ela se protegia das ansiedades que o ambiente lhe suscitava.

Não era segredo que o seu jeito arisco e silencioso em casa contrastava com o seu comportamento comum na escola e com os amigos; lá não havia queixas ou dificuldades significativas. Nas sessões comigo, o seu silêncio se expressava numa decisão deliberada (e muitas vezes ansiosa) da criança por usar todo o tempo da sessão jogando. O tempo preenchido parecia a garantia de que não conversaríamos sobre nada que dissesse respeito a sua família; e, se eu tocava no assunto, ela imediatamente me interrompia, se queixando que, se conversássemos, não daria tempo de terminar a brincadeira.

Era evidente que o seu silêncio comigo, assim como com a família, parecia mais um sinal da sua defesa diante das experiências traumáticas. Mas seria o silêncio de Joana uma saída traumática apenas, ou podemos pensar que o comportamento da criança se aproximava daquilo que Winnicott (1963/2007e) chamou de "direito de não se comunicar"? Como um modo de protesto íntimo contra a fantasia de ser devorado e engolido, essa "fantasia de ser descoberto" mostra-se uma possibilidade de análise. Nesse jogo de esconder, ensejado pela comunicação/não comunicação, estaria presente um "eu privado que não se comunica, e ao mesmo tempo querendo se comunicar e ser encontrado" (Winnicott, 1963/2007e, p. 169). O que aponta a necessidade de reconhecermos, para além da comunicação verbal, um elemento incomunicável no eu, silencioso, mas que pertence ao estar vivo.

Para Winnicott, o uso sadio da não comunicação favorece o estabelecimento do sentimento de realidade. Em sua "teoria da comunicação", atribui às relações objetais a capacidade de se comunicar do lactente, destacando que:

> *uma complicação nesta linha de pensamento se origina do fato de que o lactente desenvolve dois tipos de relacionamento ao mesmo tempo – com a mãe-ambiente e com o objeto, que se torna a mãe-objeto. A mãe-ambiente é humana, e a mãe-objeto é uma coisa, embora também seja a mãe ou parte dela. (Winnicott, 1963/2007e, p. 166)*

O que nos ajuda a entender que o processo de comunicação da criança, seja ele pré-verbal ou verbal, é uma experiência gradativamente conquistada na relação com a mãe-ambiente e com a mãe-objeto, quando esta puder ser objetivamente percebida. Mas será que não poderíamos também supor um gesto insubmisso nessa exigência de silêncio feita por Joana? O imperativo oposto ao "não entre"/"entre" – ou, podemos dizer também, a dialética "não entre"/"não saio" – nos leva a supor a necessidade de não ser invadida, mas também a sua tentativa de se manter em reserva. Como se o silêncio interno parecesse a Joana uma forma de sustentação psíquica ou de preservação. Novamente somos remetidos à dimensão paradoxal da comunicação apontada por Winnicott (1963/2007e), na medida em que, para ser capaz de se comunicar, é preciso experimentar o silêncio. A manutenção inicial do núcleo silencioso do eu será tão importante quanto a comunicação explícita, ressaltando o papel da quietude, que corresponde a uma tentativa de garantir um tipo de integração que será fundamental à expressão da potencialidade criativa da criança.

Na vida de Joana, calar-se era esperado, mas exigir do(s) outro(s) silêncio expressava mais que um sintoma, correspondia a uma tentativa de resguardar a sua integridade psíquica. O silêncio sintomático dirigido ao ambiente familiar, ainda que indicasse uma saída resistencial, acenava também para uma via subversiva de ser insubmissa ao meio, criando espaço para conquistar uma autonomia criativa. Mas, se por um lado podemos considerar a atitude da criança como uma forma de defesa insubmissa com vistas à afirmação de si, por outro, não podemos esquecer que estavam presentes nessa época todos os movimentos subjetivos que caracterizam as transformações impostas pela puberdade, que, sabemos, costuma ser marcada por momentos de reserva íntima dos adolescentes.

Poderíamos, ainda, desenvolver uma série de razões pelas quais a criança silenciava, mas pensamos poder afirmar que a leitura do sintoma e de seus sentidos não exclui nosso viés de análise de que haveria no gesto insubmisso da criança também uma forma de subversão criativa. Haveria, então, uma insubmissão que responde à constituição psíquica, que nomeamos como *insubmissão psíquica*, bem como sintomas que se apresentam como gesto insubmisso, expressando a sua potência subversiva de criação.

O recurso ao silêncio, expresso por sua resistência diante do apelo de comunicação por parte dos pais e sua recusa à demanda de presença da irmã, se estendia à cena analítica, o que me impelia a agir sendo uma analista "não importuna", como nos ensinou Balint (1994). Também traduzido como "o analista não intrusivo", "o analista não importuno" é aquele capaz de respeitar o tempo do paciente, que evita interpretações que possam o desorganizar, sendo, sobretudo, capaz de "evitar qualquer interferência não absolutamente necessária" (p. 178). Além de propor múltiplos significados para o silêncio, Balint é um analista que problematiza a técnica psicanalítica. Como Ferenczi (1928/2011b, 1930/2011d), ele não se ateve aos parâmetros da técnica clássica e, diante de subjetividades muito particulares, conduzia as análises respeitando a área de criação do paciente. Não seria essa a demanda de Joana? Sim, ela precisava que eu permanecesse a uma distância segura dela, como defende Balint (2014) sobre o papel do analista: "deve ser sentido como presente, mas devendo estar todo o tempo à distância correta – nem muito longe, a ponto de o paciente poder sentir-se perdido ou abandonado, nem tão perto, a ponto de que o paciente possa sentir-se impedido ou sem liberdade" (p. 177).

Deixemos essa discussão sobre a técnica para outro momento. Por ora, resta-nos seguir apontando que, para algumas crianças, uma das formas de expressar a potência subversiva do gesto criativo é por meio do *silêncio*. O silêncio modulado por uma insubmissão à invasão engolfante, uma versão que não se presta à potência criativa do sintoma, mas a uma versão subversiva da criatividade.

Priscila: em busca da moldura perdida

Corre cachorra!

Vibrava a legenda na foto tirada por Priscila de sua coordenadora correndo para a parada de ônibus. A foto, tirada na saída da escola, foi postada nos *stories* do Instagram da criança e retirada minutos depois, o que não evitou os rastros de seu impacto. Os pais de Priscila foram convocados à escola para conversar sobre o ocorrido; consternados com a atitude da filha, foram sensíveis ao pedido de reflexão sobre o evento, mas nada mais do que isso.

Em meu consultório, na presença da mãe, Priscila (11 anos) me contou a situação toda com uma voz manhosa e um tom dramático; parecia ser vítima de uma grande incompreensão. Disse que foi uma "simples" brincadeira entre ela e suas amigas e se justificou dizendo que retirou quase imediatamente a postagem. Na sequência, emendou a conversa num choro e falou, chateada, de como as amigas vinham sendo indiferentes a ela. Com esse relato mobilizou a mãe, que, muito sensibilizada, abraçou a filha, não parecendo perceber a mudança abrupta de tema empreendida pela criança.

A cena que eu presenciava dava sinais de uma discreta manipulação; era como se a menina, naquele momento, se apresentasse diante de "suas mães" (eu e a mãe) como um bebê, ora demandando colo (cuidado, afeto e consolo), ora produzindo uma vontade de se afastar pela exigência afetiva que ele (o bebê) instaura. Enquanto a mãe parecia quase chorar junto da filha, eu fui invadida por um sentimento de impaciência e irritação com ela, na verdade, com as duas. Ainda não entendia o que estava se passando, mas, a partir desse dia, comecei a sentir certa repulsa diante da criança.

É preciso esclarecer que não houve sanções objetivas por parte da escola, tampouco no âmbito familiar. O que me mobilizou uma inquietação enorme, fazendo-me dizer a Priscila, num ímpeto maternal ou justiceiro (não sei exatamente o que se processou comigo), que, "se eu fosse seus pais, você teria ficado de castigo". A criança devolveu me interrogando em tom agressivo: "Quantos filhos você tem? Meu pai tem três, ele sabe o que fazer". Não consegui, de imediato, dizer mais nada. Fui invadida por um sentimento de raiva, vergonha por estar "levando um fora" de uma criança e uma vontade enorme de revidar o que ela tinha acabado de me dizer. O que me confortava era lembrar que para alguns pacientes uma das tarefas mais importantes do analista "é ser capaz de odiar o paciente objetivamente" (Winnicott, 1947/2000d, p. 279).

Tentando recobrar minha função, segundos depois do silêncio que se deu, eu consegui perguntar se ela percebia como estava sendo agressiva comigo, disse que não havia gostado de ela falar daquela forma e que agora entendia o que a coordenadora havia sentido quando viu a foto e a legenda que ela postou na internet (ou quando soube delas). Disse isso contendo minha raiva, mas sem escondê-la. Como ela não parecia empática, o que decorria da sua própria fragilidade egoica, apelei para nosso vínculo e tentei analisar, a partir da transferência, a forma como me fez aquela pergunta sobre ter filhos.

Sem refletir sobre técnica e manejo, eu agia sob o impacto da minha raiva. Não consegui controlar minha fúria diante da apatia dos pais nesse evento e dirigi meu ódio àquela criança insubmissa, em forma de ironia e reprovação. Só depois considerei que se reencenavam comigo as demandas de amor e ódio entre um bebê e sua mãe; ficava cada vez mais claro para mim que, se eu tivesse negado o meu ódio por ela, poderia ter lhe sido muito prejudicial. Na ocasião, eu não me percebia deslocada da minha função analítica; acreditava que essa intervenção poderia furar a bolha onde Priscila estava envolvida; acreditava que tinha um propósito analítico e não educativo. Prestava-se como interpretação, porque eu considerei que assim estaria implicando a criança naquilo que concerne a sua responsabilização (pelos seus atos), mas também naquilo que diz respeito ao campo afetivo. Entretanto, a pergunta que me foi feita, sobre quanto filhos eu tinha, produziu uma espécie de indisponibilidade para atendê-la. Naquela hora meu pensamento era: "eu não preciso atender essa paciente, não quero ficar perto dela".

As sessões seguiram, e continuamos vivas, eu e Priscila. Era como se a experiência de viver e expressar o ódio que eu senti (contratransferencialmente) tivesse promovido a abertura necessária para uma relação intersubjetiva genuína entre nós duas. Parecia coerente com a afirmação de Ogden (2013) de que "é nesse esforço de sermos mais plenamente humanos que estamos vivos enquanto analista e analisando" (p. 34).

Dias depois, outra questão se colocou. No início, sentia como se eu tivesse sido "vítima" dos ataques de Priscila, da sua pergunta arisca; me perguntava se ela não teria feito comigo a mesma coisa que fez com a coordenadora, pois para mim em ambos os casos ela tentava destituir o lugar assimétrico na relação pela via da agressividade. Contudo, em supervisão[6] do caso, fui interpelada sobre o contrário: se eu não havia atacado a criança; não um ataque propriamente a ela, mas aos seus pais, por sugerir que havia algo que eles poderiam ter feito e não fizeram. Diferentemente do que eu vinha formulando sobre a sessão, passei a pensar, a partir dessa colocação, se a agressividade não teria partido de mim, o que me levou a interpretar se a resposta da criança, em formato de pergunta ("quantos filhos você tem?"), não acenava para uma defesa que ela empreendeu em favor dos pais, e não apenas propriamente dela.

Reconheci que minha colocação sobre o castigo era uma forma disfarçada de dizer da minha raiva e vergonha de ter uma paciente que fez o que ela fez e, aos poucos, fui percebendo que eu não podia, como uma mãe odiosa, ter me "vingado" pela insubmissão de Priscila, seu mau comportamento na escola. Diferente disso, analisei que precisava ter estado disponível para escutar o apelo que a sua insubmissão expressava, escutar o seu apelo por receber uma moldura para a frágil condição psíquica.

A insubordinação de Priscila, que se apresentava no limite da transgressão e bordejava uma agressividade banal, sugeria um pedido da criança para receber um suporte, um *holding* (Winnicott, 1960/2007f). Não se tratava apenas de ter limites no sentido

6 A supervisão clínica é um dos tripés da formação psicanalítica, exigindo do analista uma abertura suficientemente boa para garantir a análise dos afetos que são mobilizados no caso discutido.

educativo, mas de uma outra forma de contorno, perpassada pelas relações afetivas. Segundo Davis e Wallbridge (1982):

> *Embora a fase do suporte*[7] (holding) *na teoria de Winnicott seja equivalente à fase de estar fundido ou de dependência absoluta, o apoio egóico continua sendo uma necessidade da criança em crescimento, do adolescente e por vezes do adulto, sempre que há uma pressão que ameaça confusão e desintegração. (p. 115, grifo do original)*

Nesse sentido, a experiência de *holding* envolveria uma disponibilidade física e psíquica inicial nos cuidados dispensados ao bebê, mas não se resumiria a ela. Destaca-se como um aspecto importante no processo de subjetivação saudável porque é diante da consistência do ambiente que o bebê (e depois a criança, o jovem e o adulto) pode apresentar uma tendência maior ou menor para dar conta do vivido. Podemos dizer que, quando há uma espécie de desintegração, enfatizando uma fragilidade emocional, a criança tende a acionar recursos mais primitivos para chamar a atenção dos pais.

Não entrarei aqui na discussão sobre as intenções, boas ou más, da criança, tampouco na questão do papel educativo da escola e da família diante de eventos como esse. Mas hoje compreendo que a insubmissão pode ser atuada como expressão de apelo da criança para receber uma moldura subjetiva e, nesse sentido, por mais contraditório que pareça, a insubmissão pode prestar-se a uma função subversiva que visa à integração psíquica. Era o que essa situação clínica me ensinava: as ações insubmissas, aparentemente

---

7 Esse foi o termo usado por Eva Nick para a tradução do termo *holding* usado pelos autores.

de conotação negativa, também podem indicar esperança e desejo profundo de mudança.

Marcelo e o pertencimento

Não tem nada para eu comer. Não tem nada bom nessa casa!

A adoção de Marcelo (5 anos) foi mediada pelo orfanato, local para onde ele foi levado assim que nasceu. Chegou na nova família dias antes da mãe descobrir que, finalmente, estava grávida de um menino, após anos de tentativas de fertilização, sem sucesso. Marcelo foi um bebê hiperalérgico e, por isso, desde muito pequeno o seu corpo se enchia de feridas. As informações repassadas pela instituição eram poucas e centravam-se na sua origem marcada pela vulnerabilidade: a mãe biológica de Marcelo era usuária de drogas e teria mantido o consumo durante toda a gestação dele.

Isso nos ajudou a entender que a construção do seu lugar no mundo, por si só, já havia sido marcada por uma indisponibilidade materna (inicial) para as suas necessidades. E talvez por essa razão, além das outras que desconhecemos, as alergias de Marcelo eram severas e se estenderam até a infância; eram tantas que é difícil até citá-las por completo. Mas a sua maior reação alérgica parecia ser uma recusa a ser "mais um". Ele queria pertencer à família como "um", não ser "dois" (a família o adotou junto com a irmã biológica). Além disso, o bebê que a mãe esperava na sua chegada à nova família era também um menino. Ele não era o único menininho da casa, tampouco filho único.

Winnicott (1990) nos fala da sensibilidade física nos casos de alergia, apontando os sacrifícios do corpo para dar conta de conflitos psíquicos, provocando o que chamou de "doença fronteiriça". Nela, "as tensões e pressões do crescimento emocional normal, bem como certos estados anormais da psique têm um efeito adverso sobre o corpo" (p. 43). Isso nos leva a supor que era justamente a própria subjetividade que se mostrava carente de um ambiente propício para sua integração. Marcelo estava sendo medicado há alguns meses, mas nada havia mudado, segundo os pais. Ele continuava chorando de modo desproporcional sempre que frustrado e batia nos colegas da escola. Havia uma inquietação explícita, podemos dizer sintomática, e essa breve contextualização da vida de Marcelo talvez já justifique essa interpretação. Mas, além da leitura do sintoma da criança, com todos os seus possíveis sentidos, consideramos que o gesto de insubmissão de Marcelo na escola e em casa permite algumas especulações diferentes.

Por que batia nos colegas? Por que afirmava a todo momento que a sua vida era "ruim" e que "nada prestava em sua casa"? Decidimos aqui recortar a atitude de insubmissão da criança para uma possível interpretação sobre as suas incidências na constituição psíquica. Reiteramos, *uma* possível interpretação, porque sabemos que outros aspectos também poderiam justificar a sua inquietação constante. Nessa leitura sobre o fenômeno insubmisso, pensamos poder destacar uma demanda de pertencimento da criança que se apresentava por uma tentativa de ser visto e reconhecido dentro de uma nova herança familiar.

Como destaca Plastino (2006), a partir da leitura winnicottiana é possível pensar as relações entre cidadania e pertencimento, uma vez que "o conceito de 'singularidade', em substituição ao de individualidade, exprime essa ampliação fundamental de perspectiva" (p. 387). Para o autor, Winnicott não assume uma perspectiva dualista, como outrora Freud havia feito, e isso se demonstra por meio da sua conceituação sobre o psicossoma. Explica:

> *Dotado de uma capacidade natural de imaginar – patrimônio antropológico –, o psicossoma porta em si a capacidade de criar e de se auto-criar enquanto sujeito. Esta capacidade, assim como a motilidade e o erotismo que Winnicott atribui ao psicossoma, não constituem pressupostos metafísicos, mas formulações teóricas diretamente derivadas de uma prolongada experiência. (Plastino, 2006, p. 390)*

O que nos permite articular essa discussão com uma análise sobre as alergias na pele de Marcelo, que se aproximavam de "uma situação em que a pele não está incluída na personalidade", como nos descreveu Winnicott (1990, p. 143). Casos como esse são um exemplo da localização da psique no corpo e nos ajudam a compreender a proposta do autor: "ao dissecar a personalidade, faço uso do termo psicossoma com a intenção de preservar o relacionamento fundamental que, na saúde, se estabelece e se mantém entre o corpo e a psique" (Winnicott, 1990, p. 71).

As teorias que prezam pela intersubjetividade como geradora da experiência de pertencimento social e contribuem para pensar a existência psíquica também são destacadas por Mizrahi (2017) como ferramenta preciosa para a análise das subjetividades contemporâneas, cujo sentimento de não pertencimento fragiliza e produz sofrimentos, como vemos nesta passagem:

> *São autores como Kohut e Winnicott que, priorizando uma vitalidade criativa do* self*, que em princípio não é destrutiva – uma vez que necessita da força e vitalidade do outro para chegar a se expressar – . . . nos permitirão a virada, na direção de uma crença na experiência do pertencimento como base necessária para a sustentação da subjetividade. (p. 20)*

Nesse sentido, a dimensão de pertencimento é fundamental para a constituição da subjetividade, na medida em que dá consistência ao sentimento de existir e favorece a criação de um lugar no mundo para o indivíduo. Resultará, sobretudo, da confiança oferecida pelo ambiente e se expressará pela capacidade de adaptação deste às necessidades e aos gestos espontâneos do bebê. Gradativamente, será mais do que isso: a confiança no entorno conferirá não apenas a integridade psíquica, mas a possibilidade de ampliar o pertencimento à esfera do coletivo, o que faz a criança começar a experimentar o sentimento de pertencimento a partir do exercício da cidadania. Inicia-se, então, uma longa jornada que vai dos *relacionamentos (e impasses)* construídos na vida privada à abertura de *espaços de fala*: na família, na escola, na sociedade e na cidade.

Pensamos ainda poder acenar para os paradoxos da questão, posto que, enquanto apresentamos um caminho através do qual a criança *se rebela para pertencer*, não podemos deixar de mencionar que há também uma possibilidade de expressão da insubmissão que vai na contramão disso, ou seja, cuja intenção é *a recusa a um pertencimento*. Pertencer, tomado aqui como sinônimo de dispor de uma influência dominadora, pode conduzir a criança a recusar se submeter às heranças do grupo familiar que integra. Por exemplo, a indisponibilidade de algumas crianças para um esporte, para a música ou algo mais que possa lhe manter na tradição de sua família, se distanciando de um traço comum entre seus membros. Um tipo que remete à famosa ideia socialmente difundida de ser "a ovelha negra da família", definida também como tendência de "desvio" dos padrões esperados por um grupo, seja ele social ou familiar.

Assim, analisamos que a criança não apenas pode ser *insubmissa para se fazer parte, pertencer*, como para, contraditoriamente, deixar de caber no lugar que a torna submetida (ao adulto ou ao grupo). "Pertencer" e seu avesso, "descaber", participam, então, do processo de integração psíquica, sendo modulados pela maturação psíquica da criança, que se torna capaz de desejar ou recusar sua identidade familiar e/ou social à medida que o mundo começa a lhe parecer cada vez mais desafiador.

O ódio amoroso de Lucas

Você matou o meu pai. Você é uma vagabunda!

É o que esbravejava Lucas (9 anos) para a mãe, paralisando quem estivesse ao seu redor. Seu comportamento atípico não era novidade para a família, que já o havia levado a vários terapeutas e mudado a criança de escola algumas vezes quando me procurou. Na ocasião, contudo, era a morte do pai, falecido rapidamente de um câncer muito invasivo, que potencializava as dificuldades preexistentes. A mãe de Lucas, em meio ao luto pela perda do marido e ao desamparo de cuidar sozinha de duas crianças, se via ainda aterrorizada por insultos e ataques incontidos do filho.

A sua agressividade não era apenas verbal; em muitos momentos, a criança se descontrolava e começava a destruir os objetos da casa. Certa vez misturou tintas e melecou as paredes do quarto recém-pintado; já havia quebrado a TV num acesso de raiva e estourado um vidro da janela de casa diante das frustrações do dia a dia. Noutro momento, a mãe, que estava estudando para um concurso, deslocou um móvel da sala para o seu quarto para arrumar melhor as coisas, e isso foi o suficiente para Lucas iniciar mais uma crise: além das ofensas verbais, tirou a roupa no quintal enquanto espirrava água nas janelas de casa. Ele se desorganizou de tal forma que precisou de um tempo trancado do lado de fora da casa (quintal) para poder voltar a se vestir, conseguir ficar bem e suportar voltar para dentro de casa sem quebrar mais nada.

Essa mesma criança, entretanto, oscilava entre destrutividade e gentileza. Ao mesmo tempo que provocava todas essas situações, havia também um pedido de que a mãe lhe vestisse para ir à escola, solicitava que ela fizesse seu sanduíche e implorava (no limite da exigência tirânica) para fazer um lanche gostoso (juntos) praticamente a cada saída das sessões de análise. Normalmente, isso não diluía o ódio que ele havia provocado antes e, muitas vezes, recebia uma resposta impaciente da mãe, que ora via seu pedido como "capricho", ora se angustiava por não entender por que, aos 9 anos, ele ainda lhe demandava coisas de um "menino pequeno". Comigo era costumeiramente gentil, sendo comum abrir a porta da sala para eu entrar e me abraçar, dizendo que estava com saudades, a cada volta das férias. Além disso, acabrunhado e com a voz mansa, Lucas me explicava que não conseguia controlar a raiva e, visivelmente, se envergonhava quando a mãe me contava as dificuldades ocorridas.

Winnicott (1956/2005c) propõe duas direções na tendência antissocial; uma é representada pela busca de objeto, normalmente característica no roubo, enquanto a outra diz respeito à destrutividade. A breve explanação que faço nos permite afirmar que o comportamento de Lucas ia nessa última direção, quando "a criança está procurando aquele montante de estabilidade ambiental que suporte a tensão resultante do comportamento impulsivo" (p. 141). Concordamos que a sua insubmissão era sugestiva das características observadas nos casos de tendência antissocial, pois havia um "valor incômodo da criança" (Winnicott, 1956/2005c, p. 142) que demandava uma moldura cada vez mais ampla, pois teve início com o corpo da mãe, mas se estendeu para a relação parental, para o lar e para a família estendida (os avós maternos também eram alvo de seus ataques). Contudo, é importante dizer que não se expandiram para a escola, tampouco para a vida social, como costuma acontecer nos casos em que a tendência antissocial assume a dianteira.

Podemos dizer que a *rebeldia delinquente*, sintomática, ainda não se apresentava por completo, o que nos faz considerar que possivelmente as terapias pelas quais Lucas havia passado e a sustentação do processo analítico em questão haviam exercido (e continuavam exercendo) uma barreira contra o extravasamento de suas dificuldades para além dos muros do quintal de casa. Era como se odiar a mãe e fazê-la odiá-lo correspondesse a um modo de preservá-la, e não apenas de destruí-la, o que parecia garantir, provisoriamente, uma vida psíquica a Lucas.

Isso nos permite interpretar o gesto insubmisso da criança, o que incluía seus ataques dirigidos à família, muito mais como uma demanda de amor, expressa em forma de ódio amoroso, do que como uma expressão (unicamente) da tendência antissocial. Tomamos o termo emprestado de Christopher Bollas (2015):

> *Costumo chamar esse sentimento de "ódio amoroso" e com este termo indico uma situação na qual um indivíduo preserva uma relação, mantendo-a com um apaixonado investimento negativo. . . . o ódio apaixonado é gerado como uma alternativa de amor, que se presume estar indisponível. (p. 150)*

Havia uma dúvida permanente em Lucas sobre o amor que sua mãe lhe tinha. Deprimida, tentando construir a relação com o filho, ela, muitas vezes, não conseguia se ligar às necessidades dele. Mais do que uma insurgência potencial, como atribuímos à *rebeldia por insubmissão*, havia uma força propulsora da destrutividade que exigia uma atenção diferente e também uma intervenção clínica cuidadosa. Lucas cultivava uma insubmissão odienta por ela, bordejando a instalação de comportamento antissocial (como sintoma), exigindo cautela quanto aos riscos de relativizá-la e tomá-la equivocadamente como uma atitude insubmissa apenas. Destacamos que há um limite tênue entre o comportamento de teste do ambiente, desajuste comum a uma criança que sofreu privações, e aqueles que podem figurar como demanda odienta e tantos outros modos de apresentação. Nesse sentido, é preciso diferenciar as expressões insubmissas e, sobretudo, reconhecer a impossibilidade de uma leitura do fenômeno que desconsidere a dinâmica psíquica da criança ao longo do seu processo de subjetivação. No caso de Lucas, o papel da análise durante muito tempo consistiu em oferecer espaço de fala para a mãe manter-se viva, sobrevivendo aos seus ataques, mas especialmente (re)construindo para ela um espaço de pertencimento como mãe e também como mulher. Foi preciso fazê-la apropriar-se dela mesma antes, para que ela voltasse a investir, genuinamente, nos cuidados com o filho.

A partir dessa vinheta clínica, podemos refletir sobre alguns aspectos; sobretudo, sobre a importância de destacar o papel desempenhado pela destrutividade no processo de subjetivação. Safra (2002b) cita um caso discutido por Marion Milner em seu artigo "The Role of Illusion in Symbol Formation" (1952) para apresentar como o sentido da destrutividade de um paciente pode ser o de recurso por ele utilizado para encontrar a sua criatividade original a partir da capacidade de adaptação do mundo. "Milner conclui, em seu artigo, que esse tipo de destrutividade não podia ser considerada simplesmente como uma regressão defensiva, mas como uma fase recorrente no desenvolvimento da relação criativa com o mundo" (Safra, 2002b, p. 24).

Esse viés de análise, portanto, nos permite reafirmar a interpretação de que Lucas não expressava unicamente uma regressão defensiva em seu funcionamento destrutivo, mas experimentava (por meio de sua insubmissão) a constituição, ainda que precária, de uma forma de exercer potencialmente a sua existência criativa.

Encontramos reforço para essa afirmação também a partir das ideias de Bowlby (1956-1958/2015):

> *vemos em inúmeros casos uma criança agressiva agir baseada em que o ataque é a melhor defesa. Do mesmo modo, a culpa pode levar a uma exigência compulsiva de demonstrações de amor que a tranquilizem e, quando essas exigências não são satisfeitas, a novos sentimentos de ódio e, por conseguinte, a mais culpa. São esses os círculos viciosos que resultam quando a capacidade de regular o amor e o ódio se desenvolve de modo desfavorável. (p. 19)*

Ao teorizar sobre os laços afetivos e os efeitos das rupturas de vínculos no processo subjetivo, o autor defende que a incapacidade para regular os conflitos é uma das razões para as dificuldades neuróticas. Segundo Bowlby, estas decorrem de uma tendência à ambivalência que não pode ser regulada harmoniosamente pela imaturidade psíquica.

* * *

Comum de ser atualizada e consolidada na adolescência, essa forma de expressão destrutiva, que precisa contar com a maleabilidade do mundo, nos lembra o desafio de avançar em estudos da insubmissão nessa faixa etária sem associá-la às formas de transgressão com viés negativo. Noutra oportunidade pensamos poder desenvolver uma leitura sobre a dimensão insubmissa na adolescência, cabendo agora, no entanto, apenas um breve comentário.

Certa vez, ouvi de um jovem de 17 anos que eu atendia: "Eu sou um rebelde sem pausa!". Intrigada com essa frase, retomo-a quando começo a pesquisar sobre a insubmissão. Para o jovem em questão, a rebeldia se apresentava por meio de atos destrutivos e atitudes que amedrontavam seus pais e sua irmã. Afora as questões da adolescência e do caso em si, o que saltava aos meus ouvidos era: por que ele repetia essa frase? Para ele, era preciso reafirmar que não cessaria de, deliberadamente (por isso o "sem pausa"), subverter os acordos, questionando absolutamente tudo em casa. Contraditoriamente, é possível dizer que, sem descanso, o que ele não percebia era que a sua tentativa de se distanciar da família marcava também a sua demanda de reconhecimento e afeto, mesmo que estes se apresentassem como apelos agressivos.

Eu me perguntava que criança ele teria sido e o que teria se processado em sua infância para, apesar de todos os conflitos que essas resistências ocasionaram nas relações familiares, esse jovem demonstrar tanta necessidade de transformar a insubmissão do seu gesto criativo em uma forte tentativa de destruir os vínculos amorosos primários. Não discutirei aqui o caso em questão para não perder de vista que a leitura que proponho se restringe ao campo da infância, mas é preciso dizer que a decisão desse jovem de *subverter* chamava a atenção. Era uma atitude insubmissa marcada por ambivalências afetivas importantes, que nos aproxima daquilo que Bowlby (2015) e Winnicott (1954-1955/2000b) descrevem como tendência à ambivalência. Havia um desespero intenso de ser desintegrado em sua identidade e a defesa de si pleiteada por esse jovem se conjugava a um ódio intenso que precisava encontrar destino.

Convictos de que há muitos elementos em questão na análise do fenômeno insubmisso – que incluem seus efeitos nos vínculos e seus modos de participação no processo de subjetivação –, consideramos que uma das maiores contribuições da psicanálise ao tema em questão consiste em manter a *escuta paradoxal* do fenômeno insubmisso. É preciso não perder de vista a desconstrução de padronizações que uma escuta assim pode promover ao comportamento ou sintoma da criança, com saídas clínicas que tendem a não ser patologizantes.

Os exemplos de formas de insubmissão reunidos aqui nos permitem reconhecer a presença da potência subversiva do gesto criativo atuando de modos diferentes, tensionando o processo de subjetivação e complexificando a análise da constituição psíquica. Com esses casos em mente, gostaríamos, finalmente, de problematizar o papel do dispositivo psicanalítico no favorecimento e/ou consolidação dessa versão do gesto criativo na clínica. Sigamos.

A potência subversiva na clínica psicanalítica

Ao defender as razões pelas quais a clínica psicanalítica é uma prática política, Gondar (2004) propõe que pensemos a partir de dois vetores: o primeiro é o seu compromisso com o desejo; o segundo, o fato de que, orientada pelo desejo, a clínica visa a uma mudança. Enquanto o processo desejante, seja ele individual ou coletivo, abarca incertezas e impossibilidade de controle absoluto, revela, ao mesmo tempo, uma via potencial para a subjetividade. A busca por mudanças, por sua vez, corresponde à tentativa constante de experimentar a vida sem assujeitamento, portanto aberta a transformações. Para a autora, então, esses vetores reafirmam o papel dos encontros na promoção de modificações no campo subjetivo e participam não apenas do processo de singularização, mas do que ela chamou de *núcleo de resistência política* – cujo compromisso é a não padronização do desejo e a abertura criativa. Assim, mesmo se dando num campo micropolítico, conclui que "trata-se sempre do quanto e do como o desejo pode se produzir e expressar diante das injunções de assujeitamento" (p. 126).

A leitura da clínica psicanalítica como forma de resistência à submissão e que aposta nos efeitos do processo de afetação na análise fundamenta-se no reconhecimento da dimensão estética da psicanálise e inclui uma ética e uma técnica sintonizadas com a disponibilidade sensível de escuta do sofrimento psíquico. Portanto, ao discutir o papel da clínica psicanalítica, estamos incluindo, além do exercício técnico do psicanalista, a sua posição ético-política no campo da cultura. Nesse contexto de interlocução, nos perguntamos: qual seria, então, a função da clínica psicanalítica diante da criança insubmissa? Como o dispositivo clínico pode oferecer saídas que não se reduzam à produção de subjetividades padronizadas na infância? Qual o papel do psicanalista quando escuta a revolta potente (e pulsante) da criança que se recusa ao assujeitamento, mas que dele depende para constituir, paradoxalmente, sua subjetividade?

Se, por um lado, o trabalho psicanalítico com crianças consiste na oferta de um lugar para a construção de uma moldura psíquica quando houve algum comprometimento na sua constituição, por outro, e paradoxalmente, também consiste na oferta de um dispositivo de resistência ao assujeitamento intenso. Assim, o que está colocado agora é uma breve retomada daquilo que consideramos fundamental ao método psicanalítico de intervenção com crianças, além de uma discussão sobre como a potencialidade subversiva da criança se apresenta no *setting* e acena para um modo de expressão criativa, nos termos que estamos defendendo.

Para pensar a clínica, a política e a criação na infância, Ferenczi e Winnicott se mostram não apenas necessários, mas extremamente atuais. Ao protagonizarem um incremento à escuta da intersubjetividade (França & Rocha, 2015), eles modelaram o que hoje pode ser chamado de "clínica do sensível" (Kupermann, 2005), cujo estilo repousa na implicação suficientemente boa (e necessária) do analista na criação de um espaço de favorecimento aos processos criativos do analisando. A inclusão do plano de afetação e a interlocução entre analista e analisando pressupõem considerar o papel de cada um, separadamente e/ou juntos como par, na experiência de análise. Transcende, portanto, o modo interpretativo e se estende a uma prática clínica marcada pela sensibilidade do encontro.

Enquanto Ferenczi é reconhecido como "pioneiro na formulação da situação analítica como um dispositivo estético facilitador de processos criativos" (Kupermann, 2005, p. 80), tendo contribuído para a formulação de uma clínica que valoriza o estatuto do encontro e a importância do tato (*Einfühlung*), Winnicott, por sua vez, introduz o jogo compartilhado como condição fundamental ao processo analítico e a sua escuta clínica toma a regressão à dependência como parte importante do campo transferencial. Em "Análise de crianças com adultos", Ferenczi (1931/2011e) aposta na implicação do analista na análise de seu paciente como forma de auxiliar que ele chegue às próprias construções em análise. Sem negar que as experiências traumáticas da criança são, na maioria das vezes, consequências de um ambiente desprovido de tato, Ferenczi recoloca o tema da responsabilidade do psicanalista no campo da ética exigindo dele uma atitude empática e cuidadosa em seu manejo técnico, especialmente na análise de crianças:

> *Portanto, esse grande poder que os adultos têm em face das crianças, em vez de utilizá-lo sempre, como geralmente se faz, para imprimir as nossas próprias regras rígidas no psiquismo maleável da criança, como algo outorgado do exterior, poderia ser organizado como meio de educá-las para maior independência e coragem. (p. 87)*

Essa passagem nos permite relacionar o poder dos adultos na formação das crianças e destaca a necessidade de o ambiente (seja ele a família, a escola ou a própria análise) funcionar como um lugar propício ao desenvolvimento de crianças *independentes* e *corajosas.* Na situação analítica, sabemos que o papel do psicanalista é parte fundamental na condução do tratamento, operando tanto nas camadas psíquicas superficiais, que correspondem à realidade cotidiana da criança, quanto na análise aprofundada de sintomas, resistências e traumas.

Outros trabalhos psicanalíticos tornaram-se clássicos no estudo de uma clínica empática, iniciada pelas proposições de Ferenczi. Em "Os objetivos do tratamento psicanalítico", apresentado à Sociedade Psicanalítica Britânica, encontramos Winnicott (1962/2007h) discutindo a sua concepção de análise modificada – técnica de que ele refere lançar mão diante de casos e determinadas condições clínicas com necessidades diferentes. Nessas ocasiões, sem abrir mão do valor da técnica clássica, ele afirma:

> *me modifico no sentido de ser um psicanalista que satisfaz, ou tenta satisfazer, as necessidades de um caso especial. Acredito que este trabalho não-analítico pode ser melhor feito por um analista que é versado na técnica psicanalítica clássica. (p. 154)*

Acenando para uma vertente clínica cujo método salvaguarda a capacidade do analista de ser criativo e flexível, Winnicott (1962/2007h), ao mesmo tempo que demarca a técnica clássica como embasamento indispensável no manejo clínico, define como trabalho "não analítico" algumas de suas mudanças técnicas. Contudo, não deixa claro o que está querendo dizer com isso. Continua em seu artigo:

> *Se nosso objetivo continua a ser verbalizar a conscientização nascente em termos de transferência, então*

> *estamos praticando análise; se não, então somos analistas praticando outra coisa que acreditamos apropriada para a ocasião.* E por que não haveria de ser assim? *(p. 155, grifos nossos)*

O que Winnicott pretendia com esse questionamento? Por que insistiu em chamar de "não analítica" a prática que realiza intervenções não convencionais? Ao falar sobre as origens e as influências do psicanalista britânico, Graña (2007) nos dá pistas para essas respostas ao apresentar a presença de Ferenczi em Winnicott. Vejamos:

> *A análise de adultos e a análise de crianças tendem a se aproximar cada vez mais no pensamento teórico-clínico de Ferenczi, e as modificações da técnica que ele introduz em certos casos irão permitir a ocorrência, na sessão analítica, de fenômenos que a técnica clássica não permitia observar e compreender. Ferenczi abriria o caminho para a descrição de Winnicott, duas décadas mais tarde, da "regressão à dependência" no* setting *psicanalítico . . . (p. 80)*

A filiação a uma tradição clínica que concebe a elasticidade da técnica, bem como a potência da relação analista-analisando pela via da experimentação e do reconhecimento do papel da provisão ambiental, justificaria as razões pelas quais Winnicott segue na direção do pensamento ferencziano. Sim, essa nos parece a resposta mais plausível à pergunta que ele mesmo se fez: *E por que não haveria de ser assim?* As modificações técnicas são não apenas fruto do próprio investimento clínico na escuta do caso, mas decorrem de uma necessidade de salvaguardar a ética do cuidado que fundamenta a psicanálise, defendemos.

Mas estaria Winnicott tão inseguro com as modificações técnicas que vinha propondo ao ponto de tomá-las como "não analíticas" ou estaria em dúvida quanto a nomeá-las como propriamente psicanalíticas? Nossa aposta é que ele opta por defini-las como "não analíticas" para marcar a diferença em comparação à técnica clássica. Contudo, Winnicott respeitava tanto a condição desejante e viva de seus pacientes que não prescindia de sua escuta, mesmo que isso exigisse oportunizar transformações técnicas. Voltando ao texto de Graña (2007), encontramos um trecho que parece explicar nossa interpretação:

> *Winnicott estará principalmente preocupado com a* relação, *com a* vivência, *com a forma através da qual o ajuste entre as necessidades iniciais da criança e o cuidado que lhe é oferecido pelo ambiente poderá oportunizar o desenvolvimento pleno das suas potencialidades vitais. (p. 58)*

Esse viés de leitura demonstra que Winnicott, como Ferenczi, investiu nas modificações técnicas também por um caminho empático e profundamente analítico, mesmo que tenha tido dificuldade para definir algumas delas como psicanalíticas, como sugere a pergunta que ele mesmo se fez.

Na trilha dessas reflexões e articulando-as aos exemplos discutidos no tópico anterior, gostaríamos de apresentar outros aspectos que envolvem o manejo clínico e a escuta clínica, agora especialmente diante da insubmissão infantil. A abertura para a constituição de um idioma próprio promovido pelas experiências insubmissas, como tentamos demonstrar, nos indica a necessidade de escutar e recepcionar a insubmissão da criança de um modo particular também na clínica psicanalítica. Pensando nisso, quando trouxemos os "rebeldes", não pretendemos desenvolver estudos de casos, mas tão somente apresentar a força da expressão insubmissa como evidência da potencialidade subversiva do gesto criativo e toda a complexidade que a envolve.

De partida, propusemos uma desleitura do fenômeno insubmisso, que deixa de ser considerado apenas pelo viés negativo; depois, tentamos demonstrar que uma leitura teórico-clínica destacando a responsabilidade do trabalho do psicanalista de crianças e convocando o analista a uma discussão ética respeitaria a ideia de que "o dispositivo técnico é também um dispositivo político", como argumenta Gondar (2012, p. 204). Consideramos que a clínica psicanalítica assim pensada se fundamenta na aposta de que o espaço terapêutico é capaz de "dar lugar à vitalidade espontânea, num claro contraponto aos contextos que dela se apropriam" (Mizrahi, 2010, p. 127). Um compromisso ético, portanto.

Desse modo, sugerimos que a insubmissão, do ponto de vista da clínica, seja analisada a partir de duas perspectivas: (a) como agressividade que permite oposição e espontaneidade no gesto, *potência de vida*; e (b) como uma busca (costumeiramente ambivalente) por autonomia completa, *potência do "sentir-se real"*; ambas comportando a face subversiva enquanto força vital. Em termos práticos, a diferença inicial consiste em considerar as assimetrias: a idade da criança, a sua condição psíquica de diferenciação com a exterioridade e o percurso de apropriação da sua identidade, ou, como preferimos pensar, o percurso da criança na constituição de seu idioma pessoal. Mas, no bojo da discussão, *per se* complexa, também devemos destacar que a análise do fenômeno insubmisso na infância e o seu manejo clínico dependem da forma como o analista concebe a questão, como estamos tentando demonstrar.

Explicamos: como a potencialidade subversiva do gesto criativo tende a se expressar pela via insubmissa, a escuta clínica costuma ser perpassada, prioritariamente, pela escuta da agressividade e, só depois, pelos outros possíveis significados (criativos ou não) de sua expressão. Se concordamos que "é apenas através do componente agressivo que o relacionamento com os outros reais pode existir", como defende a leitura winnicottiana de Adam Phillips (2006, p. 161), é preciso ponderar a compreensão unicamente sintomática do fenômeno.

Parafraseando Ferenczi (1932/2011f), se houver uma "simpatia autêntica" do analista a essa linguagem insubmissa, o processo analítico tende a avançar, ou seja, se o analista for capaz de escutar a desobediência e a indisciplina da criança com essa disposição, ele pode inaugurar um modo particular de cuidado à insubmissão na infância que ultrapasse a leitura (importante) do sintoma. Sabemos, no entanto, que a aposta nesse viés não é de um manejo simples, porque do outro lado da cena estamos diante de pais e profissionais costumeiramente insatisfeitos com o comportamento resistente e trabalhoso da criança caracterizada como insubmissa. Se mantivermos a convicção de insistir na análise dessa experiência de subversão, valorizando a condição resistente e opositiva da criança, sustentamos a tensão necessária à criação, além de renovar a esperança de que esse elemento (potencialmente criativo) pode trazer ressonâncias importantes na constituição psíquica e nas experiências mundanas da criança. Uma escuta analítica apurada permite, então, que aos poucos a análise da criança caminhe para o seu término. Nos termos que Ferenczi (1927/2011g) postulava:

> *é possível indicar alguns traços comuns de pessoas que levaram uma análise até o fim. A separação muito mais nítida do mundo da fantasia e do mundo da realidade, obtida pela análise, permite adquirir uma* liberdade interior quase ilimitada, *logo, simultaneamente, um melhor domínio dos atos e decisões; em outras*

> *palavras, um controle mais econômico e mais eficaz. (p. 21, grifos nossos)*

Consideramos que a abertura para as bases dessa *liberdade interior quase ilimitada* configura-se como uma das possíveis justificativas ao início de um processo psicanalítico na infância, porque permanece a incerteza quanto à consolidação de uma liberdade interior diante dos próprios paradoxos que constituem a liberdade. O que exige dos analistas clareza nas razões para iniciar um processo analítico com uma criança e responsabilidade para liberá-la no momento propício.

Isso corrobora a ideia de que "a psicanálise é essencialmente uma linguagem transicional, uma ponte possível para um idioma mais pessoal, menos complacente" (Phillips, 1996, p. 21) e, no caso das crianças, traz a possibilidade de que elas, brincando em análise, possam não apenas apropriar-se de si, mas sejam capazes de conquistar (ou oportunizar) um lugar para viver. "Este tipo de respeito", afirma Caper (2002), "tende a provocar no paciente um sentimento de liberdade ou separação dos seus objetos, e como consequência, um sentimento de responsabilidade por si mesmo" (p. 187).

Valorizando a irresponsabilidade transitória da criança como elemento reconhecível na análise de adultos, Ferenczi (1929/2011c) nos leva ainda a pensar sobre os aspectos positivos dessa tendência proporcionada pelo relaxamento analítico em contraste com a realidade:

> *Por esse* laisser-faire *permite-se a tais pacientes desfrutar pela primeira vez a irresponsabilidade da infância, o que equivale a introduzir impulsos* positivos *de vida e razões para se continuar existindo. Somente mais tarde*

> *é que se pode abordar, com prudência, essas exigências de frustração, que, por outro lado, caracterizam as nossas análises. (p. 59, grifo do original)*

É interessante aqui perceber a associação feita por Ferenczi entre aspectos irresponsáveis da criança e a introdução de impulsos *positivos* no processo analítico. O que nos leva a propor essa passagem como mais uma indicação no caminho rumo a nossa aposta de que a presença de um elemento *positivo* também pode decorrer ou se expressar a partir de ações irresponsáveis e recusas. Usando essa analogia, reforçamos o argumento em favor da subversão como expressão de vitalidade presente na insubmissão.

Do ponto de vista clínico, a criança é convidada (junto com sua família) a se responsabilizar e, de modo proporcional a sua idade, a se implicar no processo de análise como vistas à diminuição dos sintomas e dos sofrimentos que lhe acometem. Entretanto, sem plena consciência desse percurso e conduzida por adultos ao processo analítico, a criança vê-se novamente à espera de um encontro sustentado pela confiabilidade, agora não mais apenas com a mãe ou a família, mas com o analista. "Em outras palavras", diz Winnicott (1975), "o amor da mãe, ou do terapeuta, não significaria apenas um atendimento às necessidades da dependência, mas vem a significar a concessão de oportunidade que permita ao bebê, ou ao paciente, passar da dependência para a autonomia" (p. 150).

Cabe, portanto, não apenas pensar na metapsicologia do cuidado, expressa pela implicação e pela reserva do analista (Figueiredo, 2009b), mas mencionar o papel fundamental do sentimento de confiança num ambiente responsivo e empático como parte marcante no processo analítico. Não resta dúvida de que é por confiar no espaço potencial ofertado pela escuta psicanalítica e por experimentar a presença sensível do analista que o analisando poderá se beneficiar do dispositivo clínico na busca por um viver criativo. Um modo de intervenção que aproxima o papel do analista daquele desempenhado pela mãe, como explica Winnicott (1975):

> *um bebê pode ser alimentado sem amor, mas um manejo desamoroso, ou impessoal, fracassa em fazer o indivíduo uma criança humana nova e autônoma. Onde há* confiança *e fidedignidade há também um espaço potencial, espaço que pode tornar-se uma área infinita de separação, e o bebê, a criança, o adolescente e o adulto podem preenchê-la criativamente com o brincar, que, com o tempo, se transforma na fruição da herança cultural. (p. 150, grifo nosso)*

A área potencial que define a condição para o jogo e a criação participa, portanto, também do processo analítico, conferindo vínculo e confiança entre analista e analisando. Trata-se de "duas pessoas que brincam juntas" (Winnicott, 1975, p. 59), promovendo uma experiência única e singular, que Zygouris (2002) chamou de "vínculo inédito":

> *Neste estar junto de dois corpos, no vínculo enquanto embasamento humano do empreendimento analítico, a experiência mais ousada consiste em pensar livremente. Para tanto, é preciso ter uma confiança extraordinária neste parceiro que é o analista. Como dizia Balint, o analista deve ser como água para o nadador, a terra para aquele que caminha, um suporte, uma matéria, um vínculo à toda prova e um vínculo inédito, nunca visto, jamais vivido. (p. 62)*

Reconhecer o papel do vínculo como parte fundamental do processo analítico nos parece um caminho fundamental para a compreensão da força da clínica psicanalítica. E, para que ele seja preservado de modo a gerar construções analíticas, o enquadramento na análise é uma qualidade elementar, pois garantirá que o analista não abuse do vínculo e ofereça um espaço que inspire confiança. Por isso, para Macedo (2012), "o essencial do trabalho é feito primeiro no analista – é ele que sustenta a transferência – e, portanto, depende ao mesmo tempo de seu investimento e criatividade" (p. 13).

Se reconhecemos que a face e o verso da insubmissão da criança reverberam de modos distintos na escuta do psicanalista – ora como expressão agressiva, ora como projeto de autonomia –, supomos que isso exige do analista um olhar atento, uma escuta apurada e um manejo que leve em consideração todos os aspectos mencionados aqui. Tomando a face insubmissa da criança como gesto espontâneo que marca a potência subversiva por meio da agressividade, o verso consistiria no esforço de subversão da criança com vistas à autonomia. Voltamos, então, a enfatizar a necessidade de o psicanalista ampliar seus modos de trabalho com crianças, sem estabelecer critério valorativo aos gestos e se esforçando para reconhecer essas duas versões como momentos do processo de amadurecimento delas. Afinal, no espaço analítico, uma dimensão igualmente importante do dispositivo residiria, segundo Bezerra Jr. (2007), no:

> *poder de reconstrução psíquica inscrito no cuidado ambiental reparador oferecido pelo próprio* setting *e pelas intervenções verbais dirigidas não ao plano dos conflitos e defesas inconscientes mas ao reconhecimento do* páthos, *da experiência de sofrimento não discursivamente organizada. (p. 41)*

É, portanto, nessa perspectiva que consideramos que a experiência de análise para crianças pode se apresentar como um ponto de inflexão à tendência massificadora das infâncias. Quando valorizamos os afetos mobilizados no par analítico como "resistência *no* encontro" (Kupermann, 2005), estamos reconhecendo a força da psicanálise como oferta de um lugar para a criação potente do indivíduo e do mundo que o constitui. Essa, sem dúvida, será uma criação à sua maneira; mas não se dará gratuitamente, porque depende da sensibilidade na escuta e da disposição do analista para brincar e criar junto com o seu analisando. Nesse sentido, mantemos a aposta de que:

> *a qualidade da intervenção psicanalítica com crianças pode ser definida, sobretudo, pela oferta de um contexto clínico capaz de contribuir para a criação de uma experiência potencialmente nova. Um espaço que inspire a confiança necessária para a criança brincar criativamente e entrar em contato com suas heranças culturais e familiares. (França & Passos, 2019, p. 763)*

Reafirmamos que a clínica psicanalítica com crianças deveria ser regida pela ética do cuidado, ao mesmo tempo que mantemos a convicção de que a experiência clínica, cuja marca é a potência do encontro, toma o ato de brincar como modelo de intervenção e a presença demasiadamente humana do analista como pressuposto na arte de psicanalisar (Ogden, 2010).

Talvez desse modo possamos afirmar que, ao subverter a normatividade que circunscreve a criança, a dita criança insubmissa (também vista como malcomportada) rompe com a lógica convencional ao abrir espaço para pensar a mobilidade criativa em relação com o outro e também em oposição a ele. Sob a ótica psicanalítica, nesses termos, a insubmissão psíquica fugiria da lógica normativa do social e ensejaria a própria condição de apresentação e apropriação do verdadeiro *self*. Se para Winnicott (1960/2007d) "a fonte do gesto é o *self* verdadeiro, e esse gesto indica a existência de um *self* verdadeiro em potencial" (p. 132), podemos supor que o gesto criativo da criança não apenas contém uma potência de expressão singular, característica de uma busca por sentir-se real e constituir um modo próprio de ser, como sugere uma potência em direção a forças afirmativas.

Ademais, o que se segue é a separação, ou seja, só quando é capaz de confiar é possível ao bebê (e ao analisando) separar-se e obter autonomia. Uma separação cuja marca paradoxal reside no fato de que, para criar o espaço potencial, ao bebê restaria a separação da mãe. Outra forma de pensar essa separação é pela via do esquecimento, como bem resume o psicanalista britânico ao afirmar que "sempre esperamos que nossos pacientes terminem a análise e nos esqueçam: e descubram que o próprio viver é a terapia que faz sentido" (Winnicott, 1975, p. 123).

Zygouris (1999), por sua vez, chamará de amor paradoxal o amor de transferência, propondo que:

> *o analista, ao mesmo tempo que abre um campo de amabilidade, suscita, permite, reativa ou ativa um amor paradoxal. "Você pode me amar, você pode contar comigo, mas te prometo que iremos nos separar um dia"... essa é a paradoxal promessa latente ainda não dita, nesse campo de amabilidade que se abre no analisando. (p. 81)*

Essa forma de ler a relação terapêutica, cuja promessa de separação recoloca a vitalidade da própria existência, poderia ser descrita também como um dos requisitos das relações entre a criança e os pais. Isso se aplicaria porque, para existir, a criança precisa aprender a viver e amar livremente, ao mesmo tempo que precisa ser capaz de viver as separações, sem cisões do psiquismo. O paradoxo do amor, em sua dialética entre encontro e separação, é, portanto, mais um aspecto a ser considerado. Gostamos da forma como Rozenthal (2009) defende a afetação paradoxal do processo analítico: "a autonomia ou espontaneidade da criação da subjetividade não elide absolutamente o caráter alteritário desta. Ao contrário, a potência do paradoxo da pulsão emana, em última análise, do encontro" (p. 137).

A experiência compartilhada no encontro analítico levou Thomas Ogden (2013) a propor a noção de *terceiro analítico* na cena clínica, um terceiro sujeito da análise. Deixemos que ele apresente sua definição:

> *O terceiro analítico não é um evento único vivenciado de modo idêntico por duas pessoas; ao contrário, é um conjunto de experiências intersubjetivas conscientes e inconscientes, construído e vivenciado conjuntamente, mas de modo assimétrico, em que participam analista e analisando. (p. 105)*

Assim, o terceiro analítico, um sujeito da análise, é gerado pelo par analítico desenvolvendo uma criação intersubjetiva entre analista e analisando, dando lugar à experiência de sentir e viver. E o autor completa, aludindo à importância da vitalidade na análise: "pedimos a nós mesmos (e a nossos analisandos) que tentemos falar com nossa própria voz própria e nossas próprias palavras, pois essa é uma parte muito grande daquilo que permite que a análise seja um acontecimento humano" (p. 28). Isso evidencia, entre outras coisas, por que a análise é um empreendimento de grande porte.

Na clínica com crianças, temos a impressão de que essas reflexões propostas por Ogden (2013) sobre o terceiro analítico são ainda mais pertinentes, pois as crianças não apenas esperam poder tomar o analista (assim como os pais) como alguém que transmite confiança e sustentação para que ela possa ser capaz de criar a si mesma, se separando do espaço compartilhado que a forma, como desejam e praticamente exigem do analista uma disponibilidade para fazer isso junto com elas. Por essa razão, o atendimento psicanalítico de crianças torna-se ainda mais complexo, já que acaba por exigir treino e empatia suficientes para habilitar o analista que se dedica a essa empreitada, que jamais pode suprimir ou diminuir o lugar dos pais. É como se o analista trabalhasse em duas frentes, de um lado sustentando e legitimando aquilo que a família oferece na constituição da criança, de outro modelando o tom e o ritmo da experiência compartilhada da criança analisada com a criança contida no analista. Por isso, a espontaneidade e a vitalidade do psicanalista são solicitadas pela criança de um modo completamente diferente de como demanda um analisando adulto; em resumo, elas parecem exigir um pouco mais, pela própria condição de imaturidade.

Em "Ser psicanalista: um ofício meio doido", Figueiredo (2019), em tom realista, tenta descrever o desafio e o tamanho da tarefa analítica:

> *só podemos exercer nossa atividade analítica dando uma função importante ao que também temos de infantil, imaturo e inconsciente. É da combinação paradoxal de nossa condição híbrida – infantil e adulto; consciência e inconsciente – que precisamos para*

> *instalar e sustentar a situação analisante, deixando a ela a responsabilidade de propiciar e potencializar nossas capacidades de trabalho psíquico: trabalhos do sonho, trabalhos do luto, trabalhos do humor e da criação, trabalhos do morrer. (p. 175)*

Estaríamos diante da pessoa real do analista e do analista como função, o que corresponde a um árduo trabalho de empréstimos, cuidado e muita disponibilidade psíquica. Aos que dizem que os psicanalistas vivem de "hum-hum", diria que há poucas profissões em que somos exigidos com tamanho empenho e responsabilidade afetiva, um desafio cheio de esforços e desgastes. Esse terreno da experiência compartilhada, como vemos, marca a técnica psicanalítica e nos mostra como é "difícil encontrar palavras adequadas para descrever as passagens mais intensamente verdadeiras, e transformadoras, de nossa jornada de trabalho, e ainda mais difícil é formular os conceitos que organizam teoricamente nossas observações" (Bolognini, 2008, p. 129).

No que tange ao papel do analista nessa empreitada, então, será que não poderíamos sugerir que certa dose de insubmissão à técnica-padrão seria um caminho necessário também ao psicanalista contemporâneo? Analistas como Ferenczi e Winnicott nos ensinaram que a criação clínica e a elasticidade da técnica emergem do árido terreno da dúvida, do descentramento das certezas e especialmente da liberdade necessária diante de cada novo paciente que recebemos. "Talvez ao longo do processo de se tornar ele mesmo, o autor psicanalista vá, por necessidade, ter uma relação delinquente com a tradição, usando a à medida que precisa dela", escreve Phillips (2006, p. 41) sobre Winnicott, nos inspirando a exercitar nossa potência subversiva do gesto criativo diante das crianças que atendemos e da teoria clínica, por conseguinte.

Estamos convictos de que a insubmissão à tradição dogmática, à técnica engessada e ao aprisionamento a escolas e pensamentos analíticos é uma ação necessária ao analista do século XXI. Isso não quer dizer desrespeito à tradição e permissão para qualquer modo de exercício clínico; muito pelo contrário, reafirma que o analista contemporâneo precisa estudar, dialogar e pensar cada vez mais sobre o mal-estar na civilização e sobre todas as fragilidades estruturais da nossa sociedade, sentindo-se livre para criar novas técnicas e teorizações consoantes com as mudanças que vivemos. Não é possível que o analista se mantenha numa zona de conforto e, por imitação ou identificação maciça com o próprio analista ou demais analistas que respeite, transforme sua escuta clínica em um ouvido enorme, mas um rosto sem boca. O analista precisa falar, escrever, dizer o que produz e o que a sua clínica lhe ensina; é a partir de uma troca permanente entre pares e entre diferentes saberes que pensamos poder manter a vitalidade da psicanálise, resistindo.

Se respeita a ética do cuidado, sem se transformar em "aconselhador humanista" (Figueiredo, 2008, p. 37) dos pais, o analista de crianças deve também poder lançar mão de sua potência subversiva criando novos modos de transformação para o seu paciente. A insubmissão analítica, nesses termos, refere-se ao seu gesto espontâneo, à sua condição de versatilidade e à disposição para oferecer-se como uma "presença sensível" para o paciente, contribuindo para uma clínica psicanalítica livre.

Ao descrever a estética analítica, Ogden (2013) propõe que ela se confunde com a função terapêutica da psicanálise, que corresponderia a "ajudar o analisando a se tornar mais plenamente humano". Em suas palavras,

> *implica facilitar as tentativas (ainda que ambivalentes) do paciente de experimentar uma gama mais ampla (e*

> *o desempenhar) de pensamentos, sentimentos e sensações sentidos como próprios, e que ele sente terem sido gerados no contexto de suas próprias relações presentes e passadas com outros seres humanos (inclusive o analista). (p. 195)*

A condição de transformação promovida pela análise marcaria, assim, aquilo que estamos chamando de potencialidade política não apenas das crianças, mas também da clínica psicanalítica. É preciso, então, reconhecer a ampliação da clínica psicanalítica, abraçando a ideia de que se faz necessário extrapolar os muros dos consultórios e lançar mão do arcabouço teórico psicanalítico para pensar a filosofia, a literatura, a cultura, mas, sobretudo, para analisar os fenômenos subjetivos, em suas particularidades e pluralidades.

Engajada em reflexões clínico-políticas em psicanálise, Gondar (2004) afirma que os sintomas e os sofrimentos podem ser formas particulares de traçar o que ela chamou de *linhas de fuga*, um modo de resistir aos projetos homogeneizadores. Para nós, a insubmissão, que se expressa como potência subversiva do gesto criativo da criança, se impõe como uma dessas "linhas de fuga" a que Gondar se refere, porque se mostra como "uma tentativa de singularização", reivindicada pela criança. Agindo como uma espécie de resistência social, e não apenas uma precondição subjetiva com vistas a uma vida autônoma, a insubmissão operaria um modo de expressão da potencialidade subversiva, que vai em direção a uma recusa ao automatismo dos comportamentos e à normatização do humano.

Nossa aposta é que a clínica psicanalítica com crianças pode oferecer e constituir-se como um dos espaços para o desenvolvimento subjetivo de indivíduos mais livres, ativos e criativos, tanto na esfera social e cultural quanto na vida política, expressa tanto pela dimensão privada quanto pela dimensão pública de suas experiências. Inspirados em Ferenczi, podemos "ajudar nossos pacientes, dentro do possível, a criar suas próprias normas, a obedecer às suas próprias formas de vida, e não às nossas ou aos nossos preceitos" (Gondar, 2020, p. 218). A partir de questões como essas, acreditamos estar construindo um viés de análise da criatividade humana, que coloque o psicanalista como um parceiro, nas palavras de Gondar (2012), "um parceiro que também é criança e vulnerável" (p. 203). Trata-se, portanto, de reconhecer a vulnerabilidade de todos os envolvidos na relação e escancarar os limites do dispositivo clínico da psicanálise, que não corresponde a um lugar de garantias ou soluções mágicas para adultos, tampouco para crianças.

Por essa e por todas as razões que viemos defendendo até o momento, consideramos que o dispositivo clínico da psicanálise pode participar na interpretação das potencialidades da insubmissão psíquica, trabalhando os limites da sua livre expressão no campo das relações afetivas e sociais e, quando necessário, oferecendo espaço de análise para aquelas crianças que estejam apresentando uma inibição criativa.

A psicanálise hoje participa, queira ou não, de um contexto de mudanças no laço social e de efeitos de uma crise da liberdade, que escancaram novas técnicas de poder e sujeição. O sujeito neoliberal, que se tornou um empreendedor de si, trava uma luta interior entre as expectativas idealizadas e as possibilidades reais de liberdade e realização. Para o filósofo Han (2018), essa técnica nova de poder é eficiente porque, "em vez de tornar as pessoas *obedientes*, tenta deixá-las *dependentes*" (p. 26, grifos do original), culminando numa crise de liberdade na medida em que explora a psique, transformando o cidadão em consumidor e servo de si mesmo. Se "cada dispositivo, cada técnica de dominação, produz seus próprios objetos de devoção, que são empregados para a submissão, *materializando* e estabilizando a dominação" (Han, 2018, p. 23, grifo do original), *a potência subversiva do gesto criativo*, por sua vez, acena para um espaço de resistência à submissão. Pois, tão genuína quanto o desejo por devoção, a condição de se rebelar escancara o paradoxo da dimensão criativa do humano, nos fazendo insistir na força política e subjetivante da *potência criativa na infância* enquanto indício de um elemento contínuo em direção a uma vida que honre a dignidade humana.

Conclusão
Flertando com a vida

O que vive fere.
O homem,
porque vive,
choca com o que vive.
Viver
é ir entre o que vive.
. . .
O que vive choca,
tem dentes, arestas, é espesso.
João Cabral de Melo Neto

A linha de progressão deste trabalho tomou como premissa a evidência da criança insubordinada e rebelde, para propor uma análise do gesto criativo da criança a partir de uma tradução diferente do fenômeno de insubmissão. Fazendo oposição aos mares da obediência, a "nau das crianças-problema" (França, 2014), ao atracar em ilhas de contestação, nos convocou a interrogar a insubmissão infantil, especular sobre as suas origens e pensar sua participação no processo de constituição psíquica rumo à autonomia.

Nossa tarefa consistiu, inicialmente, numa *desleitura* da forma geral de interpretar a criança insubmissa, nos distanciando do lugar incômodo que ela ocupa na sociedade e seguindo na direção de questionar a função dessa personagem como exemplo da força subversiva. Etimologicamente, insubmisso origina-se do adjetivo latino *submissus*, que, acrescido do prefixo *-in*, compõe a versão negativa de *submisso* (aquele que obedece, é humilde, servil e colocado numa posição inferior). A *in-submissão* na criança, como vimos, implica a possibilidade de fazer resistência a; indica uma busca pela liberdade de expressão, a ser gradativamente conquistada na infância, e nos aproxima de uma interpretação sobre as potencialidades na infância.

Propusemos que, ao resistir à obediência, fazer frente às normas, aos imperativos de alta performance e às infindáveis demandas culturais, a criança encontra, na *contraposição*, um meio para expressar suas resistências criativas. A constatação desse movimento por parte das crianças nos levou a considerar que a origem da insubmissão estaria associada à presença de uma potência de ação, que propusemos nomear como *potência subversiva do gesto criativo*. Esse conceito-hipótese, formulado como tentativa de explicação do fenômeno insubmisso na infância, nos exigiu diferenciar, mesmo que brevemente, as formas adoecidas de insubmissão das suas formas saudáveis, com vistas a demonstrar o valor potencial da subversão quando sustentada pela riqueza da vida psíquica criativamente viva. Por isso, investigamos a presença de uma *insubmissão psíquica* que se mostraria fundamental ao processo de autonomia criativa, favorecendo o sentimento de apropriação de si e agindo como uma força vital para a liberdade.

Duas formas de análise, então, tangenciaram nossa pesquisa: primeiro, como exercício teórico-conceitual, sistematizamos as expressões insubmissas a partir de quatro momentos do processo de amadurecimento da criança: a insubmissão (a) *como diferenciação* (separação), (b) *como experimentação* (dizer "não"), (c) *como autonomia* (afirmação de si) e, por fim, (d) *como defesa* (adoecimento). Coube uma investigação mais detida sobre o conceito-hipótese da potência subversiva do gesto criativo, incluindo desde os *fundamentos teóricos* para sua formulação até os *fundamentos psíquicos* que promovem a sua expressão.

Depois, as concepções sobre a infância foram revisitadas e discutidas em torno das questões que circunscrevem os processos de subjetivação da criança, incluindo o papel desempenhado pelo ambiente e as ressonâncias de uma realidade cultural exigente e, por vezes, cruel. Assumimos, assim, a posição de deixar vir os rebeldes, concordando com a afirmação de Gros (2018) de que, "numa época em que as decisões dos especialistas se orgulham de ser o resultado de estatísticas anônimas e insensíveis, *desobedecer* é uma declaração de humanidade" (p. 17, grifo nosso).

Nesse percurso, retomamos a análise sobre os paradoxos em questão no desenvolvimento infantil. Pela leitura de Winnicott sobre os fenômenos transicionais, demos destaque tanto à dimensão intersubjetiva quanto às dialéticas psicológicas presentes no processo de maturação. Além disso, apostamos na potência subversiva do gesto criativo como condição para a criança ser reconhecida e assumir múltiplas posições no mundo: lugares de existência criativa e potencialidades políticas. Sem negar a condição vulnerável e transitória da criança, portanto, insistimos na condição viva e criativa que a referida potência impulsiona, fazendo tração às possibilidades de dominação que possam resultar dos laços amorosos na infância.

Debruçamo-nos, em especial, sobre aquelas formas de insubmissão *como autonomia* que, exemplificadas por fragmentos clínicos e uma observação livre, apoiaram o argumento de que o início do processo de independência, como nos ensinou Winnicott (1958/2007a), é marcado pela conquista da capacidade de ficar só na presença do outro. Investimos nessa leitura, tentando demonstrar que o ato de insubmissão é um exercício de experimentação da liberdade, uma tentativa constante da criança de existir separada do adulto (resultado da confiança) e seguir em direção ao mundo (ação política).

Mas, por esse viés de análise, restava-nos ainda tentar dar forma à condição psíquica para a potência subversiva do gesto criativo, o que exigiu de nós uma proposição sobre quais seriam os seus *fundamentos psíquicos*. Por um critério especulativo, elegemos o amor, o ódio, a confiança, a capacidade de ficar só, a amizade e o humor, agrupando-os em duas categorias que forjariam as origens da insubmissão. Seriam elas *afetos de alicerce subjetivo* ou *afetos mundanos*, correspondendo às bases para a consolidação psíquica (contínua, mas iniciada na infância) de uma postura insubmissa e a expressão da referida potência. Nesses termos e condições, discutimos um pouco a dimensão política da vida infantil, que envolve uma abertura para analisar os jogos de poder e negociação que tensionam, sempre, o processo de subjetivação da criança.

Defendemos também que essa *potência* – que tem seus fundamentos nos afetos experimentados na infância e se apresenta como elemento *contínuo* na vida psíquica – faz resistência aos cenários restritivos e produz consistência na apropriação de um modo de ser, tanto na intimidade da vida privada quanto na política da vida pública. E, por isso, afirmamos que a criatividade também se expressa como potencialidades políticas das crianças, já que uma forma de subversão marca a ruptura da criança com as práticas de assujeitamento e poder adulto.

Assim, consideramos que, se pudermos elevar a potência subversiva do gesto criativo a uma condição (partícipe) para a genuína apropriação de si, nossa afirmação sobre a insubmissão psíquica da criança, como aqui descrita, pode se apresentar como um elemento importante na compreensão da subjetividade infantil. Isso envolve pensar os modos de constituição psíquica e analisar os laços afetivos familiares nesse processo rumo à autonomia. Implicaria, ainda, não perder de vista o papel dos compartilhamentos, que começam com a experiência de confiar, transformam-se na expressão do brincar junto e se sofisticam com as relações de trocas, como observamos nas amizades. O espaço para a criação de si, que é acompanhado pelo estabelecimento de uma cidadania responsável e ativa, nos leva a pensar sobre a força das potencialidades políticas da criança. Nessa vertente de análise, o lugar das crianças no mundo extrapola a esfera da vida privada e nos convoca a dedicar atenção à vida pública, ambas partícipes na formação da criatividade da criança. Mais do que o direito de resistir, portanto, consideramos que é um dever da tradição familiar e cultural oferecer modos de constituição de uma versão insubmissa em cada criança que vem ao mundo.

Portanto, se "boa clínica é crítica social feita por outros meios" (Dunker, 2015, p. 146), não abrimos mão de pensar a clínica psicanalítica com crianças considerando o papel político da criança e do analista no exercício da sua função. Por isso, a clínica psicanalítica modelou o conceito-hipótese proposto, desde o início dessa pesquisa. Ela nos fez trabalhar a presença de uma *potência subversiva do gesto criativo* como uma força valiosa na infância e nos levou, finalmente, a problematizar a face política não apenas das crianças, mas do analista e de seu instrumental. Lançando essas questões, intencionamos refletir sobre as aberturas que podem favorecer a renovação das teorizações no campo psicanalítico, em sua versão clínica e política. Pensamos estar assim resistindo ao instituído, questionando as certezas, mas mantendo a soberania das diferentes possibilidades interpretativas para o fenômeno subversivo, em especial para a compreensão do gesto criativo.

Consideramos que "todo trabalho que fazemos, inclusive de escrita, só tem sentido se alimentar, cuidar e refinar nossa *maneira* de nos dirigirmos aos nossos pacientes" (Macedo, 2012, p. 221, grifo do original) e, por isso, na tentativa de fundamentar tecnicamente essas ideias, nos atrevemos agora a formular, por fim, sete recomendações a um jovem psicanalista de crianças: (1) transmita confiança; (2) sinta-se livre para ser e brincar; (3) jamais esqueça que seu paciente é a criança, mas que os responsáveis precisam ser escutados de forma sensível; (4) não abra mão da empatia psicanalítica; (5) duvide dos diagnósticos; (6) escreva sobre as articulações teóricas a partir da sua clínica; mas, sobretudo, (7) fale com a sua voz própria, pois, como nos ensina Ogden (2013), "a fala do analista deve ser criação de *uma pessoa viva*" (p. 29, grifos nossos). Você será um analista humano e responsável se puder, sobretudo, ser você mesmo. Afinal, manter-se em *flerte com a vida* consiste no primeiro passo na arte de clinicar.

Pós-escrito

Que eu esteja vivo na hora da minha morte

Winnicott

Dediquei este trabalho ao primeiro paciente que acompanhei até a morte, um menino de dez anos que lutou bravamente para viver, impressionando a todos pela força que demonstrou nos meses finais de sua jornada no mundo, a despeito do seu grave quadro clínico. No encontro com essa passagem do livro de Adam Phillips (2006), tive a certeza de que "o ato definitivo de não submissão é, como nos ensina Winnicott, estar vivo no momento da própria morte" (p. 47). Meu paciente me fez aprender que a insubmissão deve sempre nos acompanhar.

Uma parte importante deste livro foi escrita durante a pandemia da covid-19, em 2020. Entre o medo de adoecer, perder um ente querido ou mesmo de morrer, eu trabalhei em atendimentos remotos, estudei e me esforcei para escrever estas páginas, sem certeza de que chegaria ao final. O isolamento social e a possibilidade de adoecer sem garantias de recuperação aceleraram os meus pensamentos, desgastaram meu dia a dia e me trouxeram inquietações óbvias diante do desamparo em que nos encontramos. Mas, junto a isso, uma espécie de revolta interna pulsante, ou, como preferi nomear aqui, *a potência subversiva do gesto criativo*, insistia em me trazer força e vitalidade. Acredito que esse foi o meu jeito de ser insubmissa à desesperança e à tristeza que a pandemia lançou sobre a humanidade.

Hoje posso dizer que procuro, além da escrita, outras formas de insubmissão que me façam sentir *viva* e *livre*. Por ora, é tempo de desacelerar! E, por isso, concluo esta escrita decidida a encontrar outras leituras, passeios, viagens e pessoas que fomentem cada vez mais o meu desejo de ser insubmissa, mantendo-me viva até na hora da minha morte, se a sorte assim permitir.

> *Peço-te o prazer legítimo*
>
> *E o movimento preciso*
>
> *Tempo, tempo, tempo, tempo*
>
> *Quando o tempo for propício*
>
> *Tempo, tempo, tempo, tempo*
>
> Veloso (1979)

Recife, 21 de dezembro de 2020.

Referências

Abram, J. (2000). *A linguagem de Winnicott: dicionário das palavras e expressões utilizadas por Donald W. Winnicott*. Rio de Janeiro: Revinter.

Aguiar, A. A. (2004). *A psiquiatria no divã: entre as ciências da vida e a medicalização da existência*. Rio de Janeiro: Relume-Dumará.

Arendt, H. (2014). *A condição humana*. Rio de Janeiro: Forense Universitária. (Trabalho original publicado em 1958.)

Ariès, P. (1981). *História social da criança e da família*. 2. ed. Rio de Janeiro: LTC.

Assis, M. (1962). *Obra completa* (Vol. III). Rio de Janeiro: José Aguilar.

Ayouch, T. (2012). Genealogia da intersubjetividade e figurabilidade do afeto: Winnicott e Merleau-Ponty. *Psicologia USP*, *23*(2), 253-274. Recuperado de https://doi.org/10.1590/S0103-65642012005000010

Badinter, E. (1985). *Um amor conquistado: o mito do amor materno*. Rio de Janeiro: Nova Fronteira.

Balint, M. (1994). O analista não-intrusivo. In G. Kohon (Org.), *A escola britânica de psicanálise: The Middle Group, a tradição independente*. Porto Alegre: Artes Médicas.

Balint, M. (2014). *A falha básica: aspectos terapêuticos da regressão* (2a ed.). São Paulo: Zagodoni.

Barros, M. (1996). *Livro sobre nada*. Rio de Janeiro: Record.

Barros, M. N. C. (2013). *A trama paradoxal do ódio no psiquismo* (Tese de doutorado). Universidade Católica de Pernambuco, Recife.

Benjamin, J. (2013). *The bonds of love: psychoanalysis, feminism, and the problem of domination*. New York: Panthenon Books. (Trabalho original publicado em 1988.)

Bezerra Jr., B. (2007). Winnicott e Merleau-Ponty: o *continuum* da experiência subjetiva. In B. Bezerra Jr., *Winnicott e seus interlocutores* (pp. 36-65). Rio de Janeiro: Relume-Dumará.

Birman, J. (2002). Nas bordas da transgressão. In C. A. Plastino, *Transgressões* (pp. 43-61). Rio de Janeiro: Contra Capa.

Birman, J. (2006). Arquivo da agressividade em psicanálise. *Natureza humana*, *8*(2), 357-379. Recuperado de http://pepsic.bvsalud.org/scielo.php?script=sci_arttext&pid=S1517-24302006000200005&lng=pt&tlng=pt

Birman, J. (2008). Criatividade e sublimação em psicanálise. *Psicologia Clínica*, *20*(1), 11-26. Recuperado de https://dx.doi.org/10.1590/S0103-56652008000100001

Birman, J. (2012). *O sujeito na contemporaneidade: espaço, dor e desalento na atualidade*. Rio de Janeiro: Civilização Brasileira.

Bollas, C. (2010). Criatividade e psicanálise. *Jornal de Psicanálise*, *43*(78), 193-209. Recuperado de http://pepsic.bvsalud.org/

scielo.php?script=sci_arttext&pid=S0103-583520100001-00013&lng=pt&tlng=pt

Bollas, C. (2015). O ódio amoroso. In C. Bollas, *A sombra do objeto: psicanálise do conhecido não pensado* (pp. 149-165). São Paulo: Escuta. (Trabalho original publicado em 1987.)

Bolognini, S. (2008). *A empatia psicanalítica*. Rio de Janeiro: Cia. de Freud.

Bowlby, J. (2015). A psicanálise e cuidados com a criança. In J. Bowlby, *Formação e rompimento dos laços afetivos*. São Paulo: Martins Fontes. (Trabalho original publicado em 1956-1958.)

Bulamah, L. C. (2019). *O sujeito winnicottiano entre o recentramento e o descentramento: considerações ético-políticas a partir da noção de self anônimo* (Tese de doutorado). Universidade de São Paulo, São Paulo.

Butler, J. (2003). *Problemas de gênero*. Rio de Janeiro: Civilização Brasileira.

Butler, J. (2017). *A vida psíquica do poder: teorias da sujeição*. Belo Horizonte: Autêntica.

Calazans, R. (2004). Sentido da subversão do sujeito pela psicanálise. In *XVII Semana de Divulgação de Pesquisa da Universidade Federal de São João del Rei*, São João del Rei. Recuperado de https://pt.scribd.com/document/321276510/Calazans-Sentido-Da-Subversao-Do-Sujeito.

Canavêz, F. (2012). *Violência, trauma e resistência: sobre o múltiplo na psicanálise* (Tese de doutorado). Universidade Federal do Rio de Janeiro, Rio de Janeiro.

Canavêz, F. (2015). Entre Freud e Foucault: a resistência como afirmação de si. *Psicologia Clínica*, *27*(1), 225-244. Recuperado de http://pepsic.bvsalud.org/scielo.php?script=sci_arttext&pid=S0103-56652015000100013&lng=pt&tlng=pt

Canavêz, F., & Herzog, R. (2012). A linguagem das resistências: considerações sobre o trauma na clínica psicanalítica. *Ágora: Estudos em Teoria Psicanalítica, 15*(2), 327-341. Recuperado de https://dx.doi.org/10.1590/S1516-14982012000200009

Caper, R. (1990). *Fatos imateriais: a descoberta de Freud da realidade psíquica e o desenvolvimento kleiniano do trabalho de Freud.* Rio de Janeiro: Imago.

Caper, R. (2002). *Tendo mente própria.* Rio de Janeiro: Imago.

Castro, L. R. (2002). A infância e seus destinos no contemporâneo. *Psicologia em Revista, 8*(11), 47-58. Recuperado de http://www.pucminas.br/imagedb/documento/DOC_DSC_NOME_ARQUI20041214154058.pdf

Castro, L. R. (2007). A politização (necessária) do campo da infância e da adolescência. *Revista Psicologia Política, 7*(14). Recuperado de http://pepsic.bvsalud.org/scielo.php?script=sci_arttext&pid=S1519-549X2007000200005&lng=pt&tlng=pt

Castro, L. R. (2013). *O futuro da infância e outros ensaios.* Rio de Janeiro: 7Letras.

Castro, L. R., & Mattos, A. R. (2009). O que é que a política tem a ver com a transformação de si? Considerações sobre a ação política a partir da juventude. *Análise Social, 44*(193), 793-823. Recuperado de http://analisesocial.ics.ul.pt/documentos/1260461328M1jFM7cp0El76KE1.pdf

Ceccarelli, P. R. (2010). Patologização da normalidade. *Estudos de Psicanálise, 33*, 125-136. Recuperado de http://ceccarelli.psc.br/pt/wp-content/uploads/artigos/portugues/doc/patonorma.pdf

Ciccone, A. (2000). *Observação clínica.* Lisboa: Climepsi Editores.

Cintra, E. M. U. (2018). Dominar, submeter-se, libertar-se: Jessica Benjamin e os laços de amor. *Psicologia em Revista, 24*(3), 686-704. Recuperado de http://pepsic.bvsalud.org/pdf/per/v24n3/v24n3a03.pdf

Cintra, E. M. U., & Figueiredo, L. C. (2004). *Melanie Klein: estilo e pensamento.* São Paulo: Escuta

Coelho Junior, N. (2008). Formas de comunicação e intersubjetividade em psicanálise. In L. C. Figueiredo, & N. Coelho Junior, *Ética e técnica em psicanálise* (pp. 123-141). São Paulo: Escuta.

Coelho Junior, N. (2012). Apresentação. In N. Coelho Junior, P. Salem, & P. Klautau (Orgs.). *Dimensões da intersubjetividade* (pp. 7-17). São Paulo: Escuta/Fapesp.

Coelho Junior, N. E., & Figueiredo, L. C. (2004). Figuras da intersubjetividade na constituição subjetiva: dimensões da alteridade. *Interações, 9*(17), 9-28. Recuperado de http://pepsic.bvsalud.org/scielo.php?script=sci_arttext&pid=S1413-29072004000100002&lng=pt&tlng=pt

Costa, J. F. (2002). Criatividade, transgressão e ética. In C. A. Plastino, *Transgressões* (pp. 63-83). Rio de Janeiro: Contra Capa.

Davis, M., & Wallbridge, D. (1982). *Limite e espaço: uma introdução à obra de D.W. Winnicott.* Rio de Janeiro: Imago.

Dolto, F. (2005). *A causa das crianças.* Aparecida: Ideias & Letras. (Trabalho original publicado em 1985.)

Dunker, C. I. L. (2015). *Mal-estar, sofrimento e sintoma: uma psicopatologia do Brasil entre muros.* São Paulo: Boitempo.

Dunker, C. I. L., Assadi, T. C., Bichara, M. A. M., Gordon, J., & Aragão e Ramirez, H. H. (2002). Romance policial e a pesquisa em psicanálise. *Interações, 7*(13). Recuperado de http://pepsic.bvsalud.org/scielo.php?script=sci_arttext&pid=S1413-29072002000100008&lng=pt&tlng=pt

Dunker, C. I. L., & Thebas, C. (2019). *O palhaço e o psicanalista: como escutar os outros pode transformar vidas.* São Paulo: Planeta do Brasil.

Ehrenberg, A. (2010). *O culto da performance: da aventura empreendedora à depressão nervosa.* Aparecida: Ideias & Letras.

Esperanza, G. (2011). Medicalizar a vida. In A. Jerusalinsky, & S. Fendrik (Orgs.), *O livro negro da psicopatologia contemporânea.* São Paulo: Via Lettera.

Estarque, T. M. (2017). Winnicott e a democracia: diálogos com Axel Honneth. *Espiral, 1*, 89-116.

Ferenczi, S. (2011a). A adaptação da família à criança. In S. Ferenczi, *Psicanálise IV* (pp. 1-15). São Paulo: Martins Fontes. (Trabalho original publicado em 1928.)

Ferenczi, S. (2011b). Elasticidade da técnica psicanalítica. In S. Ferenczi, *Psicanálise IV* (pp. 29-42). São Paulo: Martins Fontes. (Trabalho original publicado em 1928.)

Ferenczi, S. (2011c). A criança mal acolhida e sua pulsão de morte. In S. Ferenczi, *Psicanálise IV* (pp. 55-60). São Paulo: Martins Fontes. (Trabalho original publicado em 1929.)

Ferenczi, S. (2011d). Princípio de relaxamento e neocatarse. In S. Ferenczi, *Psicanálise IV* (pp. 61-78). São Paulo: Martins Fontes. (Trabalho original publicado em 1930.)

Ferenczi, S. (2011e). Análises de crianças com adultos. In S. Ferenczi, *Psicanálise IV* (pp. 79-15). São Paulo: Martins Fontes. (Trabalho original publicado em 1931.)

Ferenczi, S. (2011f). Confusão de língua entre os adultos e a criança. In S. Ferenczi, *Psicanálise IV* (pp. 111-121). São Paulo: Martins Fontes. (Trabalho original publicado em 1932.)

Ferenczi, S. (2011g). O problema do fim da análise. In S. Ferenczi, *Psicanálise IV* (pp. 17-27). São Paulo: Martins Fontes. (Trabalho original publicado em 1927.)

Ferenczi, S. (2011h). Psicanálise e pedagogia. In S. Ferenczi, *Psicanálise I* (pp. 39-44). São Paulo: Martins Fontes. (Trabalho original publicado em 1908.)

Ferenczi, S. (2011i). O desenvolvimento do sentido de realidade e seus estágios. In S. Ferenczi, *Psicanálise II* (pp. 45-61). São Paulo: Martins Fontes. (Trabalho original publicado em 1913.)

Figueiredo, L. C. (2005). Apresentação. In G. Safra, *A face estética do self: teoria e clínica* (6a ed.). São Paulo: Unimarco.

Figueiredo, L. C. (2007). Confiança: a experiência de confiar na clínica psicanalítica e no plano da cultura. *Revista Brasileira de Psicanálise, 41*(3), 69-87. Recuperado de http://pepsic.bvsalud.org/scielo.php?script=sci_arttext&pid=S0486-641X2007000300008&lng=pt&tlng=pt

Figueiredo, L. C. (2008). Ética e técnica em psicanálise. São Paulo: Escuta.

Figueiredo, L. C. (2009a). Três teses sobre o paradoxo em psicanálise: ressonâncias. In L. C. Figueiredo, *As diversas faces do cuidar: novos ensaios de psicanálise contemporânea.* (pp. 53-69). São Paulo: Escuta.

Figueiredo, L. C. (2009b). A metapsicologia do cuidado. In L. C. Figueiredo, *As diversas faces do cuidar: novos ensaios de psicanálise contemporânea* (pp. 131-151). São Paulo: Escuta.

Figueiredo, L. C. (2014). Cuidado e saúde: uma visão integrada. In L. C. Figueiredo, *Cuidado, saúde e cultura: trabalhos psíquicos e criatividade na situação analisante*. São Paulo: Escuta.

Figueiredo, L. C. (2018). *Adoecimentos psíquicos e estratégias de cura: matrizes e modelos em psicanálise*. São Paulo: Blucher.

Figueiredo, L. C. (2019). Ser psicanalista: um ofício meio doido. *Estudos de Psicanálise, 52*, 173-179. Recuperado de http://pepsic.bvsalud.org/scielo.php?script=sci_arttext&pid=S0100-34372019000200019&lng=pt&tlng=pt

Figueiredo, L. C., & Minerbo, M. (2006). Pesquisa em psicanálise: algumas idéias e um exemplo. *Jornal de Psicanálise, 39*(70), 257-278. Recuperado de http://pepsic.bvsalud.org/scielo.php?script=sci_arttext&pid=S0103-58352006000100017&lng=pt&tlng=pt.

França, R. M. P. (2014). *A nau das crianças-problema: entre a patologização do sofrimento psíquico na infância e a ética do cuidado na psicanálise* (Dissertação de mestrado). Universidade Católica de Pernambuco, Recife.

França, R. M. P., & Passos, M. C. (2019). Ensaio sobre o método clínico na psicanálise com crianças. *Revista Latinoamericana de Psicopatologia Fundamental, 22*(4), 749-767. Recuperado de https://doi.org/10.1590/1415-4714.2019v22n4p749.6

França, R. M. P., Passos, M. C., & Rocha, Z. (2014). Os sentidos da saúde na obra de Donald Winnicott. *Estudos de Psicanálise, 42*, 97-106.

França, R. M. P., & Rocha, Z. (2015). Por uma ética do cuidado na psicanálise da criança. *Psicologia USP, 26*(3), 414-422. Recuperado de https://dx.doi.org/10.1590/0103-656420140045

Freud, S. (1969a). Escritores criativos e devaneio. In S. Freud, *Edição standard brasileira das obras psicológicas completas de Sigmund Freud* (Vol. IX). Rio de Janeiro: Imago. (Trabalho original publicado em 1908.)

Freud, S. (1969b). Mal-estar na civilização. In S. Freud, *Edição standard brasileira das obras psicológicas completas de Sigmund Freud* (Vol. XXI). Rio de Janeiro: Imago. (Trabalho original publicado em 1930.)

Freud, S. (1969c). O humor. In S. Freud, *Edição standard brasileira das obras psicológicas completas de Sigmund Freud* (Vol. XXI). Rio de Janeiro: Imago. (Trabalho original publicado em 1927.)

Freud, S. (1969d). Leonardo da Vinci e uma lembrança da sua infância. In S. Freud. *Edição standard brasileira das obras psicológicas completas de Sigmund Freud* (Vol. XI). Rio d Janeiro: Imago. (Trabalho original publicado em 1910).

Freud, S. (2006). Além do princípio do prazer. In S. Freud, *Escritos sobre a psicologia do inconsciente* (Vol. II). Rio de Janeiro: Imago. (Trabalho original publicado em 1920.)

Freud, S. (2011a). Introdução ao narcisismo. In S. Freud, *Edição standard brasileira das obras psicológicas completas de Sigmund Freud* (Vol. XXII). Rio de Janeiro: Imago. (Trabalho original publicado em 1914.)

Freud, S. (2011b). A negação. In S. Freud, *Obras completas* (Vol. 16). São Paulo: Companhia da Letras. (Trabalho original publicado em 1925.)

Freud, S. (2018a). O poeta e o fantasiar. In S. Freud, *Obras incompletas de Sigmund Freud: Arte, literatura e os artistas.* Belo Horizonte. Autêntica. (Trabalho original publicado em 1908.)

Freud, S. (2018b). O humor. In S. Freud, *Obras incompletas de Sigmund Freud: Arte, literatura e os artistas.* Belo Horizonte: Autêntica. (Trabalho original publicado em 1927.)

Fulgencio, L. (2014). A necessidade de ser como fundamento do modelo ontológico de homem para Winnicott. In J. Birman et al., *A fabricação do humano: psicanálise, subjetividade e cultura*. São Paulo: Zagodoni.

Fulgencio, L. (2016). *Por que Winnicott?* São Paulo: Zagodoni.

Fulgencio, L. (2018). Pode a psicanálise de Winnicott ser a realização de um projeto de psicologia científica de orientação fenomenológica? *Psicologia USP, 29*(2), 303-313. Recuperado de https://dx.doi.org/10.1590/0103-656420170048

Galard, J. (2008). *A beleza do gesto: uma estética das condutas*. São Paulo: Edusp.

Gondar, J. (2004). A clínica como prática política. *Lugar Comum, 19*, 125-134. Recuperado de http://uninomade.net/wp-content/files_mf/113003120800A%20clÃnica%20como%20prÃ¡tica%20polÃtica%20-%20JÃ´%20Gondar.pdf

Gondar, J. (2012). Ferenczi como pensador político. *Cadernos de Psicanálise, 34*(27), 193-210. Recuperado de http://pepsic.bvsalud.org/scielo.php?script=sci_arttext&pid=S1413-62952012000200011&lng=pt&tlng=pt.

Gondar, J. (2020). Ferenczi, crítico da normatividade. In D. Kupermann, J. Gondar, & E. C. Dal Molin (Orgs.), *Ferenczi: inquietações clínico-políticas*. São Paulo: Zagodoni.

Graña, R. B. (2007). *Origens de Winnicott: ascendentes psicanalíticos e filosóficos de um pensamento original*. São Paulo: Casa do Psicólogo.

Greenberg, J. R., & Mitchell, S. A. (1994). *Relações objetais na teoria psicanalítica*. Porto Alegre: Artes Médicas.

Gros, F. (2018). *Desobedecer*. São Paulo: Ubu.

Guarido, R., & Voltolini, R. (2009). O que não tem remédio, remediado está? *Educação em Revista, 25*(1), 239-263. Recuperado de https://doi.org/10.1590/S0102-46982009000100014.

Gurfinkel, D. (2017). *Relações de objeto*. São Paulo: Blucher.

Han, B. (2017). *A sociedade do cansaço* (2a ed. ampl.). Petrópolis: Vozes.

Han, B.-C. (2018). *Psicopolítica: o neoliberalismo e as novas técnicas de poder*. Belo Horizonte: Âyiné.

Honneth, A. (2007). *Sofrimento de indeterminação: uma reatualização da Filosofia do Direito de Hegel*. São Paulo: Singular, Esfera Pública.

Kahn, M. M. R. (1991). Introdução. In D. W. Winnicott, *Holding e interpretação* (pp. 1-20). São Paulo: Martins Fontes.

Kant, E. (1985). Resposta à pergunta: que é "esclarecimento"? ["Aufklärung"]. In *Immanuel Kant: textos seletos*. Petrópolis: Vozes. Recuperado de http://ppgfil.propesp.ufpa.br/ARQUIVOS/Processo%20Seletivo/2019.2/KANT,%20Immanuel.%20Que%20%C3%A9%20Esclarecimento.pdf. (Trabalho original publicado em 1783.)

Klein, M. (1996). Uma contribuição à psicogênese dos estados maníaco-depressivos. In M. Klein, *Obras completas* (Vol. 1). Rio de Janeiro: Imago. (Trabalho original publicado em 1935.)

Klein, M., & Riviere, J. (1975). *Amor, ódio e reparação: as emoções básicas do homem do ponto de vista psicanalítico*. 2. ed. Rio de Janeiro: Imago; São Paulo: Ed. da Universidade de São Paulo.

Kupermann, D. (2003). *Ousar rir: humor, criação e psicanálise*. Rio de Janeiro: Civilização Brasileira.

Kupermann, D. (2005). Resistência *no* encontro afetivo e criação na experiência clínica. In A. Maciel Jr., D. Kupermann, & S. Tedesco (Orgs.), *Polifonias* (pp. 73-88). Rio de Janeiro: Contra Capa.

Kupermann, D. (2008). *Presença sensível: cuidado e criação na clínica psicanalítica*. Rio de Janeiro: Civilização Brasileira.

Kupermann, D. (2009). Figuras do cuidado na contemporaneidade: testemunho, hospitalidade e empatia. In M. S. Maia (Org.), *Por uma ética do cuidado* (pp. 185-204). Rio de Janeiro: Gramond.

Kupermann, D. (2020). Ferenczi leitor de *Witz*: das palavras obscenas à linguagem. In D. Kupermann, J. Gondar, & E. C. Dal Molin (Orgs.), *Ferenczi: inquietações clínico-políticas*. São Paulo: Zagodoni.

La Boétie, E. (2017). *Discurso da servidão voluntária*. São Paulo: Edipro. (Trabalho original publicado em 1576.)

Laplanche, J., & Pontalis, J.-B. (2001). *Vocabulário da Psicanálise* (4a ed.). São Paulo: Martins Fontes.

Lima, R. C. (2005). *Somos todos desatentos?: o TDA/H e a construção de bioidentidades*. Rio de Janeiro: Relume-Dumará.

Lobato, M. (1956). *A barca de Gleyre* (7a ed., 2 vols.). São Paulo: Brasiliense.

Lobato, M. (2016). *Reinações de Narizinho*. 3. ed. São Paulo: Globinho.

Loparić, Z. (2006). De Freud a Winnicott: aspectos de uma mudança paradigmática. *Winnicott e-prints*, *1*(1), 1-29. Recuperado de http://pepsic.bvsalud.org/scielo.php?script=sci_arttext&pid=S1679-432X2006000100004&lng=pt&tlng=pt

Luengo, F. C. (2010). *A vigilância punitiva a postura dos educadores no processo de patologização e medicalização da infância*. São Paulo: Cultura Acadêmica.

Macedo, H. O'D. de (2012). *Cartas a uma jovem psicanalista*. São Paulo: Perspectiva.

Maciel Jr., A. (2014). Resistência e prática de si em Foucault. *Trivium – Estudos Interdisciplinares*, *6*(1), 1-8. Recuperado de http://pepsic.bvsalud.org/scielo.php?script=sci_arttext&pid=S2176-48912014000100002&lng=pt&tlng=pt

Martins, A. (2009). *Pulsão de morte? Por uma clínica psicanalítica da potência*. Rio de Janeiro: UFRJ.

Melo Neto, J. C. de (1994). *Obra completa: volume único*. Rio de Janeiro: Nova Aguilar.

Melville, H. (2009). *Bartleby, o escrivão. Uma história de Wall Street*. Rio de Janeiro: Nova Fronteira.

Mezan, R. (2003). *Freud: a trama dos conceitos* (4a ed.). São Paulo: Perspectiva.

Michaelis. (s.d.). *Dicionário online*. Recuperado de http://michaelis.uol.com.br/busca?id=EMnj. Acesso em: 10 mar. 2019.

Minerbo, M. (2015). Escuta analítica: diálogo com uma jovem colega. *Jornal de Psicanálise*, *48*(89), 219-237.

Mizrahi, B. G. (2004). *A relação entre pais e filhos hoje – parentalidade e as transformações no mundo do trabalho*. Rio de Janeiro: PUC-Rio; São Paulo: Loyola.

Mizrahi, B. G. (2010). *A vida criativa em Winnicott: um contraponto ao biopoder e ao desamparo no contexto contemporâneo*. Rio de Janeiro: Garamond.

Mizrahi, B. G. (2017). Winnicott, Kohut e a teoria da intersubjetividade: uma psicanálise do pertencimento frente à precariedade contemporânea dos vínculos. *Cadernos de Psicanálise*, *39*(36), 11-29. Recuperado de http://pepsic.bvsalud.org/scielo.php?script=sci_arttext&pid=S1413-62952017000100001&lng=pt&tlng=pt

Mizrahi, B. G. (2018). Foucault e Winnicott: a vida criativa como contraponto ao biopoder. *Revista Trágica: Estudos de Filosofia da Imanência, 11*(1), 68-93. Recuperado de https://revistas.ufrj.br/index.php/tragica/article/view/27202/14977

Mizrahi, B. G., & Garcia, C. A. (2007). A capacidade de estar só: um contraponto winnicottiano ao ideal contemporâneo de autonomia absoluta. *Psicologia em Revista, 13*(2), 267-280. Recuperado de http://pepsic.bvsalud.org/scielo.php?script=sci_arttext&pid=S1677-11682007000200004&lng=pt&tlng=pt

Montaigne, M. E. (1987). *Ensaios 1* (2a ed.) Brasília: Universidade de Brasília; São Paulo: Hucitec.

Mouffe, C. (2015). *Sobre o político.* São Paulo: WMF Martins Fontes.

Naffah Neto, A. (2010). Paradoxo e racionalidade no homem winnicottiano: a sombra de Heráclito de Éfeso. *Revista Brasileira de Psicanálise, 44*(2), 123-133. Recuperado de http://pepsic.bvsalud.org/scielo.php?script=sci_arttext&pid=S0486-641X2010000200014&lng=pt&tlng=pt

Neder, M. (2012). *Déspotas mirins: o poder nas novas famílias.* São Paulo: Zagodoni.

Ogden, T. H. (1996). *Os sujeitos da psicanálise.* São Paulo: Casa do Psicólogo.

Ogden, T. H. (2010). *Esta arte da psicanálise: sonhando sonhos não sonhados e gritos interrompidos.* Porto Alegre: Artmed.

Ogden, T. H. (2013). *Reverie e interpretação: captando algo humano.* São Paulo: Escuta.

Ogden, T. H. (2015). *A matriz da mente: relações objetais e o diálogo psicanalítico.* London: Karnac. (Trabalho original publicado em 1986.)

Okamoto, M. Y. (2013). A patologização e a medicalização da infância: um olhar sobre a família e as crianças. In T. S. Emidio, & F. Hashimoto (Orgs.), *A psicologia e seus campos de atuação: demandas contemporâneas*. São Paulo: Cultura Acadêmica. Recuperado de http://culturaacademica.com.br/_img/arquivos/A_Psicologia_e_seus_campos_de_atuacao.pdf

Organização Mundial da Saúde – OMS (2007). *CID 10: classificação estatística internacional de doenças e problemas relacionados à saúde* (Vol. 1). São Paulo: Edusp.

Ortega, F. (2002). *Genealogias da amizade*. São Paulo: Iluminuras.

Ortega, F. (2003). Práticas de ascese corporal e constituição de bioidentidades. *Cadernos Saúde Coletiva, 11*(1), 59-77. Recuperado de http://www.iesc.ufrj.br/cadernos/images/csc/2003_1/artigos/2003_1%20FOrtega.pdf

Paixão, R., & Rocha, Z. (2016). A face e o verso da adaptação na infância. *Estilos da Clínica, 21*(2), 366-389. Recuperado de https://dx.doi.org/http//dx.doi.org/0.11606/issn.1981-1624.v21i2p366-389

Pascal. (2008). *Pensamentos* (Coleção Grandes Filósofos). Madri: Prisa Innova.

Phillips, A. (1996). *Beijo, cócegas e tédio: ensaios psicanalíticos sobre aspectos não estudados da vida*. São Paulo: Companhia das Letras.

Phillips, A. (1998). *O flerte*. São Paulo: Companhia das Letras.

Phillips, A. (2006). *Winnicott*. Aparecida: Ideias & Letras.

Plastino, C. A. (2002). *Transgressões*. Rio de Janeiro: Contra Capa.

Plastino, C. A. (2006). A cidadania como pertencimento: uma reflexao a partir da psicanálise. *Trabalho, Educação e Saúde*, 4(2),

385-394. Recuperado de https://dx.doi.org/10.1590/S1981-77462006000200010

Plastino, C. A. (2014). *Vida, criatividade e sentido no pensamento de Winnicott.* Rio de Janeiro: Garamond.

Postman, N. (2012). *O desaparecimento da infância.* Rio de janeiro: Graphia.

Rochat, P. (2012). Subjetividade e intersubjetividade no desenvolvimento infantil. In N. Coelho Junior, P. Salem, & P. Klautau (Orgs.), *Dimensões da intersubjetividade* (pp. 149-163). São Paulo: Escuta/Fapesp.

Roudinesco, E. (2003). *A família em desordem.* Rio de Janeiro: Jorge Zahar.

Roussillon, R. (2006). *Paradoxos e situações limites da psicanálise.* São Leopoldo: Unisinos. (Trabalho original publicado em 1991.)

Rozenthal, E. (2009). Criação, afetação e paradoxo em psicanálise. *Ágora: Estudos em Teoria Psicanalítica, 12*(1), 113-146. Recuperado de https://doi.org/10.1590/S1516-14982009000100009

Rozenthal, E. (2014). *O ser no gerúndio: corpo e sensibilidade na psicanálise.* Rio de Janeiro: Cia. de Freud.

Safatle, V. (2019). *O circuito dos afetos: corpos políticos, desamparo e o fim do indivíduo.* Belo Horizonte: Autêntica.

Safra, G. (2001). Investigação em psicanálise na universidade. *Psicologia USP, 12*(2), 171-175. Recuperado de https://dx.doi.org/10.1590/S0103-656420010.00200014

Safra, G. (2002a). O gesto na tradição. *Revista Brasileira de Psicanálise, 36*(4), 827-834.

Safra, G. (2002b). Memória e subjetivação. *Memorandum*, *2*, 21-30. Recuperado de http://www.fafich.ufmg.br/~memorandum/artigos02/artigo03.pdf

Safra, G. (2004). *A po-*ética *na clínica contemporânea.* Aparecida: Ideias & Letras.

Safra, G. (2005). *A face estética do self: teoria e clínica.* Aparecida: Ideias & Letras; São Paulo: Unimarco.

Safra, G. (2009). Dimensões do silêncio: a constituição do si mesmo e perspectivas clínicas. *Cadernos de Psicanálise*, *31*(22), 75-82. Recuperado de http://cprj.com.br/imagenscadernos/06.Conferencia_de_Gilberto_Safra.pdf

Saramago, J. (2006). *As pequenas memórias.* São Paulo: Companhia das Letras.

Sennett, R. (2001). *Autoridade.* Rio de Janeiro: Record.

Sennett, R. (2014). *O declínio do homem público: as tiranias da intimidade.* Rio de Janeiro: Record. (Trabalho original publicado em 1977.)

Solomon, A. (2013). *Longe da árvore: pais, filhos e a busca da identidade.* São Paulo: Companhia das Letras.

Sousa, E. L. A. (2014). A transgressão que salva. *Revista Latinoamericana de Psicopatologia Fundamental*, *17*(3, Suppl. 1), 787-796. Recuperado de https://doi.org/10.1590/1415-4714.2014v17n3-Suppl.p787.18

Sousa, M. M. A. C. (2009). *Emília: potencialidade transgressora na formação de um novo conceito de infância* (Dissertação de mestrado). Universidade Federal de Minas Gerais, Belo Horizonte.

Souza, S. J. (2000). Infância, violência e consumo. In S. J. Souza (Org.), *Subjetividade em questão: a infância como crítica da cultura* (pp. 91-98). Rio de Janeiro: 7Letras.

Spitz, R. A. (2004). *O primeiro ano de vida*. São Paulo: Martins Fontes.

Symington, N. (1994). O ato de liberação do analista como agente de mudança terapêutica. In G. Kohon (Org.), *A escola britânica de psicanálise: The Middle Group, a tradição independente*. Porto Alegre: Artes Médicas.

Telles, S. (2012). *Fragmentos clínicos de psicanálise*. São Paulo: Casa do Psicólogo.

Tolstói, L. (1998). A submissão. In L. Tolstói, & E. Goldman, *A insubmissão - O indivíduo, a sociedade e o Estado*. São Paulo: Imaginário.

Tommasi, M. C. F. (1997). O conceito de agressividade na obra de Winnicott. *Infanto - Revista Neuropsiquiátrica da Infância e Adolescência*, *5*, 73-76.

Veloso, C. (1979). Oração ao tempo. *Cinema Transcendental* [LP]. Rio de Janeiro: Polygram.

Vilhena, J. de, & Maia, M. V. (2002). Agressividade e violência: reflexões acerca do comportamento anti-social e sua inscrição na cultura contemporânea. *Revista Mal-Estar e Subjetividade*, *2*(2), 27-58. Recuperado de http://pepsic.bvsalud.org/scielo.php?script=sci_arttext&pid=S1518-61482002000200003&lng=pt&tlng=pt

Vorcaro, A. (2011). O efeito bumerangue da classificação psicopatológica da infância. In A. Jerusalinsky, & S. Fendrik (Orgs.), *O livro negro da psicopatologia contemporânea*. São Paulo: Via Lettera.

Winnicott, D. W. (1975). *O brincar e a realidade*. Rio de Janeiro: Imago.

Winnicott, D. W. (1990). *Natureza humana*. Rio de Janeiro: Imago.

Winnicott, D. W. (2000a). A agressividade em relação ao desenvolvimento emocional. In D. W. Winnicott, *Da pediatria à psicanálise: obras escolhidas* (pp. 288-304). Rio de Janeiro: Imago. (Trabalho original publicado em 1950-1955.)

Winnicott, D. W. (2000b). A posição depressiva no desenvolvimento emocional normal. In D. W. Winnicott, *Da pediatria à psicanálise: obras escolhidas* (pp. 355-373). Rio de Janeiro: Imago. (Trabalho original publicado em 1954-1955.)

Winnicott, D. W. (2000c). A preocupação materna primária. In D. W. Winnicott, *Da pediatria à psicanálise: obras escolhidas* (pp. 399-405). Rio de Janeiro: Imago. (Trabalho original publicado em 1956.)

Winnicott, D. W. (2000d). O ódio na contratransferência. In D. W. Winnicott, *Da pediatria à psicanálise: obras escolhidas* (pp. 277-287). Rio de Janeiro: Imago. (Trabalho original publicado em 1947.)

Winnicott, D. W. (2000e). Desenvolvimento emocional primitivo. In D. W. Winnicott, *Da pediatria à psicanálise: obras escolhidas* (pp. 218-232). Rio de Janeiro: Imago. (Trabalho original publicado em 1945.)

Winnicott, D. W. (2000f). Objetos transicionais e fenômenos transicionais. In D. W. Winnicott, *Da pediatria à psicanálise: obras escolhidas* (pp. 316-331). Rio de Janeiro: Imago. (Trabalho original publicado em 1951.)

Winnicott, D. W. (2005a). Agressao e suas raízes. In D. W. Winnicott, *Privação e delinquência* (pp. 93-110). São Paulo: Martins Fontes. (Trabalho original publicado em 1939.)

Winnicott, D. W. (2005b). Alguns aspectos psicológicos da delinquência juvenil. In D. W. Winnicott, *Privação e delinquência* (pp. 127-134). São Paulo: Martins Fontes. (Trabalho original publicado em 1946.)

Winnicott, D. W. (2005c). A tendência antissocial. In D. W. Winnicott, *Privação e delinquência* (pp. 135-147). São Paulo: Martins Fontes. (Trabalho original publicado em 1956.)

Winnicott, D. W. (2007a). A capacidade para estar só. In D. W. Winnicott, *O ambiente e os processos de maturação: estudos sobre a teoria do desenvolvimento emocional* (pp. 31-54). Porto Alegre: Artmed. (Trabalho original publicado em 1958.)

Winnicott, D. W. (2007b). O desenvolvimento da capacidade de se preocupar. In D. W. Winnicott, *O ambiente e os processos de maturação: estudos sobre a teoria do desenvolvimento emocional* (pp. 70-78). Porto Alegre: Artmed. (Trabalho original publicado em 1963.)

Winnicott, D. W. (2007c). Classificação: existe uma contribuição psicanalítica à classificação psiquiátrica? In D. W. Winnicott, *O ambiente e os processos de maturação: estudos sobre a teoria do desenvolvimento emocional* (pp. 114-127). Porto Alegre: Artmed. (Trabalho original publicado em 1959-1964.)

Winnicott, D. W. (2007d). Distorção do ego em termos de falso e verdadeiro "self". In D. W. Winnicott, *O ambiente e os processos de maturação: estudos sobre a teoria do desenvolvimento emocional* (pp. 128-139). Porto Alegre: Artmed. (Trabalho original publicado em 1960.)

Winnicott, D. W. (2007e). Comunicação e falta de comunicação levando ao estudo de certos opostos. In D. W. Winnicott, *O ambiente e os processos de maturação: estudos sobre a teoria do desenvolvimento emocional* (pp. 163-174). Porto Alegre: Artmed. (Trabalho original publicado em 1963.)

Winnicott, D. W. (2007f). Teoria do relacionamento paterno-infantil. In D. W. Winnicott, *O ambiente e os processos de maturação: estudos sobre a teoria do desenvolvimento emocional* (pp. 38-54). Porto Alegre: Artmed. (Trabalho original publicado em 1960.)

Winnicott, D. W. (2007g). Da dependência à independência no desenvolvimento do indivíduo. In D. W. Winnicott, *O ambiente e os processos de maturação: estudos sobre a teoria do desenvolvimento emocional* (pp. 79-87). Porto Alegre: Artmed. (Trabalho original publicado em 1963.)

Winnicott, D. W. (2007h). Os objetivos do tratamento psicanalítico. In D. W. Winnicott, *O ambiente e os processos de maturação: estudos sobre a teoria do desenvolvimento emocional* (pp. 152-162). Porto Alegre: Artmed. (Trabalho original publicado em 1962.)

Winnicott, D. W. (2007i). A integração do ego no desenvolvimento da criança. In D. W. Winnicott, *O ambiente e os processos de maturação: estudos sobre a teoria do desenvolvimento emocional* (pp. 55-61). Porto Alegre: Artmed. (Trabalho original publicado em 1962.)

Winnicott, D. W. (2007j). Moral e educação. In D. W. Winnicott, *O ambiente e os processos de maturação: estudos sobre a teoria do desenvolvimento emocional* (pp. 88-98). Porto Alegre: Artmed. (Trabalho original publicado em 1963.)

Winnicott, D. W. (2011a). A delinquência como sinal de esperança. In D. W. Winnicott, *Tudo começa em casa* (pp. 81-91). São Paulo: WMF Martins Fontes. (Trabalho original publicado em 1967.)

Winnicott, D. W. (2011b). Vivendo de modo criativo. In D. W. Winnicott, *Tudo começa em casa* (pp. 23-39). São Paulo: WMF Martins Fontes. (Trabalho original publicado em 1970.)

Winnicott, D. W. (2011c). Sum: *eu sou*. In D. W. Winnicott, *Tudo começa em casa* (pp. 41-51). São Paulo: WMF Martins Fontes. (Trabalho original publicado em 1968.)

Winnicott, D. W. (2011d). *A família e o desenvolvimento individual*. São Paulo: Martins Fontes.

Winnicott, D. W. (2013a). O bebê como pessoa. In D. W. Winnicott, *A criança e o seu mundo* (pp. 83-88). Rio de Janeiro: LTC. (Trabalho original publicado em 1982.)

Winnicott, D. W. (2013b). Mais ideias sobre os bebês como pessoas. In D. W. Winnicott, *A criança e o seu mundo* (pp. 95-113). Rio de Janeiro: LTC. (Trabalho original publicado em 1982.)

Winnicott, D. W. (2013c). O mundo em pequenas doses. In D. W. Winnicott, *A criança e o seu mundo* (pp. 76-82). Rio de Janeiro: LTC. (Trabalho original publicado em 1982.)

Winnicott, D. W. (2014). *Playing and reality*. New York: Routledge. (Trabalho original publicado em 1971.)

Zaltzman, N. (1993). *A pulsão anarquista*. São Paulo: Escuta.

Zygouris, R. (1999). *Pulsões de vida*. São Paulo: Escuta.

Zygouris, R. (2000, out.). A criança do júbilo. *Pulsional Revista de Psicanálise*, *XIII*(138), 31-46.

Zygouris, R. (2002). *O vínculo inédito*. São Paulo: Escuta.

Zygouris, R. (2012). A escola da rua. *Revista Vórtice de Psicanálise*. Recuperado de https://pt.scribd.com/document/249292344/Escola-Da-Rua-Radmila-Zygouris.